teps
달인이 되는 법
실전모의고사 ❶

TEPS 달인이 되는 법 – 실전 모의고사 ①

저자 | 죠셉킴
초판 1쇄 발행 | 2007년 7월 9일
초판 4쇄 발행 | 2009년 1월 15일

발행인 | 박효상
편집책임 | 전병기
편집 | 조승주
영업책임 | 이종선
영업 | 이태호
출판등록 | 제 10-1835호
발행처 | 사람in
주소 | 121-839 서울시 마포구 서교동 379-10
전화 | 02)338-3555(代)
팩스 | 02)338-3545
e-mail | saramin@netsgo.com
Homepage | www.saramin.com

만든 사람들
녹음 | Douglas Gress(남), Margaret(여)
표지 디자인 | 장선숙
내지 디자인 | 한현식

● 책값은 표지 뒷면에 있습니다.
● 파본은 바꾸어 드립니다.

ISBN 978-89-6049-041-3 (세트)
ISBN 978-89-6049-043-7 18740

teps 달인이 되는 법

실전모의고사 ❶

죠셉킴 대한민국 대표 TEPS 강사

사람in
saramin.com

본 실전 모의고사는 'TEPS 달인이 되는 법' 시리즈 중 초급자를 위한 'BASIC 편'에 이어서 수험자들의 실전 연습을 도와주기 위한 취지로 만든 모의고사 문제집입니다.

'TEPS 달인이 되는 법' 시리즈와 어떻게 연결할 것인가

'TEPS 달인이 되는 법 시리즈'는 단순한 참고서들이 아닙니다. TEPS뿐만 아니라 영어 자체에 대한 기초가 약한 사람들에게 기본 점수 650점을 안겨주기 위해 기획한 'BASIC 편', BASIC 편을 마친 중급 수험자들에게 고급 점수 900점을 안겨주기 위해 기획한 '유형완성 편', 그리고 유형완성 편까지 종합서들을 모두 마친 분들에게 실제 시험을 보기 전 본인 스스로 실제 시험장과 같은 분위기에서 시험을 본 후 채점을 하고 본인의 실력을 최종 점검할 수 있는 실전 모의고사에 이르기까지 한마디로 TEPS의 초보자들이 990 만점을 맞기까지 단계별로 안내해주는 전문 현직 강사의 특별 프로젝트인 것입니다. 종합 참고서들에는 이론과 확인 문제가 병행되어 실려 있으므로, 실제 시험과 같은 양의 문제들을 가지고 수험생 본인의 문제 푸는 능력을 확인할 수 있는 모의고사의 출간은 선택이 아니라 필수입니다. 또한 2회분으로 이루어진 한 권 분량만으로는 부족하며 일정 기간을 두고 지속적으로 출간하는 방식으로 시리즈의 내실을 다지는 것을 목표로 했습니다.

TEPS에서 모의고사 중요도

학원 수강생들 중 가끔씩 보면 학원 수업을 두 달 정도 들은 후 시험을 보는 경우가 있는데 필자의 경우 그러한 수강생들에게 학원을 다니면서 시험을 같이 보라고 충고합니다. 그 이유는 TEPS도 나름대로의 시험 룰(rule)이 있고 시간 제한이라는 넘어야 할 산이 있으므로 이는 영어실력과는 별도로 평소에 자주 시험을 봐서 몸에 익혀두어야 훨씬 높은 점수를 획득할 수 있기 때문입니다. 이를 위해서는 모의고사를 본인 스스로 많이 풀어서 문제 푸는 능력과 시간 활용 능력을 키우는 것이 상당히 중요합니다. 특히 TEPS는 다른 시험들과 상당히 다른 점들이 많기 때문에 모의고사를 보지 않고 곧바로 시험장으로 향할 경우 예상치 못한 상황들 때문에 많이 당황할 수 있으므로 각별히 유의해야 합니다.

문제집 시리즈를 계속 출간할 계획입니다

TEPS 시험 자체가 기출문제의 공개를 금해왔기 때문에 수많은 수험자들의 기출문제에 대한 요구가 지속적으로 있어왔고 또 시험의 유형과 특성을 정확하게 분석하며 가장 빠른 시간 안에 일정 점수를 획득할 수 있는 종합 참고서에 대한 요구도 지속적으로 제기되어 왔습니다. 본 모의고사 시리즈는 국내 제1의 TEPS 전문 학원에서 대표 강사로 강의하며 실제로 TEPS를 수험생들과 함께 보며 문제 유형을 100% 정확히 파악하고 있는 현직 강사가 집필했다는 점에서 양질의 TEPS 문제집에 갈급한 수험자들에게 좋은 학습 길잡이가 될 수 있다고 믿습니다. 아무쪼록 시리즈로 이어질 이 문제집들을 통해서 좋은 결과 얻으시길 바랍니다. 본 문제집은 가장 최신 유형 문제들로만 구성된 모의고사 2회분을 한 권으로 제작하였으며 지속적으로 후속 문제집 시리즈를 출간할 계획입니다.

이 문제집이 나오기까지 많은 도움을 주신 사람 in 출판사의 전병기 팀장님, 메가스터디의 윤석환 선생님, 유재웅 선생님, 죠셉킴 TEPS 연구팀으로 수고하고 있는 김대성 팀장, 김종호 연구원, 문서와 자료 작업에 크게 일조한 이장식 연구원, 격려를 아끼지 않고 도와주시는 이익훈 어학원의 이익훈 회장님, 깊은 관심과 기도로 도와주시는 여의도 순복음 교회의 조용기 목사님, 조언과 기도로 끊임없이 내조해주는 사랑하는 아내, 그리고 낮은 자를 높여주신 나의 좋으신 하나님께 이 책을 바칩니다.

2007년
잠실에서 죠셉킴

CONTENTS

대한민국 TEPS 최고 강사가 만든 2회분 실전 모의고사

대한민국 대표 텝스 강사 죠셉킴 선생님이 TEPS 관리위원회에서 출제한 7년간 정기시험을 철저히 분석, 최신 경향에 꼭 맞춘 문제만으로 400문제를 수록했습니다. 모든 문제는 단순한 기출문제 변형이 아닌, 완전히 새로운 문제들로 구성하였습니다.

실전 감각을 키울 수 있습니다

그 동안 마땅한 모의고사집이 없었지만 이제는 걱정하지 마세요. 〈TEPS의 달인이 되는 법-실전 모의고사 ①〉은 현재 시행되고 있는 TEPS를 완벽하게 대비할 수 있게 정기시험 난이도에 맞췄습니다. 모든 문제는 기본에 충실하면서도 각 파트의 특성을 정확히 분석하여 TEPS 수험생들의 학습에 실질적인 보탬이 될 수 있도록 하였습니다. 실전과 똑같은 환경에서 모의 테스트를 치른다면 TEPS에 충분히 대비할 수 있습니다.

패턴이 아닌 핵심을 짚어주는 색다른 해설

많은 문제를 풀어서 유형에 익숙해지기보다는 문제 핵심에 대한 설명을 통해서 이것도 저것도 답이 될 수 있는 상황에서의 대처 능력을 키워야 합니다. 〈TEPS의 달인이 되는 법-실전 모의고사 ①〉은 정답만을 간략하게 알려주는 패턴 설명이 아닌, 문제 핵심을 파악할 수 있게 자세한 설명을 달았습니다.

TEPS 고득점을 위한 특별한 서비스, TEPS 문법! 다지고, 굳히기!

TEPS 문법에 자주 출제되는 문법 유형을 마무리 연습할 수 있게 별도의 50문제를 실었습니다. 아울러 고득점을 위해서 필수적인 문법 사항을 따로 학습할 수 있게 정리했습니다. 문법특강은 기본적이고 필수적인 내용을 담았으므로 문법 마무리 점검으로 좋습니다. 별도의 시간을 내서 문법 사항을 정리하지 않아도 됩니다.

※LC 음원은 사람in 홈페이지(saramin.com)에서 MP3파일로 무료 다운로드 받을 수 있습니다.

TEPS 영역별 유형 및 형식

TEPS의 구성

TEPS는 청해, 문법, 어휘, 독해 4개 영역에 걸쳐 총 200문항으로 구성되어 있으며 시험 시간은 140분이다. 만점은 문항 반응 이론(IRT)에 따라 채점하기 때문에 전부 맞아도 990점이고 모두 틀려도 10점은 나온다.

영역	PART별 내용	문항 수	시간/배점
청 취 Listening Comprehension	Part Ⅰ : 문장 하나를 듣고 이어질 대화 고르기 Part Ⅱ : 3 문장의 대화를 듣고 이어질 대화 고르기 Part Ⅲ : 6-8 문장의 대화를 듣고 이어질 대화 고르기 Part Ⅳ : 단문의 내용을 듣고 질문에 해당하는 답 고르기	15 15 15 15	55분/396점
문 법 Grammar	Part Ⅰ : 대화문의 빈칸에 적절한 표현 고르기 Part Ⅱ : 문장의 빈칸에 적절한 표현 고르기 Part Ⅲ : 대화에서 어법상 틀리거나 어색한 부분 고르기 Part Ⅳ : 대화에서 어법상 틀리거나 어색한 부분 고르기	20 20 5 5	25분/99점
어 휘 Vocabulary	Part Ⅰ : 대화문의 빈칸에 적절한 단어 고르기 Part Ⅱ : 단문의 빈칸에 적절한 단어 고르기	25 25	15분/99점
독 해 Reading Comprehension	Part Ⅰ : 지문을 읽고 질문의 빈칸에 들어갈 내용 고르기 Part Ⅱ : 지문을 읽고 질문에 가장 적절한 내용 고르기 Part Ⅲ : 지문을 읽고 문맥상 어색한 내용 고르기	16 21 3	45분/396점
총계	13개 PART	200	140분/990점

청해(Listening Comprehension) 60문항

정확한 청해 능력을 측정하기 위하여 문제와 보기 문항을 문제지에 인쇄하지 않고 들려줌으로써 자연스러운 의사소통의 인지과정을 최대한 반영하였다. 다양한 의사소통 기능(Communicative Functions)의 대화와 다양한 상황(공고, 방송, 일상 업무 상황, 대학 교양 수준의 강의 등)을 이해하는 데 필요한 전반적인 청해력을 측정하기 위해 대화문(dialogue)과 담화문(monologue)의 소재를 균형있게 다루었다.

PART 1	15문항

Listen and choose the most appropriate response.

W: How do you find my steak?
M: _________________________.

(a) I'm picking up right now.
(b) It's very nice and juicy.
(c) Well, it's under the table.
(d) Certainly, it sounds like fun.

Part 1은 질의응답 문제를 다루며 한 번만 들려준다. 내용 자체는 단순하고 기본적인 수준의 생활 영어 표현으로 구성되어 있지만 교과서적인 지식보다는 재빠른 상황 판단 능력을 요구한다. 따라서 이 파트에서는 속도 적응 능력뿐만 아니라 순발력 있는 상황 판단 능력이 요구된다.

PART 2

Listen and choose the most appropriate response.

W: John, are you free today?
M: Well, sort of. What's up?
W: Why don't you come over and join our housewarming party tonight?
M: ___________________________.

(a) Because my house doesn't have any heating problem.
(b) Because it's none of my business.
(c) Sure, I'd love to.
(d) I had a great time.

Part 2는 짧은 대화 문제로서 두 사람이 A–B–A–B 순으로 보통 속도로 대화하는 형식이며 소요 시간은 약 12초 전후로 짧게 구성되어 있다. Part 1과 마찬가지로 한 번만 들려주는 부분이다.

PART 3

Listen and choose the correct answer to the question.

W: Excuse me, what do you think you are doing here?
M: Hey, come on. I'm your husband. I'm just coming back to my home.
W: Do you have any idea what time it is? This is the third time that you got home after midnight.
M: I ran into a friend of mine on the way home, and we had a few drinks, that's all.
W: You could at least call me, I was worried about you.
M: I'm so sorry, my darling. I won't do it again, I promise.

Q. What is taking place in this conversation?

(a) The woman is very upset about the man.
(b) The man is an alcoholic.
(c) The man is very angry about the woman.
(d) Two speakers are in great relationship.

Part 3는 앞의 두 파트에 비해 다소 긴 대화를 들려준다. 대신 대화 부분과 질문을 들려준 뒤 다시 한 번 대화 부분을 들려주기 때문에 길이가 긴 데 비해 많이 어렵다고 할 수는 없다.

PART 4	15문항

Listen and choose the correct answer to the question.

Did you know that about eighty percent of the people in the world have an experience of variable depression? More interesting fact is that this proposition has remained the same for approximately five decades. Psychiatrists who did research based on the figure suggest that people in the 1950s had to go through their own depression as we now are supposed to manage, but with different reason. Today, I am going to discuss with you about the different background of people's depression by comparing two different times.

Q. What will the speaker most likely talk about next?

(a) The different reasons of people's depression in 1950s and today.
(b) Why people are undergoing the depression?
(c) The result of the research that psychiatrists obtained.
(d) The comparisons between men and women in depression.

Part 4는 담화문을 다룬다. 영어권 나라에서 영어로 뉴스를 듣거나 강의를 들을 때와 비슷한 상황을 설정하여 얼마나 잘 이해하는지를 측정하는 부분이다. 이야기의 주제, 목적, 화제, 세부 사항 및 이를 근거로 한 추론 등을 다룬다. 직청 직해 실력, 즉 들으면서 곧바로 내용을 이해할 수 있는지를 잘 평가해주는 부분이다.

문법(Grammar) 50문항

밑줄 친 부분 중 오류를 식별하는 유형 등의 단편적이며 기계적인 문법지식 학습을 조장할 우려가 있는 분리식 시험 유형을 배제하고, 의미 있는 문맥을 근거로 오류를 식별하는 유형을 통하여 진정한 의사소통 능력의 바탕이 되는 살아 있는 문법, 어법 능력을 문어체와 구어체를 통하여 측정한다.

PART 1	20문항

Choose the best answer for the blank.

A: Did you see anyone in the business room?
B: I saw a cleaning lady with a mop _______ the floor.

(a) washes
(b) having washed
(c) to wash
(d) washing

Part 1은 A, B 두 사람의 짧은 대화를 통해 전치사 표현력, 구문 이해력, 품사 이해도, 시제, 접속사 등 문법에 대한 이해력을 묻는 형태로 되어 있다. 주로 후자(B)의 대화 중에 빈칸이 있고, 그 곳에 들어갈 적절한 표현을 고르는 형식이다.

<table><tr><td>PART 2</td><td>20문항</td></tr></table>

Choose the best answer for the blank.

The janitor asked _______ time it was.

(a) me that
(b) me what
(c) to me that
(c) for me what

Part 2는 문어체 질문을 다룬다. 서술문 속의 빈칸을 채우는 문제로 총 20문항으로 되어 있다. 이 파트에서는 문법 자체에 대한 이해도는 물론 구문에 대한 이해력이 중요하다.

<table><tr><td>PART 3</td><td>5문항</td></tr></table>

Identify the option that contains an awkward expression or an error in grammar.

(a) A: I'll be away for two weeks for summer vacation.
(b) B: When are you planning to do?
(c) A: I have been thinking of visiting my family.
(c) B: Oh, yeah? That sounds nice.

Part 3는 대화문에서 어법상 틀리거나 어색한 부분이 있는 문장을 고르는 다섯 문항으로 구성되어 있다. 이 영역 역시 문법뿐만 아니라 정확한 구문 파악, 회화 내용의 식별 능력이 대단히 중요하다.

<table><tr><td>PART 4</td><td>5문항</td></tr></table>

Identify the option that contains an awkward expression or an error in grammar.

(a) Steffen was on the way to the gym very early in the morning. (b) He was determined to do a daily workout until he got in shaping. (c) When he was about to enter the gym, suddenly two police officers came out of the gym. (d) They stopped and asked him to show his ID.

Part 4는 한 문단을 주고 그 가운데 문법적으로 틀리거나 어색한 문장을 고르는 다섯 문항으로 되어 있다. 틀린 부분을 신속하게 골라야 하므로 속독 능력도 중요한 작용을 한다.

어휘(Vocabulary) 50문항

문맥 없이 단순한 동의어 및 반의어를 선택하는 시험 유형을 배제하고 의미 있는 문맥을 근거로 가장 적절한 어휘를
선택하는 유형을 문어체와 구어체로 나누어 측정한다.

PART 1	25문항

Choose the best answer for the blank.

A: Mom, can I stay at Steve's place over the weekend?
B: No, that's out of the __________.

(a) inquiry
(b) asking
(c) question
(d) curiosity

Part 1은 구어체로 되어 있는 A, B의 대화 중 빈칸에
가장 적절한 단어를 넣는 25문항으로 구성되어 있다.
단어의 단편적인 의미보다는 문맥에서 쓰인 상대적
인 의미를 더 중요시 한다.

PART 2	25문항

Choose the best answer for the blank.

These days, motor vehicles became a __________ means
of public transportation in many countries.

(a) cheap
(b) natural
(c) routine
(d) universal

Part 2는 하나 또는 두 개의 문장으로 구성된 글 속의
빈칸에 가장 적당한 단어를 골라 넣는 문제이다. 어휘
를 늘릴 때 한 개씩 단편적으로 암기하는 것보다는 하
나의 표현으로, 즉 의미구로 알아 두는 것이 15분이
라는 제한된 시간 내에 어휘 시험을 정확히 푸는 데
많은 도움이 될 것이다.

교양 있는 수준의 글(신문, 잡지, 대학 교양과목 개론 등)과 실용적인 글(서신, 광고, 홍보, 지시문, 설명문, 도표, 양식 등)을 이해하는 데 요구되는 총체적인 독해력을 측정하기 위해서 실용문 및 비전문적 학술문과 같은 독해 지문의 소재를 균형 있게 다루었다.

PART 1	16문항

Read the passage. Then choose the option that completes the passage.

In late eighteenth and early nineteenth centuries so many people were attracted by the simplicity of banking and high profits that many mushroom banks sprang up and bankruptcies were frequent. Every bankruptcy meant not only the failure of the banker but brought __________ to the depositors and borrowers. Commercial life became very unstable so that the government in1844 passed the Bank Charter Act to regularize banking.

(a) prosperity
(b) hardship
(c) peace
(d) opportunity

Part 1은 빈칸 넣기 유형이다. 한 단락의 글을 주고 그 안에 빈칸을 넣어 알맞은 표현을 고르는 16문항으로 이루어져 있다. 글 전체의 흐름을 파악하여 문맥상 빈칸에 들어갈 내용을 찾는 문제이다.

PART 2	21문항

Read the passage and the question. Then choose the option that best answer the question.

With the popularization of the concept of calorie counting, physical features-such as shape and body weight-were considered things under conscious control. The idea of controlling weight through the restriction of calories implied that being overweight resulted solely from lack of control. In other words, to be fat constituted a failure of personal morality.

Q. What is the main idea of this passage?

(a) Physical features have a lot to do with the mind.
(b) Dieting is as simple as reducing calories.
(c) People do not have to reduce their body weight.
(d) Appetite control is an issue of personal morality.

Part 2는 글의 내용 이해를 측정하는 문제로 21문항으로 구성되어 있다. 주제나 대의 혹은 전반적 논조 파악, 세부내용 파악, 논리적 추론 등이 있다.

Read the passage. Then identify that does NOT belong.

There will be a reception this coming Saturday to greet the new vice Principal Ms. Lara Rumsfeld. (a) West Bloomfield High School has no custodian. (b) She was vice Principal at Andover for 3 years before this. (c) She was Deputy Principal for 2 years and Associate Principal for one year. (d) When Ms. Rumsfeld came to West Bloomfield High, she was very nervous but extremely excited to be here.

Part 3는 한 문단의 글에서 내용의 흐름상 어색한 곳을 고르는 문제로 3문항으로 이루어져 있다. 전체 흐름을 파악하여 흐름상 필요 없는 내용을 고르는 문제이다. 이런 유형의 문제는 응집력 있는 영작문 실력을 간접적으로 측정할 수도 있다.

TEPS, TOEIC, TOEFL 점수 비교

TEPS	TOEIC	TOEFL(CBT)	TOEFL(iBT)
951 ~	980 ~	287 ~	117 ~
901 ~ 950	950 ~ 975	273 ~ 287	111 ~ 117
851 ~ 900	910 ~ 945	253 ~ 273	101 ~ 111
801 ~ 850	875 ~ 905	247 ~ 253	98 ~ 101
751 ~ 800	835 ~ 870	237 ~ 247	92 ~ 98
701 ~ 750	790 ~ 830	223 ~ 237	84 ~ 92
651 ~ 700	750 ~ 785	213 ~ 223	79 ~ 84
601 ~ 650	705 ~ 745	204 ~ 213	76 ~ 79
551 ~ 600	650 ~ 700	193 ~ 207	69 ~ 76
501 ~ 550	600 ~ 645	177 ~ 193	62 ~ 69
451 ~ 500	545 ~ 595	167 ~ 177	58 ~ 62
400 ~ 450	490 ~ 540	163 ~ 167	57 ~ 58

※CBT와 iBT 점수 비교는 ETS 발표를 참고했습니다.

Listening Comprehension

1. 모의고사라고 해서 한 번 풀고 넘어가는 것이 아니라 풀어본 문제를 두세 번씩 다시 풀어본다.

TEPS 문제들은 유형이 다양하게 출제되고 문제를 푸는 행위 자체가 좋은 학습이 되기 때문에, 한 번만 풀고 정답을 확인하기보다는 2회 이상 문제를 다시 풀어보는 것이 실제 시험장에서 청취력 향상에 도움이 될 뿐 아니라 의문문, 평서문, 대의 파악 등과 같은 TEPS 청해 문제의 각 유형을 숙지하고 파트별 시간 안배 연습에 상당한 도움이 될 수 있다.

2. Part 1, 2 – Dictation(받아쓰기)를 반드시 하자!

청해 파트 1, 2의 경우 크게 나누어봤을 때 의문문과 평서문으로 분류할 수 있으며 문장의 첫 마디, 시제, 인칭, 동음이의어를 가지고 함정을 만든 오답들을 배치하는 경우가 많으므로, 각 문장을 듣고 받아쓰기를 통해 확실하게 대비를 할 수 있다. 청해 파트 1, 2에서 등장하는 모든 의문문과 평서문 표현들은 영어를 모국어로 사용하는 사람들이 현장에서 늘 사용하는 생활영어 및 구어체 관용표현들로 구성되어 있고 이러한 것들을 소리를 내서 통째로 암기를 해서 익숙해지면 파트 3에 등장하는 대화에 대한 이해도도 상당히 좋아질 뿐만 아니라, 다양한 상황들에 대한 표현들을 익히게 되므로 우리나라 영어학습자들에게 취약한 미국문화에 대한 이해도 상당히 향상된다.

3. Part 3, 4 – Shadowing(따라 읽기)를 하며 질문이 무엇을 요구하는지를 파악하자.

파트 3, 4는 크게 봤을 때 대의 파악 유형과 세부 내용 파악 유형으로 나누어볼 수 있는데 이는 파트 1, 2와 달라서 두 번 들려주는 데다가 Question이 등장하고 그 Question에 따라 집중해서 들어야할 부분이 달라지므로 받아쓰거나 무작정 외우는 것보다는 shadowing(따라 읽기)을 하며 전체 문맥의 흐름과 질문에서 요구하는 점을 빠르게 파악하는 것이 중요하다. 들리지 않는데 무조건 듣기만 하지 마라' 라는 외국어 습득 이론이 있다. 특히 파트 4처럼 내용이 많은 경우에는 더욱 그렇다. 긴 내용에 대한 '순간 독해력'이 부족하기 때문에 지문의 내용을 절반도 이해하지 못하는 경우 반드시 대본을 빨리 읽는 독해 훈련에 당분간 시간을 투자해야 한다. 이 과정에서 원어민 음성을 통해 끊어 읽기나 발음 등에 대해서도 숙달을 이룰 수 있는 것이기 때문이다.

Grammar

1. 출제되는 부분이 정해져 있다!

문법의 경우 학원 수업 때 다룬 것이 항상 90% 가량 나오는 것을 확인할 수 있는데, 평소에 공부할 때에도 항상 나오는 문법을 중점적으로 다루면 그것이 시험에 많이 출제된다. 주로 시험에서 많이 다루는 내용은 시제, 분사구문, 수동태, 문장의 형식, 조동사, 명사와 관사, 어순, 일치, 대명사인데 항상 출제되는 시제, 조동사, 수동태, 준동사 부분은 중점적으로 공부하도록 한다. 파트 4의 경우 그냥 독해를 하지 말고 각각 선택지의 주어, 동사를 파악해서 수의 일치(주어와 동사의 단수/복수 일치), 시제 일치(각 선택지들 간의 시제 흐름 일치), 태의 일치(능동태/수동태)가 맞는지만 확인해도 상당수 문제를 풀 수 있다.

2. 오답 노트를 만들자!

TEPS에서 문법 점수를 올리는 지름길은 누가 뭐래도 오답 노트인데 오답 노트야말로 실수를 줄여나가는 확실한 방법이다. 한번 풀어본 문제라서 눈에는 익은데 정답이 헷갈린다든지, 정답을 꼼꼼하게 확인해두지 않아서 공부할 때 틀렸던 문제를 실전에서 또 다시 틀린다면, 고득점의 길은 멀어질 수밖에 없는 것이다.
본 모의고사를 본 후 틀린 문제들만을 따로 준비해둔 노트에 정리해서(문제와 답만 적기) 각 문제 옆에 그 문제에 해당하는 chapter 이름을 표기해둔다면 TEPS 문법이 항상 다루는 부분에서 문제가 출제된다는 사실을 깨닫게 될 것이며 본인이 어느 부분에서 취약한지도 파악이 될 것이다.

3. 뒤부터 풀자!

문법 파트의 경우 문제 푸는 순서도 중요한데 필자는 수강생들에게 문법과 독해 섹션을 풀 때는 뒤쪽 문제부터 풀어 나가라고 권하곤 하는데, 실제로 그렇게 했을 때 점수가 생각 이상으로 잘 나오는 분들을 많이 보았다. 문법 파트 4의 다섯 문제는 배점이 높으므로 반드시 모두 맞혀야 한다는 점을 명심하자.

Vocabulary

1. TEPS 어휘는 대부분 생활영어들이다!

어휘에서는 상당수 문제들이 LC section에 등장하는 informal한 영어 표현들 이 등장하며 informal한 표현이란 격의 없이 일반 구어체에서 빈번하게 사용되는 표현으로, 저속한 표현과는 다른 개념이다. 문어체 표현과 관련해서는 기존의 다른 시험과 큰 차이를 나타내지 않고 있지만 요즘은 그리 많이 출제되고 있지는 않다. 어휘 영역에서는 쉬운 단어에 특히 주목할 필요가 있다. 우리가 익숙하다고 주의를 기울이지 않지만, 실상은 정확한 쓰임을 몰라서 실수할 수 있는 단어들이 어휘 영역의 주요 출제 대상이 된다. 그리고 철자가 비슷한 단어들이나 모양이 비슷한 단어들을 구별하는 문제들도 매회 거의 빠지지 않고 출제되고 있다. 흔히 동의어라고 생각되지만, 쓰임이 각각 다른 단어들이 많이 있으므로, 양적인 면에 너무 집착하지 말고 개별 단어의 정확한 쓰임을 의미 있는 문장을 통해 착실히 익혀두는 습관이 필요하다. 이때 가급적이면 예문이 풍부한 영영사전을 이용하는 것이 좋고, 이러한 실용영어 능력에 추가하여 TOEFL 수준의 어휘력으로 보강한다면 TEPS 어휘 영역에서 큰 어려움은 없을 것이다. 개인적인 목적이 있다면 모르겠지만 몇 년이 가도 한번 볼까 말까한 난해한 단어를 공부하는 데 더 이상 시간을 낭비하지 않는 것이 좋다. TEPS에서는 실제 영어에서 활용 빈도가 낮은 표현이나 구문은 출제를 꺼리는 경향이 있다는 점을 명심해두기 바란다.

2. 속도 감각을 가지고 빨리 풀어야 한다!

지금까지 TEPS 어휘 영역에서 출제된 단어의 수준은 기존의 다른 영어 시험들과 비교할 때 결코 어렵다고 할 수는 없으나, 기본적으로 속도 감각이 뒷받침되어야 좋은 점수를 얻을 수 있다. 신속한 문제 해결 능력을 위해서는 정확한 표현이 내재화되어 있어야 하므로, 쉬운 의미라고 하더라도 반복적으로 활용하는 습관이 중요하다.

Reading Comprehension

1. 시간 배분에 따라 점수가 달라진다!

TEPS 독해는 수험자들이 가장 어려워하는 부분인데 이는 시간 배분을 제대로 못해서인 경우가 대부분이다. 한 문제에 너무 오랜 시간 머물지 않아야 하는데 초급자일수록 이것이 잘 지켜지지 않는다. 모의고사를 통해 평상시에 시간 배분 훈련을 해야 실전에서 다소 '여유'를 갖고 자신 있게 대처할 수 있다.

파트 1의 경우 다른 파트에 비해 비교적 배점이 낮으므로 한 문제당 평균 40에서 50초를 넘기지 말고 풀고, 파트 2의 경우 내용도 다양하게 나오는데다가 Question이 다양하게 등장하므로 문제당 1분에서 1분 30초 안에 풀어야 한다. 가장 배점이 높은 파트 3의 경우 문제당 2분에서 2분 30초를 잡는 것이 바람직하며 전체 독해 문제들을 푸는 순서는 파트 3→파트 1→파트 2 순으로 푸는 것이 효율적이고 특히 독해점수가 300점 이하들에게는 위의 순서가 가장 이상적이다.

2. 아는 만큼 읽힌다! 어휘력은 기본!

TEPS RC는 주로 비전문 학술문들을 위주로 출제하고 과학, 의학, 역사, 문학, 언어, 문화 전반에 걸쳐 다양하게 출제되므로 풍부한 어휘력이 TEPS RC의 고득점을 좌우하는 요소라는 사실에는 이견이 없을 것이다. 어휘력 증진을 위한 여러 가지 방법이 있겠지만, 가급적이면 주제별 어휘를 정리하고 영영사전을 통해 의미를 찾아보고 문장과 글을 이용해서 정확한 의미를 알아두어야 한다. 그리고 모의고사를 풀 때에는 지문의 전체를 보면서 주요 어휘들의 의미를 확실하게 익혀둠과 동시에 어법에 해당하는 요소들을 의식적으로 파악하는 훈련이 매우 중요하다. 독해력은 어휘력과 배경지식이 다라고 말할 수 있다. 따라서 특정 분야에 대한 어휘력이 약하거나 배경지식이 부족한 경우라면 아무리 짧고 단순한 지문이 출제되어도 쉽게 문제를 해결할 수 없다. 이에 대한 대책으로는 문제를 풀고 난 후에 지문을 다시 한 번 차분히 읽으면서 어휘와 표현을 정리하는 것과 동시에 전체 내용에 대한 이해도를 높여야 한다. 그래서 고득점자들은 독해 파트를 문제 풀이로만 생각하지 않고, 반드시 지문을 2~3번 더 읽어보면서 내용을 이해하면서 배경지식을 쌓는 것과 동시에 어휘를 숙지하려고 노력해야 한다.

Test of English Proficiency developed by Seoul National University

Listening Comprehension

Part 1

1.

M: Would you like a cup of tea?
W: ____________________________

   (a) I think he loves tea.
   (b) I'm sorry to hear that.
   (c) Sure, with some sugar, please.
   (d) Let me help you.

남자 : 차 한 잔 드실래요?
여자 : 좋죠, 설탕 조금 넣어서 주세요.

해설 커피를 권하는 남자에게 그가 차를 좋아한다고 답하는 (a)는 적절하지 않다. 그 말을 들어서 유감이라는 (b) 역시 어색하다. 자신의 커피 취향을 말해주는 (c)가 정답이다. 당신을 돕게 해달라는 (d) 또한 어색하다. Would you like ~?는 What/How about ~?, Why don't you ~?와 더불어 권유할 때 사용하는 표현이다. 실제 좋아하는지 그렇지 않은지의 여부를 묻는 Do you like ~?에 대한 답변과는 달리, Would you like ~?는 주로 Yes, please.(긍정 응답)라고 하거나 No, thank you.(부정 응답)로 답한다.

2.

M: I'm flying to Orlando tomorrow.
W: ____________________________

   (a) It doesn't matter who else comes.
   (b) I'm looking forward to the trip.
   (c) I'm afraid that I'll get one too.
   (d) Will you call me when you arrive?

남자 : 저는 내일 비행기로 올랜도에 갈 예
정이에요.
여자 : 도착하면 전화 좀 해줄래요?

해설 남자가 올랜도에 간다는 말에 누가 오든 상관없다는 (a)는 적절하지 않다. '여행을 기다리고 있다'는 (b)는 여자가 아닌 남자가 여행을 가는 것이므로 어색하다. 자신도 하나를 가지게 될까봐 두렵다는 (c)도 어색하다. 도착하면 전화 해달라고 하는 (d)가 자연스럽다.

3.

W: Are you being waited on, sir?
M: ____________________________

   (a) No, I haven't paid my bill yet.
   (b) No, I'll pick up the tab.
   (c) No, actually I'd like to order the T-bone steak.
   (d) I haven't been asked yet.

여자 : 손님, 주문하고 기다리고 계신 겁니
까?
남자 : 아니오, 티본 스테이크로 주문할게
요.

해설 종업원이 손님을 접대하고자 건네는 말은 May/Can I help you? 이외에 Are you being served?(서비스를 받고 계십니까?)가 있다. 이 표현에 사용된 served 대신 같은 뜻의 waited on을 사용하여 여자가 남자에게 말을 건네고 있다. (a)의 '계산을 아직 안 했다'는 말은 '도와드릴까요?'라는 말의 응답으로 매끄럽지 못하다. (b)는 '내가 계산하겠다'는 손님끼리 식당을 나가면서 할 수 있는 말이다. 종업원의 말에 주문을 하기 시작하는 (c)의 반응이 자연스러우므로 정답이다. (d)의 아직 누가 물어보지도 않았다는 말도 자연스럽게 대화가 이어지지 못한다.

4.

M: Why was it so noisy last night?

W: _______________________________

    (a) Our neighbors were having a party.
    (b) I hope it won't happen again.
    (c) I couldn't sleep at all either.
    (d) I'm sorry; I'll turn my music down right now.

남자 : 지난 밤에는 왜 그렇게 시끄러웠죠?
여자 : 우리 이웃들이 파티를 했거든요.

해설 시끄러웠던 원인을 묻는 질문에 그 이유를 알려주는 (a)가 정답이다. 다시 일어나지 않기를 바란다는 (b)는 원인을 알고 나서 얘기할 수 있는 답이다. '나도 잠을 잘 수 없었다'고 말하는 (c)는 남자가 어제 잠을 못잤다는 말이 없으므로 어색하다. 지금 음악의 볼륨을 낮추겠다고 말하는 (d) 역시 적절하지 않다.

5.

W: Would you please watch my bag? I have to go to the ladies room.

M: _______________________________

    (a) OK, I'll try, but no guarantees.
    (b) I'll let you know if I find it.
    (c) Sure, I'll keep an eye on it for you.
    (d) I'm not sure what time it is.

여자 : 내 가방 좀 봐줄래요? 화장실 좀 다녀올게요.
남자 : 그러세요. 제가 봐드릴게요.

해설 화장실에 가기 전에 가방을 부탁하는 여자의 부탁에 장담은 할 수 없다고 말하는 (a), 내가 찾으면 알려준다고 하는 (b)는 적절하지 않다. 주시하고 있겠다는 (c)가 정답이다. keep an eye on ~은 '~을 봐주다'라는 의미로 매우 자주 사용되는 표현이므로 꼭 알아두어야 한다. 시간을 물은 것이 아니므로 몇 시인지 모르겠다고 말하는 (d)는 적절하지 않다.

어휘 **guarantee** 보증; 보증하다

6.

W: Have you heard about tomorrow's weather forecast?

M: _______________________________

    (a) I'm freezing already.
    (b) Yup, rain for most of the day.
    (c) It's snowing heavily.
    (d) I prefer the sunshine.

여자 : 내일 일기 예보 들었어요?
남자 : 네, 거의 하루 종일 비 올 거예요.

해설 내일 날씨를 묻는 여자에게 자기가 지금 춥다고 말하는 (a)와 현재 눈이 내리고 있다는 (c)도 시제가 어울리지 않아 부적당하다. 내일의 날씨에 대해서 말해주는 (b)가 답이다. 어떤 날씨를 좋아하느냐고 물은 게 아니므로 (d)는 답이 아니다.

어휘 **freeze** 얼음이 얼다, 얼어붙다 **prefer** 오히려 ~을 좋아하다

7.

M: Did you have dinner yet?
W: ___________________________

    (a) Yes, I'll finish it shortly.
    (b) No, I just got home.
    (c) Yes, I'll be with you in a minute.
    (d) No, it was too spicy for my taste.

남자 : 저녁 먹었어요?
여자 : 아니요, 집에 이제 막 도착했어요.

해설 저녁 먹었는지를 묻는 남자에게 먹었다고 말하면서(Yes) 이어서 금방 끝마칠 거라고 말하는 (a)는 앞 뒤가 맞지 않는다. 금방 도착해서 아직 못먹었다고 말하는 (b)가 정답이다. 이제 곧 도착한다고 말하는 (c)도 적절하지 않다. 엉뚱하게 자기 식성 얘기를 하는 (d)도 대화가 적절히 이어지지 않는다.

어휘 **spicy** 양념을 넣은, 향긋한

8.

M: Would you like to order dessert?
W: ___________________________

    (a) I'll pay the bill first.
    (b) How much is it?
    (c) It's my treat today.
    (d) No thanks, I'm stuffed.

남자 : 디저트 주문하실래요?
여자 : 아니요, 배가 꽉 찼어요.

해설 남자가 디저트 주문 여부를 묻고 있다. 계산에 대해 물은 것이 아니므로 '내가 먼저 지불하겠다'고 말하는 (a)는 적절하지 않다. 또한 계산서에 대한 내용이 아니므로 가격을 묻는 (b)도 적절하지 않다. '오늘은 내가 사겠다'고 말하는 (c) 역시 질문에 대한 올바른 답이 아니다. treat은 한턱 내는 것을 의미하며 It's my round.라고 할 수도 있다. 배가 불러서 못먹겠다고 거절하는 (d)가 자연스럽다.

9.

W: Will you be checking your baggage, sir?
M: ___________________________

    (a) Don't worry, I'll do it myself.
    (b) Yes, my luggage arrived safely.
    (c) No, I just have a carry-on bag.
    (d) Yes, it's fine, thank you.

여자 : 수하물 확인하시겠습니까?
남자 : 아니요, 기내 휴대용 가방 하나밖에
　　　 없어요.

10.

M: Can you help me for a minute?
W: ___________________________

    (a) Hopefully not.
    (b) It depends on what you want.
    (c) Better sooner than later.
    (d) You're already ten minutes late.

남자 : 잠시 저 좀 도와줄 수 있어요?
여자 : 원하는 것이 무엇인가에 달려 있죠.

11.

W: When will the guests be leaving?
M: ___________________________

    (a) I'll ask them to stay.
    (b) I'm glad everyone's enjoying themselves.
    (c) I'll be cleaning up afterwards.
    (d) I'm sure it will be soon.

여자 : 손님들이 언제 떠날 건가요?
남자 : 곧 떠날 것 같습니다.

12.

W: What do you think of this redecorated space?
M: ___________________________

    (a) I can help you move the heavy things.
    (b) I'm afraid it's none of your business.
    (c) I probably wouldn't have chosen those colors.
    (d) They never consulted the clients.

여자 : 이 새로 장식된 공간 어때요?
남자 : 나 같으면 아마 그런 색들을 선택하지 않았을 텐데요.

 What do you think of ~?, How do you feel about ~?, What do you make of ~? 등은 의견이나 감상을 묻는 전형적인 질문이다. 따라서 나라면 다른 색을 선택했으리라며 자신의 생각으로 대답하는 (c)가 적당하다. (b)도 의견이라고 할 수는 있지만 대화가 (c)만큼 자연스럽게 연결되지 않고, (a), (b)는 의견을 밝히는 대답이 아니므로 적당하지 못하다.

어휘 consult 의견을 묻다, 상담하다

13.

W: Are you going to sign up for the small business training seminar?

M: ＿＿＿＿＿＿＿＿＿＿＿＿＿＿＿＿

  (a) I will. It seems like it's a good idea.
  (b) I'm excited that you'll be joining us.
  (c) It will look good on your resume.
  (d) I've been wondering about my job.

여자: 소규모 업체 교육 세미나 신청하실 건가요?
남자: 네, 좋은 생각 같네요.

해설 세미나 신청 여부를 묻는 질문에 그럴 것이라고 대답하는 (a)가 간단하고 명확한 답변이다. 여자는 참석 여부에 대해서 말하지 않았으므로 여자와 함께 해서 기쁘다고 말하는 (b)는 답이 될 수 없다. 여자는 남자의 계획에 대해 묻고 있으므로 여자에 대해 답하고 있는 (c)는 적합하지 않다. 자신의 직업에 대해 궁금해하고 있다는 (d)도 전혀 상관없는 대답이다.

14.

W: How could you forget to pay the cable bill last month?

M: ＿＿＿＿＿＿＿＿＿＿＿＿＿＿＿＿

  (a) I've been so busy that it completely slipped my mind.
  (b) Please bill me later.
  (c) I told you it was urgent.
  (d) I should have done it for you.

여자: 지난 달에 케이블 요금 내는 걸 어떻게 잊을 수 있죠?
남자: 내가 너무 바빠서 완전히 잊어버리고 있었어요.

해설 질문의 의문사는 '어떻게'라고 주로 해석하는 how이지만 내용상 '왜'를 묻는 질문이다. 따라서 너무 바빠 정신이 없어서라고 케이블 요금을 미납한 이유를 들고 있는 (a)가 정답이다. slip one's mind는 '깜빡 잊다'이다. 계산 청구를 나중에 해달라고 말하는 (b)는 전혀 엉뚱한 답변이고, (c) '급하다고 했잖아요'는 여자가 할 만한 말이다. 왜 잊었냐는 질문에 (d)의 '당신을 위해서 내가 했어야 하는데'는 '잊었어야 했는데'라는 뜻이 되므로 자연스러운 답이 아니다.

어휘 urgent 긴급한, 다급한

15.

W: What is the delivery charge for the sofa?

M: ___________________________

    (a) The payment should be made after delivery.
    (b) It's free of charge, ma'am.
    (c) The cost of the sofa was more than you thought.
    (d) We'll be there in about an hour.

여자 : 소파의 운송료는 얼마죠?
남자 : 무료 배송입니다, 부인.

해설 소파의 운송료가 얼마인가를 묻는 여자에게 언제 지불해야 하는가에 대한 대답인 (a)는 어색하다. 무료 배송이라고 말하는 (b)가 정답이다. 운송료가 아닌 소파의 가격을 말하는 (c), 도착 시간에 대한 대답인 (d)도 질문에 대한 답이 될 수 없다.

16.

M: I'm not going to work today.
W: How come?
M: I'm not feeling very well.
W: ________________________

    (a) Do you need some money?
    (b) I'll do it instead.
    (c) Oh, no. Are you fevered?
    (d) I must have eaten something bad.

남자 : 오늘은 출근을 못하겠어요.
여자 : 왜요?
남자 : 몸이 좀 안좋네요.
여자 : 아, 이런. 열이 있으세요?

해설 몸이 안좋다고 말하는 남자에게 알맞은 응답은 열이 있느냐고 물어보는 (c)이다. '열이 있다' 는 have a fever/temperature라고도 한다. 돈이 필요하냐고 묻는 (a)는 대화가 이루어지지 않는다. 다짜고짜 '내가 대신 할게요.' 라고 하는 (b)도 부적합하다. 무언가를 잘못 먹은 것 같다고 말하는 (d)는 남자가 할 말이다. 정답은 (c)이다.

17.

M: Are you all right? You look upset.
W: I was in a car accident this morning.
M: Were you hurt?
W: ________________________

    (a) I was held up in traffic.
    (b) My brakes wouldn't work.
    (c) No, but my car is totaled.
    (d) No, but I hurt my back.

남자 : 괜찮아요? 언짢아 보이네요.
여자 : 오늘 아침에 교통사고가 있었거든요.
남자 : 다친 곳 있으세요?
여자 : 아니요. 그렇지만 제 차가 박살이 났어요.

해설 교통사고로 다친 곳이 있느냐고 묻는 남자에게 교통체증이 있었다고 말하는 (a)는 적절하지 않다. 브레이크가 작동하지 않았다고 말하는 (b)는 사고 원인에 대한 것이므로 대답이 될 수 없다. 자신은 다친 곳이 없다고 말하는 (c)가 정답이다. (d)는 아니라고 말하고서는 이어서 등을 다쳤다고 하므로 앞 뒤가 맞지 않는다.

18.

W: I'd like to buy some tickets to the ballet.
M: What day would you prefer?
W: Friday evening would be the best.
M: ________________________

    (a) Well, it's quite popular.
    (b) Sorry, that show is sold out.
    (c) All right, take mine instead.
    (d) Sorry, I don't work here.

여자 : 발레 공연 티켓을 좀 사고 싶은데요.
남자 : 어느 요일로 하시겠습니까?
여자 : 금요일 저녁이 좋겠네요.
남자 : 죄송합니다만 그 날 티켓은 매진됐습니다.

해설 여자가 발레 공연을 원하는 요일을 말하자, 매진되었다고 하는 (b)가 자연스러운 응답이다. '인기가 좋다'라고 하는 (a)는 발레가 어떠한가에 대한 질문의 답이 될 수 있다. '내 것을 대신 가져가라'고 하는 (c) 역시 자연스러운 대화를 만들지 못한다. 여자와 계속 말을 주고 받던 중이므로 갑자기 '여기서 일 안 합니다'라고 말하는 (d)는 적절하지 않다.

19.

M: What are your plans for spring break?
W: I'll probably go to the lake with my friends.
M: That sounds fun. Just be careful you don't get sunburned.
W: ____________________

(a) I'll make sure to bring my sunscreen.
(b) I hope it's sunny while we're there.
(c) You don't mind the sun, do you?
(d) I'm so glad you can join us.

남자 : 봄 방학 때 뭐 할 거야?
여자 : 친구들이랑 호수에 갈 것 같은데.
남자 : 재미있겠네. 햇볕에 타지 않도록 조심해.
여자 : 선크림 꼭 가져갈 거야.

해설 남자가 놀러 가는 여자에게 햇볕에 그을리지 않도록 조심하라고 말하는 상황이다. 선크림을 챙겨갈 것이라는 (a)가 정답이다. 그을리지 말라는 말에 날씨가 화창하기를 바란다는 (b)와 '햇빛 신경 안 쓰죠?'라고 되묻는 (c)는 이상한 응답. 남자가 동행할 것이라고 말한 적이 없기 때문에 (d)는 답이 될 수 없다. 우리가 흔히 선크림이라 부르는 햇빛에 그을리지 않도록 바르는 것은 sunscreen이라고 부르는 것에 주의하자.

20.

M: Did you know that it is possible for humans to re-grow fingers?
W: You must be joking. How is that possible?
M: If an extract taken from a pig's bladder is applied to the wound, the cells in the tissue start to repair the damage.
W: ____________________

(a) That's what I said.
(b) I don't have any damage.
(c) Where did you hear that?
(d) I knew it was true.

남자 : 인간의 손가락을 다시 자라게 할 수 있다는 거 아세요?
여자 : 말도 안 돼요. 그게 어떻게 가능하죠?
남자 : 돼지 방광 추출물을 상처에 바르면 조직 속의 세포들이 상처를 치유한다고 해요.
여자 : 그걸 어디에서 들었어요?

해설 남자가 믿어지지 않는 이야기를 하자 여자가 의아해하는 상황이다. 믿지 못 하겠는 남자의 말에 내가 한 말이 그거라는 (a), 상처가 없다는 (b)는 적절하지 않다. 이야기의 출처를 묻는 (c)가 정답이다. 어떻게 그게 가능하냐는 말을 한 바로 후에 '그게 사실인줄 알고 있었다'는 (d)는 앞 뒤가 맞지 않는다.

어휘 extract 추출물; 뽑아내다, 추출하다 bladder 방광, 낭

21.

M: I'm looking for the phone number of a friend in Los Angeles.
W: What's the name of the person?
M: John Edwards.
W: _______________________

   (a) Does he live on Beach Street?
   (b) You've got the wrong number.
   (c) Would you like to leave a message?
   (d) The line is busy.

남자: 로스엔젤레스에 있는 친구 전화번호를 찾고 있습니다.
여자: 그 분 성함이 어떻게 되십니까?
남자: 존 에드워드요.
여자: 비치 스트리트에 사시나요?

해설 전화국에 전화를 걸어 전화번호를 묻고 있는 상황이다. 찾는 사람의 이름을 말하자 사는 곳을 확인하는 (a)가 가장 매끄럽다. 앞에서 대화를 계속하다 느닷없이 전화 잘못 거셨다는 (b)는 적절한 대답이 아니다. 메시지를 남길지 물어보는 (c), 통화 중이라고 말하는 (d)는 전화번호 안내원이 할 말이 아니다. 전화 통화에 사용되는 표현, 어휘들은 잘 알아둘 필요가 있다.

22.

M: What seems to be the trouble today?
W: I think I have a cavity.
M: What makes you say that?
W: _______________________

   (a) My tooth is killing me.
   (b) I didn't say anything.
   (c) Why am I in trouble?
   (d) It was the day before yesterday.

남자: 오늘 무슨 일이 있어요?
여자: 충치가 있는 것 같아요.
남자: 왜 그렇게 생각해요?
여자: 이가 너무 아프거든요.

해설 남자가 여자에게 충치라고 생각하는 이유를 묻고 있다. 이가 아프다고 대답하는 (a)가 정답이다. 대화 중 아무 말도 하지 않았다는 (b)는 적절하지 않다. '내가 왜 큰일났나요?'라고 되묻는 (c)도 적절하지 않다. 날짜를 물은 것이 아니기 때문에 '엊그제'라고 대답하는 (d)도 답이 될 수 없다. cavity는 충치로서 bad tooth/teeth라고 표현할 수도 있다.

23.

M: Do you have any plans for your vacation?
W: Yes, I'm going up north to see my family.
M: When will you be coming back?
W: _______________________

   (a) You can join me if you wish.
   (b) It will be a lot of fun.
   (c) It's already over.
   (d) In about two weeks.

남자: 방학 때 무슨 계획 있어?
여자: 응, 북부로 가서 가족들을 만나려고.
남자: 언제 돌아올 거야?
여자: 2주 정도 있다가.

 남자가 원하는 정보는 '언제'이다. 따라서 2주 후라는 시간 정보를 제공하고 있는 (d)가 질문에 대한 알맞은 응답이다. in 뒤에 시간을 사용하면 '~후에'가 된다. 언제 돌아올 예정이냐는 남자의 질문에 원한다면 동행할 수도 있다고 말하는 (a), 벌써 끝났다는 (c)는 적절하지 않다. (b)의 '아주 재미있겠네요.'는 첫 번째 여자의 말에 남자가 할 수 있는 말이다. 정답은 (d)이다.

24.

M: Could you help me? I have no idea where I'm going.
W: What are you trying to find?
M: The art gallery.
W: ＿＿＿＿＿＿＿＿＿＿＿＿

    (a) There is a fantastic exhibit there right now.
    (b) I'd love to join you.
    (c) Go straight for two blocks and then turn left.
    (d) Isn't this area fantastic?

남자: 좀 도와주실래요? 어디로 가고 있는지 모르겠어요.
여자: 어디를 찾으시는데요?
남자: 미술관이요.
여자: 두 블록 곧장 가셔서 왼쪽으로 가시면 돼요.

해설 남자가 여자에게 길을 묻는 상황이다. 길을 묻는 남자에게 방향을 알려주는 (c)가 정답임을 알 수 있다. 남자는 길을 묻고 있지 미술관에서 무슨 일이 있는가를 묻고 있지 않으므로 (a)는 부적합하다. 길에서 위치를 묻는 사람에게 동행하고 싶다는 (b)는 적절하지 않은 반응이다. '이 지역이 대단하지 않나요?'라고 되묻는 (d) 역시 적절하지 않다.

25.

M: Did you hear that as of January 1st, smoking is banned in all public places?
W: I think that's a great idea.
M: I'm sure that most smokers don't agree.
W: ＿＿＿＿＿＿＿＿＿＿＿＿

    (a) I haven't smoked in over a year.
    (b) But it will help to limit secondhand smoke.
    (c) I don't care whether they smoke or not.
    (d) That's why smoking should be prohibited.

남자: 1월 1일부터 공공장소에서의 흡연이 금지된다는 거 아셨어요?
여자: 그거 잘됐네요.
남자: 흡연자들 대부분은 반대할 거예요.
여자: 그렇지만 그게 간접 흡연을 막는 데 도움이 될 거예요.

해설 흡연 금지에 대한 흡연자들의 부정적 반응을 예상하고 있는 남자에게, 자신의 금연 사실을 얘기하고 있는 (a)는 부적절하다. 남자의 생각에 반하여 흡연 금지의 긍정적 효과에 대해 응답하는 (b)가 정답이다. 담배를 피는 사람들이든 아니든 상관 않겠다는 (c)는 대화와 상관없는 말이며, 흡연이 금지되어야 하는 이유라는 (d)는 여자의 간접 흡연에 대한 의견 다음에 나오는 반응이라면 적당하다.

어휘 ban 금지하다 prohibit 금지하다, 방해하다

26.

M: Did you see what he was wearing?
W: I didn't notice, I'm afraid.
M: It looked like something my grandfather would wear. It was completely outdated.
W: _______________________

(a) I'm not sure what the date is.
(b) I can't say I do.
(c) Why does it matter if he's out of style?
(d) What's the problem with dating?

남자: 그가 입은 옷을 봤어요?
여자: 아니요 못 봤어요.
남자: 그건 마치 우리 할아버지나 입으실 만한 옷이었다고요. 유행에 완전히 뒤쳐졌어요.
여자: 그가 유행에 뒤처지든 말든 그게 무슨 상관이죠?

해설 남자가 제삼자의 옷이 촌스럽다는 말에 촌스럽든 말든 무슨 상관이냐고 반박하는 (c)의 응답은 매우 자연스럽다. (a)와 (d)는 out-dated(구식의, 오래된 스타일의)와 date(날짜), dating(연애)의 유사발음으로 혼동을 주는 함정이지만 대화 흐름에는 적절하지 않다. 자신이 그렇다고 말할 수는 없다는 (b)에서는 do가 무엇을 의미하는지 알 수 없고 자연스럽게 대화가 이어지지도 않는다.

27.

W: Are you able to deliver the washer and dryer if I decide to buy them?
M: Certainly. Free delivery is included with your purchase.
W: When is the soonest they could be delivered?
M: _______________________

(a) Yes, we'll bring them right to your door.
(b) Here's your receipt.
(c) It's refundable within 7 days.
(d) We could do it on Friday.

여자: 만약 구매한다면 이 세탁기와 건조기는 배송해주나요?
남자: 그럼요, 무료 배송이 구매에 포함되어 있습니다.
여자: 제일 빨리 배송될 수 있는 날짜가 언제죠?
남자: 금요일에 배송 가능합니다.

해설 '언제'냐고 묻는 여자의 질문에 배달 가능한 요일로 대답하는 (d)가 자연스러운 응답이다. 집 앞까지 배송해준다는 (a)는 장소가 아니라 시간을 물었으므로 답이 될 수 없다. 갑자기 영수증을 주는 (b), 환불은 7일 이내로 가능하다는 (c) 역시 대화의 흐름에서 벗어난 답변들이다.

어휘 **purchase** 구매, 구입 **refundable** 반환할 수 있는, 갚을 수 있는

28.

W: Is everything all right? You seem really stressed out.
M: I'm OK. I have several deadlines at work this week
   and I'm feeling a lot of pressure from my boss.
W: Well, is there something I could do to help you?
M: ______________________

    (a) Yes, I need a good night's rest.
    (b) I'm afraid I'm much too busy for that.
    (c) Yes, could you bring me some coffee?
    (d) I'll do my best.

여자: 괜찮아요? 스트레스 많이 받은것 같아요.
남자: 괜찮아요. 이번 주까지 끝내야 되는 일들이 좀 있어서요. 게다가 상사 때문에 스트레스도 많이 받고 있고요.
여자: 제가 도울 일이 있을까요?
남자: 네, 커피 좀 타줄래요?

해설 일이 많아 힘들어 하는 남자에게 여자가 도움을 주고자 하는 상황이다. (a)는 좀 쉬어야겠다는 말에 대한 반응으로 적합하다. 도와주겠다는 말에 너무 바쁘다는 (b), 최선을 다하겠다는 (d)의 반응은 엉뚱하다. 커피 한 잔을 부탁하는 (c)가 자연스럽다.

어휘 pressure 압력, 압박

29.

W: Pardon me, could you tell me where the nearest
   washroom is?
M: I think there's a public washroom in the coffee shop.
W: Is that nearby?
M: ______________________

    (a) You'll miss it.
    (b) I find it wonderful.
    (c) It's just down the street.
    (d) It's a shortcut.

여자: 실례하지만, 제일 가까운 화장실이 어디에요?
남자: 커피숍에 공중 화장실이 있는 것 같던데요.
여자: 근처에 있나요?
남자: 길 아래에 있어요.

해설 여자가 남자에게 화장실이 근처에 있느냐고 묻는 상황이다. 화장실은 놓치는 대상이 아니므로 (a)는 오답이다. (b)의 화장실이 대단하다고 본다는 대답도 여자의 질문과 동떨어진 대답이므로 오답이다. 화장실의 위치를 가르쳐주는 (c)가 정답이다. 지름길이라고 말하는 (d) 역시 위치와는 무관한 정보이다.

30.

M: I've been trying to call you all day.
W: I'm sorry. My brother has been on the phone a lot.
M: Why don't you get call-waiting?
W: ______________________

    (a) I'm not sure if people want to wait any longer.
    (b) I'll have to look into that.
    (c) All right, I'll get another line installed right away.
    (d) I'll tell him to wait for his calls from now on.

남자: 당신에게 하루 종일 전화 했었어요.
여자: 죄송해요. 남동생이 전화를 오래 썼어요.
남자: 통화 대기를 신청하지 그래요?
여자: 그걸 좀 알아봐야겠어요.

Part 3

31.

W: Can I help you?
M: Yes. I'm not sure what type of gasoline to use for my car.
W: Haven't you purchased gasoline before?
M: No, my car is brand new.
W: Oh. Most people select unleaded gasoline.
M: All right. Thanks for your help.

여자: 무엇을 도와드릴까요?
남자: 네, 제 차에 무슨 기름을 넣어야 할지를 몰라서요.
여자: 그 전엔 한 번도 기름을 구입한 적이 없으세요?
남자: 네, 이 차는 새 차라서요.
여자: 음, 대부분 무연 휘발유를 사용하세요.
남자: 알겠습니다. 고마워요.

Q: What is the conversation about?

(a) Filling up the gas tank for the man
(b) Selecting the right type of fuel for the man
(c) Helping the man service his car
(d) Purchasing a new car

무엇에 대한 대화인가?

(a) 남자를 위해 가스 탱크를 채우기
(b) 남자를 위해 알맞은 타입의 연료를 고르기
(c) 남자의 차를 수리하는 것을 도와주기
(d) 새 차 구입하기

해설 남자의 첫 번째 말에서 남자는 자동차에 적합한 휘발유를 모른다고 했고 여자가 추천해주는 상황이다. 자동차에 기름을 넣기 위해서 대화를 나누는 것이지만 (a)는 기름을 넣는 것과 무관하다. (b)는 적합한 연료의 종류를 고르는 것이므로 정답이다. 차 수리와는 무관한 내용이므로 (c)는 오답, 자동차를 사고 있지 않으므로 (d)도 오답이다.

어휘 unleaded 납을 제거한, 무연의

32.

W: I'd like to make a reservation, please.
M: Sure. When will you be staying with us?
W: From May 3 to May 6.
M: OK and for how many people?
W: Four in total. Two adults and two children.
M: All right. I'll just need your payment information.

여자: 예약을 하고 싶습니다.
남자: 네, 언제 머무르실 겁니까?
여자: 5월 3일부터 6일까지요.
남자: 네, 몇 분이시죠?
여자: 모두 4명이에요. 어른 둘, 아이 둘이고요.
남자: 네, 어떻게 지불하실지 알려주세요.

Q: What is the conversation about?

(a) The woman is making a flight reservation.
(b) The woman is booking a hotel room.
(c) The woman is checking her room number.
(d) The woman is canceling her reservation.

대화는 무엇에 관한 것인가?

(a) 여자는 항공편을 예약하고 있다.
(b) 여자는 호텔 객실을 예약하고 있다.
(c) 여자는 객실 번호를 확인하고 있다.
(d) 여자는 예약을 취소하고 있다.

33.

M: Anna, is that you? It's James here.	남자: 애나 맞지? 나 제임스야.
W: James? Is something wrong?	여자: 제임스? 무슨 일 있어?
M: Well, I think I'm lost.	남자: 나 길을 잃은 거 같아.
W: Didn't you write down the directions that I gave you?	여자: 내가 알려준 방향 받아 적지 않았어?
M: Yes, but I forgot them.	남자: 적었는데 잊어버렸어.
W: I was afraid that would happen. Where are you now?	여자: 그럴 줄 알았다. 어디야?
M: I'm in front of the school. Do I turn left or right here?	남자: 학교 앞이야. 여기서 좌회전이야? 우회전이야?
W: Turn right. Go two more blocks and then you'll see my house.	여자: 우회전이고, 두 블록 더 가면 우리 집이야.

Q: What is the conversation about?	대화는 무엇에 관한 것인가?
(a) The woman will drive the man home.	(a) 여자는 남자를 집까지 차로 데려다 줄 것이다.
(b) The man is happy to see the woman.	(b) 남자는 여자를 만나게 되어 행복하다.
(c) The woman is lost.	(c) 여자는 길을 잃었다.
(d) The man is looking for the woman's house.	(d) 남자는 여자의 집을 찾고 있다.

34.

M: I've got two tickets to the hockey game on Saturday night. Will you come with me?	남자: 토요일 하키 경기 입장권이 두 장 있는데 같이 갈래요?
W: I wish I could, but I have to work.	여자: 그러고 싶지만 할 일이 있어서요.
M: It's the championship game! Can't you switch shifts with somebody or call in sick?	남자: 이건 선수권 대회인데! 교대를 다른 사람이랑 바꾸거나 아프다고 하면 안 돼요?
W: I'll try. Let me see if anyone can work for me.	여자: 노력은 해볼게요. 혹시 나 대신 일할 사람 있는지 보고요.
M: I really hope so. I don't want the ticket to go to waste.	남자: 제발 같이 갔으면 좋겠어요. 한 장 그냥 버리기 싫은데.
W: I'm sure you could find someone else to bring with you.	여자: 나 말고도 같이 갈 사람 많을 걸요?

Q: What can be inferred from the conversation?

    (a) The man does not want to go to the hockey game.
    (b) The woman is popular among colleagues.
    (c) The man wants the woman to come with him.
    (d) The woman is available on Saturday night.

대화를 통해서 알 수 있는 것은?

    (a) 남자는 하키 경기에 가기 싫어한다.
    (b) 여자는 동료들 사이에서 인기가 많다.
    (c) 남자는 여자와 함께 가기를 원한다.
    (d) 여자는 토요일 밤에 시간이 된다.

해설 일이 바쁜 여자를 남자가 하키 경기에 초대하고 있는 상황이다. (a)는 다른 사람과 근무를 바꿔서라도 여자에게 같이 가자고 하고 있으므로 오답. (b) 남자가 여자를 초대한다고 해서 여자가 동료 사이에서도 인기 있다는 것은 논리의 비약이다. (c)는 여자와 같이 하키 경기에 가고 싶어하므로 정답이다. (d) 여자는 첫 말에서 일이 바쁘고 마지막 말에서도 다른 사람과 같이 갈 수 있을 것이라며 갈 수 없음을 시사하고 있으므로 오답이다.

어휘 **call in sick** 전화로 병결을 알리다

35.

M: Do you know what you would like to do today?
W: I'm not sure. Do you have any suggestions?
M: Would you like to watch a movie?
W: Not really. It's such a beautiful day; I'd rather do something outside.
M: How about a walk down by the river?
W: That sounds perfect.

남자: 오늘 하고 싶은 게 있어요?
여자: 모르겠는데, 혹시 제안할 거 있으세요?
남자: 영화 한 편 볼래요?
여자: 별로요. 날씨가 너무 좋아서 나가서 뭘 하고 싶네요.
남자: 강을 따라 산책을 하는 건 어떨까요?
여자: 그거 아주 좋네요.

Q: What are the speakers going to do today?

    (a) They plan to go for a walk.
    (b) They are going to stay home.
    (c) They are going to watch a movie.
    (d) They will stay inside.

화자는 오늘 무엇을 할 것인가?

    (a) 그들은 함께 산책하러 나갈 계획이다.
    (b) 그들은 집에 있을 것이다.
    (c) 그들은 영화 보러 것이다.
    (d) 그들은 실내에 있을 것이다.

해설 여자에게 이것저것 할 것을 제안하다가 결국 산책을 하는 것에 동의를 하는 상황이다. 따라서 '남자와 여자는 산책을 할 것이다'라고 한 (a)가 정답이다. 여자가 날씨가 좋으므로 밖에서 무언가 하고 싶다고 했고 남자가 동의하므로 (b)와 (d)는 정답이 아니다. (c)는 여자가 거절한 것이므로 정답이 아니다.

36.

M: Can I help you with something?	남자 : 제가 뭐 좀 도와드릴까요?
W: I'm not sure where I'm supposed to go.	여자 : 어디로 가야 할 지를 몰라서요.
M: Well, what are you looking for?	남자 : 어디를 찾으세요?
W: My friend just had a baby. I'm looking for the labor and delivery unit.	여자 : 친구가 막 출산을 했는데요, 분만실을 찾고 있어요.
M: Go up to the third floor and speak to the nurse at the desk.	남자 : 3층으로 올라가셔서 안내데스크에 간호사에게 물어보세요.
W: Thank you. Is there an elevator nearby?	여자 : 감사합니다. 근처에 엘리베이터가 있나요?

Q: Where is this conversation likely taking place?	이 대화가 이루어지는 곳은 어디인가?
(a) In a school	(a) 학교
(b) In a doctor's office	(b) 의사의 진료실
(c) In a hospital	(c) 병원
(d) In a department store	(d) 백화점

해설 대화의 labor and delivery unit(분만과), nurse(간호사)등의 어휘로 보아 병원에서의 대화라고 볼 수 있으므로 (b)와 (c)가 가능하나 대화에서 다양한 종류의 진료 과목이 있음을 암시하는 unit(분과)이라는 단어가 사용되었고 남자가 방향을 묻고 있고 여자는 대답을 해주는 것으로 보아 비교적 큰 규모의 병원에서 분만실의 위치를 묻고 있는 것으로 짐작되므로 (b)보다는 (c)가 적합하다.

어휘 be supposed to부정사 ~하기로 되어 있다, 예정되어 있다

37.

M: Hello, Jack speaking.	남자 : 네, 잭입니다.
W: Hey, Jack! How are you? This is Sheila.	여자 : 잭! 어떻게 지내? 난 셰일라야.
M: Hi, Sheila. I'm good, thanks.	남자 : 셰일라! 나야 잘 지내지.
W: I just got your message about the party on Friday.	여자 : 방금 금요일에 파티를 한다는 소식을 들어서 말이야.
M: Great. Are you able to come?	남자 : 잘 됐네. 올 수 있지?
W: Unfortunately I can't. I have to baby sit my nephew that night.	여자 : 미안한데 못 가. 그 날밤에 우리 조카를 돌봐야 하거든.
M: Oh, that's too bad. I was looking forward to seeing you.	남자 : 아, 섭섭하다. 너 만난다고 기대하고 있었는데.
W: Well, maybe we could get together on Saturday instead?	여자 : 그럼 대신 토요일에 만나면 되지, 안그래?

> **Q: What is Sheila doing now?**
>
> (a) Asking Jack on a date
> (b) Responding to an invitation
> (c) Asking about a party
> (d) Looking after her nephew

> 세일라는 지금 무엇을 하고 있는가?
>
> (a) 잭에게 데이트 신청한다.
> (b) 초대에 대답한다.
> (c) 파티에 대해서 물어본다.
> (d) 조카를 돌본다.

해설 잭이 세일라에게 만날 것을 제안했던 것에 대해 세일라가 조카를 돌봐야 하기 때문에 거절하고 있다. 따라서 세일라는 잭의 초대에 응답하고 있다는 (b)가 정답이다. 데이트 신청인지도 알 길이 없고 어쨌든 초대는 잭이 하고 있으므로 (a)는 오답이다. (c)는 파티에 관해 다른 세부 내용은 언급한 일이 없으므로 오답, (d)의 조카를 돌보는 것은 앞으로 올 금요일 저녁의 일이다. look after는 babysit(아기를 보다)를 대치한 표현이며 take care of(~를 돌보다)와 같은 의미이다.

38.

> **M: Can you tell me how to get to the library downtown?**
> W: Take the bus to Central Plaza and it's right across the street.
> M: Is it a long ride?
> W: No, it only takes about fifteen minutes from here.
> M: Perfect, thank you for your help.
> W: You're welcome. But how come you're not going to the university library instead? It's much closer.
> M: The book that I need wasn't available there.

> 남자: 시내 도서관에 어떻게 가는지 좀 알려 주세요.
> 여자: 센트럴 플라자로 가는 버스를 타시고요, 그럼 길 바로 건너편에 있어요.
> 남자: 오래 가야 됩니까?
> 여자: 아니요. 여기서 약 15분 정도 밖에 안 걸려요.
> 남자: 네, 감사합니다.
> 여자: 천만에요. 그런데 여기 대학 도서관에는 왜 안 가세요? 거기가 훨씬 가까울 텐데.
> 남자: 제가 찾는 책이 거기는 없어서요.

> **Q: Which is correct according to the conversation?**
>
> (a) The man is going on a bike ride.
> (b) The man needs directions to the library.
> (c) The man needs change for the bus fare.
> (d) The man is attending the university.

> 대화에 일치하는 내용은?
>
> (a) 남자는 자전거를 타러 가고 있다.
> (b) 남자는 도서관으로 가는 방향을 알아야 한다.
> (c) 남자는 버스 요금으로 잔돈이 필요하다.
> (d) 남자는 대학교에 다니고 있다.

해설 대화 내용에 일치하는 것을 고르는 문제이다. 대화에 사용된 ride는 버스를 타는 것을 의미하므로 (a)는 오답이다. 첫 번째 남자의 말이 도서관으로 가는 길을 묻는 것이므로 (b)가 정답이다. directions는 보통 복수로 쓰고 '방향'을 의미한다. 버스 요금 용도로 쓸 잔돈에 대해서는 언급된 바 없으므로 (c)는 오답이다. (d)의 남자가 대학에 다니고 있는지 여부는 대화로 알 길이 없다. (b)가 정답이다.

39.

M: Can we get a table for two in the non-smoking section, please?
W: Certainly. Follow me, please.
M: Would we be able to get a table by the window? The view of the ocean is spectacular from here.
W: Sure, how's this table?
M: Great, thank you.
W: Here are your menus. Can I get you any drinks while you look them over?
M: Sure, we'll have two glasses of red wine, please.
W: All right. I'll be right back with those.

남자: 금연석에 2인석 있나요?
여자: 네, 따라오십시오.
남자: 창가 쪽 좌석에 앉을 수 있을까요? 여기서는 바다 경치가 장관이라서요.
여자: 그럼요, 이 자리 어떠세요?
남자: 좋네요, 고맙습니다.
여자: 여기 메뉴판 있습니다. 살펴보실 동안 음료수라도 드릴까요?
남자: 레드 와인으로 두 잔 주세요.
여자: 네, 즉시 가져오겠습니다.

Q: Which is correct according to the conversation?

(a) The woman would like a glass of red wine.
(b) The man is enjoying the view.
(c) The speakers are friends.
(d) The man prefers the smoking section.

대화와 일치하는 내용은?

(a) 여자는 레드 와인 한 잔을 원한다.
(b) 남자는 경치를 즐기고 있다.
(c) 화자들은 친구 사이이다.
(d) 남자는 흡연석을 더 좋아한다.

해설 식당으로 보이는 데서 자리를 배정받고 주문을 하는 상황으로 대화 내용에 맞는 것을 고르는 문제이다. 여자는 종업원이고 남자가 손님이므로 (a)와 (c)는 오답이다. (b)는 경치를 즐기기 위해 창가쪽 자리를 원하고 배정받았으므로 정답. (d)는 첫 번째 남자의 말에서 금연구역을 원했으므로 오답이다.

40.

M: Could you tell me where I can find a bank nearby?
W: I'm not sure that there is one around here.
M: Really? Well, do you have change for a five-dollar bill? I need money for bus fare.
W: I'm sorry, I don't. There's a coffee shop next door. Maybe they could help you.
M: All right. Thanks anyhow.
W: You're welcome.

남자: 근처에 은행이 있습니까?
여자: 이 근처는 있는지 잘 모르겠는데요.
남자: 그래요? 혹시 5달러 지폐 바꿀 잔돈이 있으세요? 버스 요금이 필요해서요.
여자: 죄송하지만 없어요. 옆 집에 커피숍이 있는데 거기는 도움이 될 거예요.
남자: 네, 어쨌든 고맙습니다.
여자: 천만에요.

Q: What does the man need?

(a) A coffee
(b) A washroom
(c) Small bills
(d) Directions

남자가 필요로 하는 것은?

(a) 커피
(b) 화장실
(c) 소액 지폐
(d) 방향

해설 남자가 잔돈이 필요하여 여자에게 가까운 은행을 묻고 있는 상황이다. 따라서 남자가 원하는 것은 잔돈(change)이다. change를 다른 말로 표현한 (c)의 small bills가 정답이다. change는 셀 수 없는 명사로 '잔돈, 거스름돈'이다. bills는 지폐를 뜻한다.

41.

M: Have you ever wondered if board games would become as popular again as they were when we were kids?
W: I think that's highly unlikely.
M: Why do you say that?
W: Since the introduction of electronic games, board games just don't hold the same appeal.
M: But board games teach kids how to play together and have fun without always being plugged into some sort of machine.
W: Very true but I think that kids today enjoy the faster pace of electronic games.

남자 : 보드 게임이 우리가 어렸을 때처럼 다시 인기를 끌 수 있을지 생각해본 적 있어?
여자 : 그러기 힘들 것 같은데.
남자 : 왜?
여자 : 전자 게임이 도입되면서 보드 게임은 더 이상 매력적이지 않잖아.
남자 : 그래도 보드 게임은 아이들에게 협동해서 노는 것을 가르치고, 기계에 사로잡히는 일 없이 재미있게 놀 수 있게 해주잖아.
여자 : 맞지. 그래도 요즘 아이들은 전자 게임의 빠른 속도를 더 좋아하는 것 같아.

Q: According to the conversation, why does the man prefer board games?

(a) They help children cooperate.
(b) They are easier to understand.
(c) They are more appealing.
(d) They are more popular.

대화에 의하면 남자는 왜 보드게임을 더 좋아하는가?

(a) 아이들의 협동심을 길러준다.
(b) 이해하기 쉽다.
(c) 더 마음을 끈다.
(d) 더 인기가 있다.

해설 마지막 남자의 말에서 보드게임을 좋아하는 이유로 아이들이 함께 즐길 수 있다는 점과 컴퓨터 등에 매이지 않는다는 점을 들고 있다. 따라서 대화의 play together를 cooperate(협조하다, 협력하다)로 바꿔 표현한 (a)가 정답이다. (b)는 언급된 바 없고 여자는 컴퓨터 게임으로 인해 보드 게임은 매력을 잃었다고 했으므로 (c)와 (d)는 오답이다.

어휘 plug into 플러그를 꽂다

42.

M: Jill told me that you're giving Eric and Carol a ride to the ski resort.
W: Yeah, but I'm a little worried that we won't all fit in my van with all of our ski equipment.
M: Well, who all will be driving with you?
W: Eric, Carol, Jill, you and myself.
M: Your van fits five people, doesn't it?
W: Yes, but it is the skis and bags that I'm concerned about.
M: Couldn't we strap the skis onto the roof of your van?

남자 : 질이 그러는데 당신이 에릭과 캐롤을 스키 리조트까지 태워줄 거라면서요.
여자 : 네, 그런데 사람들이랑 스키 장비를 내 밴 안에 다 넣을 수 있을지 걱정이네요.
남자 : 음, 그럼 누구 누구랑 타고 가요?
여자 : 에릭, 캐롤, 질, 당신과 나요.
남자 : 당신 밴에 5명까지 탈 수 있잖아요?
여자 : 그렇죠. 하지만 스키랑 가방이 걱정이란 말이에요.
남자 : 스키를 차의 지붕에 매달 수는 없어요?

Q: What is the woman worried about?
(a) The guest list for her party
(b) Preparing food for her guests
(c) Fitting everyone into her van
(d) Forgetting her ski equipment

여자가 걱정하는 것은?
(a) 파티에 올 손님 명단
(b) 손님을 위한 음식 준비
(c) 모든 사람을 그녀의 밴에 태워야 한다는 것
(d) 그녀의 스키 장비를 잊어버린 것

해설 여자는 스키 타러 함께 가는 사람들과 짐이 자신의 차에 모두 들어갈 수 있는지를 걱정하고, 남자는 해결책으로 지붕에 짐을 얹는 것을 제안하고 있다. 따라서 여자가 걱정하는 것은 (c) 모든 이를 차에 태우는 일이다. 같이 스키 타러 가는 사람들의 이름이 열거되었으나 그에 대해 염려하는 것은 아니라서 (a)는 오답이다. (b)의 음식 이야기는 언급된 바 없다. (d)의 스키 장비를 잊었다는 이야기도 언급된 바 없다. 정답은 (c)이다.

43.

M: Hello, Cindy.
W: Edward, hello! It's great to see you.
M: Yes, it's been a long time. What's new with you?
W: Well, I'm finally getting married.
M: To Dave Murphy? It's about time.
W: No, actually. I'm engaged to Robert Carter. Do you know him?
M: I think I met him once at a party. Well, congratulations.
W: Thank you.

남자 : 신디, 안녕?
여자 : 에드워드, 안녕! 만나서 반갑다.
남자 : 그래, 오랜만이다. 어떻게 지내니?
여자 : 나 드디어 결혼해.
남자 : 데이브 머피하고? 결혼할 때 됐지.
여자 : 아니, 사실 나 로버트 카터와 약혼했어. 혹시 그 사람 알아?
남자 : 파티에서 그 사람 한 번 본 거 같아. 어쨌든 축하해.
여자 : 고마워.

Q: What can be inferred from the conversation?
(a) Cindy has been single for a long time.
(b) Edward is having a party.
(c) The speakers haven't seen each other in a long time.
(d) Edward used to date Cindy.

대화에서 유추할 수 있는 것은?
(a) 신디는 한참 동안 혼자였다.
(b) 에드워드가 파티를 연다.
(c) 화자들은 오랜만에 만났다.
(d) 에드워드는 신디와 데이트를 했었다.

해설 남자와 여자가 오랜만에 만나 여자의 결혼에 대해 나누는 대화를 듣고 정답을 추측하는 문제. 남자의 두 번째 말에서 서로 오랜만이라고 했으니 둘은 오랫동안 만나지 못했음을 알 수 있다. 따라서 (c)가 정답이다. 여자가 오래 독신이었는지의 여부는 알 수 없으므로 (a)는 오답이다. 결혼을 하는 것은 신디이고 파티는 남자가 여자의 약혼자를 본 장소이므로 (b)는 오답이다. 남자가 여자의 결혼 상대로 데이브 머피를 추측한 것으로 보아 여자가 과거에 사귀었던 남자는 데이브임을 추측해볼 수 있으므로 (d)는 오답이다.

44.

M: I'm here to see Dr. Adams. W: What's your name? M: Gerald Newton. I have an appointment at 11:00. W: Actually, Mr. Newton, your appointment was at 10:00. M: Really? I wonder how I made that mistake. W: I'll see if Dr. Adams can still fit you in. M: Thank you, I'd appreciate that. W: Just wait here for now.	남자: 아담스 선생님을 만나러 왔습니다. 여자: 성함이 어떻게 되시죠? 남자: 제럴드 뉴턴입니다. 11시에 예약되어 있습니다. 여자: 뉴턴 씨, 약속 시간이 10시였는데요. 남자: 그래요? 어쩌다가 그런 실수를 했는지. 여자: 암담스 선생님이 그래도 봐주실 수 있는지 한 번 알아보겠습니다. 남자: 감사합니다. 여자: 여기서 잠시만 기다리세요.

Q: Why does the man have to wait? (a) He came too early. (b) He came too late. (c) He doesn't have an appointment. (d) The doctor is not available.	남자는 왜 기다려야 하는가? (a) 그는 너무 일찍 왔다. (b) 그는 너무 늦게 왔다. (c) 그는 약속이 없다. (d) 의사가 자리에 없다.

해설 대화에서 남자는 자신의 약속 시간을 11시라고 알고 있으나 사실은 10시였음을 여자가 가르쳐주고 있으며 진료가 가능한지 알아볼테니 기다리라고 하는 상황이다. 따라서 남자는 약속 시간에 너무 늦었다는 (b)가 정답이고 (a), (c)는 오답이다. 여자가 진료가 가능한지 알아보겠다는 말로 보아 의사가 없다는 (d)로 오답이다. 정답은 (b)이다.

45.

M: Hello there. Isn't it a beautiful day? W: No, it's much too warm for me. M: You mustn't be from around here then. W: No, I grew up in Alaska. M: Ahh, it must not get this warm way up there. W: Definitely not. Weather this hot makes me miss home. M: But I bet you don't miss the snow, do you?	남자: 안녕하세요? 날씨가 참 좋죠? 여자: 아니요, 저는 너무 덥네요. 남자: 그럼 이곳 출신이 아닌가 보네요. 여자: 네, 알래스카 출신이에요. 남자: 아, 그 북쪽이 이렇게 따뜻할 리가 없죠. 여자: 맞아요, 이렇게 더운 날씨엔 집이 그립네요. 남자: 그렇지만 눈이 그리운 건 아니죠?

Q: Which is correct according to the conversation? (a) The man used to live in a cold place. (b) The woman enjoys the warm weather. (c) The man misses his home. (d) The woman prefers cooler weather.	대화에 따르면 무엇이 맞는가? (a) 남자는 추운 곳에 살았었다. (b) 여자는 따뜻한 날씨를 즐긴다. (c) 남자는 고향을 그리워한다. (d) 여자는 추운 날씨를 더 좋아한다.

해설 대화 내용과 일치하는 것을 고르는 문제이다. 알래스카에 살았던 사람은 여자이므로 (a)는 오답이다. 여자의 말에서 더운 날씨 때문에 고향 생각이 난다고 했으므로 더운 날씨가 마음에 들지 않는 것을 알 수 있다. 따라서 (b)와 (c)는 오답이고, 여자가 추운 날씨를 더 좋아한다는 (d)가 정답이 된다.

Part 4

46.

I used to have friends that spent money every time I turned around and they tried to make me feel bad because I didn't spend. I just had other uses for my money instead of an $80 blouse or a brand new car with outrageous payments. I have better friends now who understand how I am. Plus when my car needed tires or the fridge finally quit I could go and pay cash without worrying about credit card debt.

나에게는 자신들의 돈을 쓰면서 내가 돈을 안 썼다는 사실 때문에 내가 뒤돌면 내 기분을 나쁘게 만드는 친구들이 있었다. 나는 단지 80달러나 하는 블라우스나 엄청난 가격의 새 차에 돈을 쓰는 대신 다른 용도로 돈을 썼다. 지금은 나를 잘 이해해주는 더 좋은 친구가 있다. 게다가 내 차에 타이어가 필요하거나 냉장고가 마침내 고장 나면 나는 신용카드 빚에 대한 걱정 없이 현금으로 구입할 수 있다.

Q: How does the speaker feel about their old friends?

(a) Content
(b) Sympathetic
(c) Resentful
(d) Ambivalent

화자는 그들의 예전 친구들에 대해 어떻게 느끼고 있는가?

(a) 만족해한다.
(b) 불쌍하게 여긴다.
(c) 분개한다.
(d) 전혀 다른 두 가지 마음이 교차한다.

해설 본문의 첫 부분을 보면 말하는 이의 옛 친구들은 자신이 돈을 함부로 쓰지 않았던 것에 대해 자신을 feel bad(기분 나쁜)하게 했다고 했고 중간 부분에서도 지금의 친구들이 더 낫다는 말로 보아 옛 친구들에 대한 감정이 좋지 않음을 짐작할 수 있다. 따라서 (c)가 적당하다.

어휘 outrageous 엄청난, 난폭한, 포학한

47

Barley is an excellent source of vitamins, minerals, and phytochemicals. In addition to this, barley is loaded with fiber. Plenty of research tells us that a high fiber diet reduces risk of many cancers including breast cancer and colon cancer. It is important to focus on getting your fiber from food. Research now suggests that getting fiber from sources is the key to reducing the risk of many cancers, including colon cancer. Fiber from fiber supplements does not appear to reduce risk of colon cancer.

보리는 비타민, 미네랄, 식물성 물질의 훌륭한 보유고이다. 여기에 더하여 섬유소도 많이 들어 있다. 많은 연구에서 섬유질을 많이 섭취하는 것은 유방암과 대장암을 포함한 많은 암의 위험을 감소시킨다는 것이 밝혀졌다. 음식에서의 섬유질 섭취에 중점을 두는 것은 중요하다. 음식을 통한 섬유질 섭취는 대장암을 포함한 많은 암의 억제에 중요한 열쇠라는 것을 연구가 보여준다. 섬유질 보충제를 통한 섬유질은 대장암 예방의 효과가 있는 것으로 보이지 않는다.

Q: According to the report, what is true about barley?

(a) It helps reduce the risk of cancer.
(b) It is the only cure for colon cancer.
(c) It is high in healthy fats.
(d) It aids weight loss.

보리에 대한 내용 중 다음 보고와 일치하는 것은?

(a) 항암 작용을 돕는다.
(b) 대장암에 대한 유일한 치료법이다.
(c) 지방이 많이 들어 있다.
(d) 살을 빼는 데 도움을 준다.

해설 보리는 다양한 영양분과 섬유질 많고 그 섬유질이 특히 유방암과 대장암의 위험을 줄인다는 내용이 본문 앞부분에 있다. 따라서 보리는 암의 위험을 줄이는 데 도움이 된다는 (a)가 정답이고 오로지 대장암에만 효과가 있다는 (b)는 오답이다. (c)의 지방(fat)이 많이 들었다는 정보와 (d)의 체중 감량에 대한 정보도 찾아볼 수 없다.

어휘 barley 보리, 대맥 phytochemistry 식물화학 reduce 줄이다, 감소시키다 colon 결장 supplement 추가, 보충

48.

Most teenagers don't get enough sleep. At a time when their bodies are coping with growth — physically, mentally and socially — many are not adequately recharging their bodies and minds through sleep. They often have a steady homework load, commitments to sports, clubs or extra curricular activities and of course the lure of spending time with their friends. Added to this they have the demands of school and family life and some even fit paid work into the schedule. It's no wonder they are among the most sleep-deprived groups in society.

대부분의 10대들은 잠을 충분히 자지 못한다. 그들의 몸이 신체적, 정신적, 사회적으로 성장을 해나가고 있을 때 많은 이들이 잠을 통하여 그들의 몸과 마음을 적당하게 재충전하지 못하고 있다. 그들은 종종 꾸준히 많은 숙제의 양과, 스포츠에의 전념, 클럽이나 과외 활동, 또 당연히 친구들과 지내고 싶은 욕망이 있다. 덧붙여서 몇몇은 학교와 가족생활의 요구에다가 급료를 받고 일까지 하기도 한다. 그들이 사회에서 가장 잠이 모자란 그룹에 드는 것은 놀랄 일이 아니다.

Q: According to some researchers, why are teenagers always tired?

(a) Because they are lazy
(b) Because of lack of discipline
(c) Because they are working too much
(d) Because they are growing

이 조사에 따르면, 10대들이 항상 피곤한 이유는 무엇인가?

(a) 그들이 게으르기 때문에
(b) 그들은 수양이 부족하기 때문에
(c) 그들은 너무 일을 많이 하기 때문에
(d) 그들은 성장기에 있기 때문에

해설 10대들이 한창 성장할 시기에 너무 많은 것들로 인해 충분한 수면을 통한 휴식을 취하지 못하고 있다고 했다. 따라서 십대들이 항상 피곤한 이유로 (d)의 '성장하는 중이기 때문에'가 적당하다. (a)는 십대들은 할 것이 너무 많아 수면이 부족하다고 했으므로 본문과 상반되는 말이다. (b)의 수련(discipline)이 부족하다는 정보는 없다. (c)는 일을 한다는 것은 십대들이 하는 많은 일 중 하나일 뿐이었으므로 오답이다. 정답은 (d)이다.

어휘 adequate 충분한, 알맞은 recharge 재충전 steady 확고한, 한결 같은 commitment 참가, 전념, 위탁, 위임
curricular 교과 과정의 deprive 빼앗다, 박탈하다

49.

The sea otter was exploited on the western coast of Canada by hunters who sold as many as 1200 pelts per year during the late 1700s and 1800s. By 1900, sea otters were on the verge of extinction; the last documented sighting in British Columbia was in 1929. An international treaty (in 1911) gave protection to the endangered population of sea otters, and by the late 1960s the Alaskan population had grown to about 30,000. Transplants to British Colombia (1969-72) were successful and in 1996 the population stood at 1500. It was down listed from 'endangered' to 'threatened' the same year.

해달은 캐나다의 서쪽 해안가에서 사냥꾼들에 의해 1700년대 후반부터 1800년대까지 매년 적어도 1200마리 가량이 가죽으로 팔렸다. 1900년대에 해달은 거의 멸종 위기에 다다랐고, 브리티시 콜럼비아에서 마지막으로 해달이 목격된 것은 1929년이다. (1911년에) 국제 협약에 의해 위기에 처한 해달 집단에 대한 보호가 시작되었고, 1960년대 후반부에는 알래스카에 있는 해달들은 30,000마리까지 불어났다. 브리티시 콜럼비아로의 이주(1969-72)는 성공적이었고 1996년에는 해달들이 1500마리에 이르렀다. 같은 해에 해달은 '멸종 위기'에서 '위험'으로 하향 조정되었다.

Q: What helped the sea otter population of British Columbia increase?

(a) An increase in exploitation of the sea otter
(b) A reduction of predators
(c) A transplant of sea otters from Alaska
(d) An environmental conversation committee

브리티시 콜럼비아의 해달 증가에 도움이 된 것은 무엇인가?

(a) 해달 이용의 증가
(b) 포식자의 감소
(c) 알래스카로부터의 이주
(d) 환경 대화 위원회

해설 해달의 개체수가 증가하는 데 도움이 된 것은 1911년의 국제 보호 조약과 이에 따라 개체수가 증가된 알래스카의 해달을 브리티시 콜럼비아로 이주시킨 것이다. 따라서 선택지에서는 (c) 알래스카로부터의 해달 이주가 정답이다. (a) 해달 개체수의 감소 원인이나 (b) 천적에 관한 것은 언급된 바 없다. (d)의 위원회에 관한 정보도 찾아볼 수 없다.

어휘 sea otter 해달 exploit 이용하다, 개발하다 pelt 털가죽, 날가죽 verge 가장자리, 변두리, 경계 extinction 멸종, 절멸 document 문서, 서류 endanger 위험에 빠뜨리다, 위태롭게 하다 transplant 이식하다, 이주시키다 threatened 멸종할 위기에 직면한

50.

The Nature Conservancy is a nonprofit organization incorporated in 1951 for scientific and educational purposes. Its mission is to preserve plants, animals, and natural communities that represent the diversity of life on earth by protecting the lands and water they need to survive. To date, the Nature Conservancy has been responsible for the protection of more than 6.3 million acres in the United States and Canada, and has partner organizations to preserve land in Latin America and the Caribbean. The Nature Conservancy owns more than 1,300 preserves, making it the largest private system of nature sanctuaries in the world.

네이쳐 컨서번시는 1951년에 과학적, 교육적 목적을 가지고 세워진 비영리 단체이다. 이는 지구 위의 생명의 다양성을 보여주는 식물, 동물, 그리고 자연 군락에, 생존에 필요한 땅과 물을 보호해줌으로써 그들을 보존하는 것이 임무이다. 오늘날 네이쳐 컨서번시는 미국과 캐나다에 6백30만 에이커가 넘는 지역을 책임지고 있고 라틴 아메리카와 카리브 지방의 땅도 연맹해서 보호하고 있다. 네이쳐 컨서번시는 1300개가 넘는 보존 지구를 소유하고 있고 이는 사립으로는 세계의 가장 큰 자연 보호 구역 시스템이다.

Q: What is the main aim of the Nature Conservancy?

(a) To educate people about conservation
(b) To create nature preserves to protect plants and animals
(c) To assist many countries in raising money for nature conservation
(d) To combat the extinction of endangered animals

네이쳐 컨서번시의 주요 목적은?

(a) 사람들에게 보존에 대해 교육하는 것
(b) 동식물 보호를 위해 자연 보존 지구를 만드는 것
(c) 자연 보호를 위해 많은 나라에 기금 모금을 돕는 것
(d) 동물 멸종과의 전쟁

해설 네이쳐 컨서번시(the Nature Conservancy)의 과업(mission)으로 땅과 물을 보호하여 동식물을 보존하는 것이라고 앞부분에서 밝히고 있다. 따라서 동식물 보호를 위해 자연 보호 구역을 만드는 것이라고 표현한 (b)가 정답이다. (a)의 사람들에 관한 교육은 언급된 바 없으며 (c)의 자연보호를 위해 돈을 모으는 일에 관한 내용도 없다. (d)의 동물의 멸종과의 전쟁은 동물에만 치우친 내용이므로 부적합하다.

어휘 nonprofit 비영리적 nonprofit organization 비영리단체 preserve 보호하다, 보존하다
represent 대표하다, 상징하다, 나타내다 diversity 다양성, 변화 sanctuary 성역, 피신처, 보호 지역

51.

Located near the Bunker Hill Monument and Main Street, this grand apartment is one of the few bargains left in the city. Loads of charm with dark woodwork, the apartment has an eat-in-kitchen, two very large bedrooms, a huge living room, a separate dining room and even a built-in china closet. Pocket doors to close off some of the rooms make the floor layout unique and all rooms have hardwood floors. There is a shared yard for your use and an easy commute via the 92 or 93 bus line or a quick walk to the orange line train.

번커 힐 기념관과 메인 스트리트 근처에 있는 이 아파트는 이 도시에 몇 남지 않은 저렴한 상품입니다. 어두운 색 목조로 이루어진 매력적인 이 아파트는 주방 겸 식당, 아주 큰 침실 두 개, 넓은 거실, 분리된 식당과 중국식 찬장까지도 갖추고 있습니다. 일부 방을 막기 위한 쪽 미닫이문은 층 배치를 특이하게 만들어주고, 모든 방은 경질 목 바닥으로 되어 있습니다. 당신을 위해 공유하여 쓸 수 있는 마당이 있고, 교통편은 92번, 93번 버스를 이용하거나 도보로도 오렌지색 노선 전철까지 금방 갈 수 있어 편리합니다.

<table>
<tr><td>

Q: What is correct according to the advertisement?

    (a) The kitchen needs to be equipped.
    (b) The apartment has a private back yard.
    (c) The apartment is close to public transportation.
    (d) The apartment has three bedrooms.

</td><td>

광고에 따르면 맞는 말은?

(a) 주방에 가구가 갖춰져야 한다.
(b) 아파트에는 개인용 뒤뜰이 있다.
(c) 아파트는 대중 교통과 가까이 있다.
(d) 아파트는 침실이 세 개이다.

</td></tr>
</table>

해설 광고의 내용과 일치하는 것을 고르는 문제. 조리 설비가(eat-in kitchen) 갖추어져 있으므로 부엌은 설비가 되어야 한다는 (a)는 오답이다. 공유하는 shared yard가 있다고 했으므로 (b)는 오답이다. 버스와 열차 이용이 쉽다고 했으므로 대중교통(public transportation)에 가깝다고 표현한 (c)는 정답이다. (d)는 침실은 두 개라고 했으므로 맞지 않는다.

어휘 grand 웅장한, 장중한 woodwork 목조 부분, 목제품 layout 배치, 설계, 구획 unique 유일한, 독특한
share 몫, 할당 몫, 일부분 commute 통근하다

52.

<table>
<tr><td>

This is the weather forecast for the Midwest for January 19th. A weak low-pressure system moving through the upper midwest and Great Lakes will produce light snow and rain. One to two inches of snow is forecast from the eastern Dakotas through central Minnesota and northern Wisconsin to northern Michigan. Rain showers are forecast for parts of northern Iowa, southern Minnesota, southern Wisconsin and lower Michigan. Unseasonably warm weather continues with temperatures 10 to 20 degrees above average.

</td><td>

1월 19일 중서부 지방의 일기예보입니다. 중서부 북부와 오대호를 거쳐 이동 중인 약한 저기압이 가벼운 눈과 비를 뿌릴 것입니다. 다코다 동부에서 미네소타 중부와 위스콘신 북부를 거쳐 미시간 북부 지방으로 1에서 2인치 정도의 눈이 예상됩니다. 아이오와 북부와 미네소타 남부, 위스콘신 남부와 미시간 남부에 소나기가 내릴 것으로 예상됩니다. 때아니게, 10도와 20도 정도의 평년보다 따뜻한 날씨가 계속되고 있습니다.

</td></tr>
</table>

<table>
<tr><td>

Q: Which of the following is true according to this weather report?

    (a) Clouds are increasing in the region.
    (b) The weather in the region is unusually warm.
    (c) Dry weather is supposed to continue.
    (d) The weather will remain sunny.

</td><td>

일기 예보에 의하면 맞는 것은?

(a) 구름이 늘어나고 있다.
(b) 날씨가 때 아니게 따뜻하다.
(c) 건조한 날씨가 계속될 것으로 보인다.
(d) 날씨는 계속 맑을 것이다.

</td></tr>
</table>

해설 일기예보와 일치하는 것을 고르는 문제. (a)는 약한 저기압이 지나갈 것이라는 부분이 있으나 그것으로 구름의 양이 늘어날 것을 알 수는 없다. 끝부분에 때아닌 따뜻한 날씨가 계속된다는 정보에서 unseasonably warm weather를 unusually warm weather(특이하게 따뜻한 날씨)로 바꾸어 쓴 (b)가 정답이다. 곳에 따라 많고 적은 눈과 비가 올 것이라는 예보가 있으므로 (c)와 (d)는 오답이다.

어휘 weather forecast 일기예보 unseasonable 때아닌, 시절에 맞지 않는

53.

Australian pronunciation can be peculiar. To the casual listener it sounds similar to Cockney pronunciation, but it differs in many ways. Australian speech also tends to be more contracted, with some sounds and even entire syllables omitted. Australian pronunciation has slight regional variations, and city speech tends to be faster than country speech. Some oversimplified rules of Australian speech are to speak slightly nasally, to contract any word of more than 2 syllables and to convert terms into diminutives wherever possible.

호주의 발음은 약간 특이할 수 있다. 일반적인 청자에게 그것은 런던 코크니 발음과 비슷하게 들리지만 여러 가지로 많이 다르다. 호주식 발음은 일부 소리가, 심지어는 온 음절이 생략되므로 약간 더 단축되는 경향이 있다. 호주식 발음은 지역적으로 약간씩 달라지고, 도시 발음이 시골의 발음보다 좀 더 빠른 경향이 있다. 약간 콧소리를 내는 것, 2음절 이상 단어는 줄이고 가능하면 말을 짧게 바꾸어 버리는 것들이 호주식 심한 단축 규칙이다.

Q: What is a reason that Australian pronunciation may be difficult to understand?

(a) Most regions of Australia have the same dialect.
(b) Australians tend to speak very slowly.
(c) Australians often condense their words.
(d) Australians add different endings onto words.

오스트레일리아 식 발음이 이해하기 어려운 이유는?

(a) 호주의 대부분 지방에서 사투리가 똑같다.
(b) 호주인들은 천천히 말하는 경향이 있다.
(c) 호주인들은 종종 단어를 축약한다.
(d) 호주인들은 단어에 다른 어미를 붙인다.

해설 본문을 듣고 호주 발음이 듣기 어려운 이유를 고르는 문제이다. (a)는 중간 부분에서 호주 발음은 지역적으로 다르다는 말이 있으므로 오답이다. (b)는 말하는 속도는 도시와 시골에 따라 다르다고 했으므로 오답이다. 앞부분에서 호주 억양은 영국 Cockney 억양에 비해 더 축약된 형태라는 말에서 (c)는 정답임을 알 수 있다. 본문의 contracted(축약된)를 비슷한 말인 condensed(응축된)를 이용해 바꿔 표현한 것에 주의하자. (d)는 사용되는 어미가 다르다는 말은 찾아 볼 수 없다.

어휘 pronunciation 발음, 발음법 peculiar 기묘한, 이상한, 특이한 contract 단축하다, 수축시키다 syllables 음절 omit 생략하다, 빠뜨리다 regional 지역의, 지방의 oversimplify 지나치게 간략화하다 nasal 콧소리, 코의, 비음의 convert 변하게 하다, 전환하다 diminutives 소형의, 작은

54.

The Common Atlantic octopus can grow to reach 3m in length when the body and arms are measured together. They have a smooth body that changes color considerably to blend in with their surroundings. Common colors include pink, red/brown, gray and even white with a green tinge. Their arms are very thick and measure around 4 times the length of the body with two alternating rows of suckers. This species can be found in the coral reefs around Florida, Mexico and the West Indies near to the low-tide line and close to the shore. They are a reserved species and tend to hide during the day in crevices and under large rocks.

대서양의 문어는 몸과 다리를 함께 쟀을 때 길이가 3미터까지 자란다. 그들은 부드러운 몸을 가졌고, 이는 환경과 잘 섞일 수 있도록 색깔을 상당히 변화시킨다. 보통의 색깔은 분홍, 빨강/갈색, 회색이며 심지어는 약간 초록을 띤 흰색도 있다. 두 줄의 교차되는 흡반을 가진 다리는 매우 두껍고 몸길이의 약 4배의 길이이다. 이 생물은 썰물 수위 근처와 해변 가까이의 플로리다, 멕시코 근해나, 웨스트 인도제도의 산호초에서 발견된다. 그들은 조심스럽고 낮에는 바위 틈이나 큰 바위 아래에 숨는 경향이 있다.

Q: Which of the following is true about the Atlantic octopus?

   (a) The arms of the octopus measure 3 times the length of the body.
   (b) Yellow octopus are frequently found.
   (c) Their bodies vary in color to match their environment.
   (d) They don't often go close to the shore.

다음 중 대서양의 문어에 대해 맞는 것은?

   (a) 문어의 다리는 몸길이의 3배이다.
   (b) 노란 문어들은 자주 발견된다.
   (c) 그들의 몸은 환경과 일치시키기 위해 다양하게 변화한다.
   (d) 그들은 해변 가까이에 오지 않는다.

해설 대서양 문어에 대해 옳은 것을 고르는 문제이다. (a)는 중간 부분에서 문어의 다리가 몸의 4배라고 했으므로 오답이다. (b)는 노란 문어에 대한 내용은 언급되지 않았다. (c)는 분홍, 빨강, 갈색, 회색, 흰색 등의 다양한 색으로 변한다는 내용이 있으므로 정답이다. 본문에 사용된 blend in(융화되다, 섞이다)과 surroundings(환경)를 선택지에서는 각각 match(어울리다)와 environment(환경)로 바꾸어 표현했다. (d)는 썰물 수위 근처에서, 그리고 해변 근처에서 발견된다는 정보가 있으므로 오답이다.

어휘 considerably 상당히, 꽤 tinge 엷은 색조 alternating 교차의, 교호의 sucker 흡수자, 흡반 coral reef 산호초 low-tide 감풀 crevice 갈라진 틈, 균열

55.

Australia's Justine Saunders died in Hawkesbury District Hospital recently after a long battle with cancer. Saunders, who was born in 1953, had a film, TV and onstage career stretching back three decades. She was perhaps best known for her roles in the 1978 movie *The Chant of Jimmy Blacksmith* and the movie *The Fringe Dwellers,* made in 1986. Saunders, who hated being typecast in Aboriginal roles, appeared in television shows such as the 1970s hit *Number 96* and during the 1980s in *Prisoner*. Her last acting role was in 2004 in the stage play *The Last Cab to Darwin*. In 1991, she received an Order Of Australia for services to the performing arts and to the National Aboriginal Theatre. She will be greatly missed.

호주의 저스틴 손더스는 암과의 오랜 투병 끝에 최근 혹스베리 지구 병원에서 사망했다. 손더스는 1953년에 태어나 지난 30년 간 영화, TV 그리고 무대 위에서 경력을 쌓았다. 그녀는 1978년 작인 〈The Chant of Jimmy Blacksmith〉와 1986년 작인 〈The Fringe Dwellers〉라는 영화로 가장 많이 알려졌을 것이다. 손더스는 틀에 박힌 원주민 역을 싫어했고, 1970년대의 히트작 〈Number 96〉나 1980년대의 〈Prisoner〉 같은 텔레비전 쇼에서 모습을 드러냈다. 그녀의 마지막 역할은 2004년의 무대 연극 〈The Last Cab to Darwin〉에서였다. 1991년에 그녀는 공연 예술과 국립 원주민 극장에의 공로를 인정받아 호주 훈장상을 받았다. 많은 이들이 그녀를 그리워할 것이다.

Q: Which of the following is true about Justine Saunders?

   (a) Her career was mainly in the 1970s and 80s.
   (b) Her career was strictly in theatre productions.
   (c) She received an award from the Queen.
   (d) She acted for roughly 30 years.

저스틴 손더스에 대해 맞는 내용은?

   (a) 그녀의 경력은 주로 1970년대~80년대 사이에 있다.
   (b) 그녀의 경력은 순전히 연극 작품에서였다.
   (c) 그녀는 여왕으로부터 상을 받았다.
   (d) 그녀는 대략 30년간을 배우로서 활동했다.

해설 호주의 배우에 관한 이야기를 듣고 맞는 것을 고르는 문제. 그녀의 경력은 70년대와 80년대에도 있지만 91년 수상에 관한 이야기도 있고 2000년대에도 출연한 경력이 있으므로 (a)는 반드시 맞다고 할 수 없다. (b)는 TV와 영화 출연에 관한 많은 내용으로 보아 오답. (c)는 여왕으로부터의 수상에 관한 내용은 언급되지 않았으므로 오답이다. 내용 중 30년에 걸친 경력(career stretching back three decades)이라는 부분이 있으므로 (d)가 정답이다.

어휘 onstage 무대 위의   stretch 잡아 늘이다, 잡아당기다   typecast 판에 박힌

56.

Marquetry is a very old form of art. Probably all civilizations produced some kind of marquetry, but it is said that Asia Minor was the place where cabinetmakers started to decorate flat surfaces of furniture with inlays of wood, mother of pearl or abalone. As the increasing commerce allowed more cultural interchanges, the techniques passed through East Europe to the whole continent and, by the renaissance, marquetry, intarsia or inlaid was flourishing in Florence; actually, Florentine artists were the first to paint with wood.

상감세공은 아주 오래된 예술의 형태이다. 거의 모든 문명은 어떤 형태로든 상감 제품을 만들어냈는데, 그 중 소아시아에서 고급 가구 기술자들이 밋밋한 가구 표면을 나무 상감과 진주 또는 전복 껍질로 장식하기 시작했다. 더 많은 교류는 문화적인 상호 교환을 가능하게 했고, 기술들은 동유럽을 거쳐서 전 대륙으로 퍼져나가 르네상스 시대에는 상감, 르네상스 상감세공 또는 상감법이 프로랑스 지방에서 번성하였고, 피렌체 미술가들은 제일 먼저 나무를 가지고 색칠하기 시작했다.

Q: Where did marquetry originate, according to the talk?

(a) Asia Minor
(b) Eastern Europe
(c) Florence
(d) It is unknown.

담화에 따르면 상감 세공법은 어디에서 시작되었는가?

(a) 소아시아
(b) 동유럽
(c) 프로랑스
(d) 알려져 있지 않다.

해설 본문을 듣고 상감 기술의 기원을 고르는 문제. 초반부에서 소아이아 지역의 장인들이 나무를 박아 넣거나 진주, 전복 껍질 등을 이용하여 가구 장식을 시작했다는 내용이 있으므로 (a)의 소아시아가 정답이다.

어휘 marquetry 상감, 상감 세공   civilization 문명   cabinetmaker 고급 가구 제작자   inlay 박아 넣다, 상감하다
abalone 전복   intarsia 상감 세공   flourishing 번영하는, 융성한

57.

Lord Richard Layard, one of Britain's most prominent economists and a world expert on unemployment and inequality, has published a new book which describes this important new field. *In Happiness: Lessons from a New Science,* Layard argues that money cannot, in fact, buy happiness. Layard redefines what happiness is, how to get more of it, and provides bold recommendations for policymakers.

영국의 가장 뛰어난 경제학자이며, 실업과 불평등에 대해서 세계적인 전문가인 리처드 레이어드 경은 중요한 새로운 분야를 설명하는 새 책을 출간했습니다. '행복: 신과학이 주는 교훈'에서 레이어드는 돈으로는 행복을 살 수 없다고 주장합니다. 레이어드는 행복이 무엇인가, 어떻게 더 행복해질 것인가를 재정의하고, 정책 입안자들에게 과감한 제의를 합니다.

Q: What can be inferred about the advertised book?

(a) The author is a recognized journalist.
(b) The author is from Britain.
(c) The book is to be used as a college textbook.
(d) The book is from a scientific point of view.

광고되는 책에 대해서 추측할 수 있는 것은?

(a) 저자는 명망 있는 언론인이다.
(b) 저자는 영국 출신이다.
(c) 책은 대학 교재로 사용될 것이다.
(d) 책은 과학적 관점으로 쓰였다.

해설 책과 저자에 대한 소개를 듣고 맞는 것을 유추해내는 문제. 저자는 영국의 경제학자이며 실업과 불평등에 대한 전문가이므로 (a)는 잘못되었고 (b)가 정답이다. (c) 대학 교재로 사용되는가에 대한 것은 언급되지 않았고, (d) 책 내용 중 과학이 주는 교훈이라는 부분이 있으나 과학적인 시각에서 쓴 책이라는 말은 없다.

어휘 **lord** 지배자, 주요인물, 군주 **prominent** 탁월한, 유명한, 두드러진 **inequality** 같지 않음, 불평등 **redefine** 재정의하다 **bold** 대담한, 과감한 **recommendation** 추천, 권고, 충고 **policymaker** 정책입안자

58.

Pet stains can linger in carpeting and fabric forever unless you get to the source. Armed with some simple products that you likely have around the house, you can get rid of these smells quickly and easily. First of all, remove any excrement and blot the entire wet area immediately with a clean absorbent towel or cloth. Pour a small amount of liquid detergent onto the cloth and rub stained area. Mix together 1-quart warm water and 1/2 cup white vinegar. Slowly dribble the mixture onto the stain. Place a dry, clean towel over the stained area. Allow to sit for 4 to 6 hours and remove towels. This method works best for fresh stains.

애완동물의 얼룩은 당신이 그 원인을 제거하지 않는다면 카펫이나 직물에 영원히 남아 있을 수도 있다. 가정에서 구할 수 있는 간단한 몇 가지 제품을 준비하여 이 모든 냄새들을 쉽고 빠르게 제거할 수 있다. 우선 배설물을 제거하고, 젖은 부위에 깨끗한 흡수성 수건이나 천으로 얼룩을 빼낸다. 천 위에 소량의 액체 세제를 붓고, 얼룩진 부위를 문지른다. 1쿼트의 온수와 백식초 1/2컵을 섞는다. 혼합액을 서서히 얼룩 위로 떨어뜨린다. 깨끗한 마른 수건을 얼룩진 부위 위에 둔다. 4~6시간 동안 타월을 그대로 두었다가 나중에 제거한다. 이 방법이 금방 생긴 얼룩에는 가장 좋은 방법이다.

<table>
<tr><td>

Q: What is the tone of the speaker?

    (a) Understanding
    (b) Authoritative
    (c) Subjective
    (d) Argumentative

</td><td>

화자의 어조는 어떠한가?

    (a) 사려 깊은
    (b) 신뢰할 만한
    (c) 주관적인
    (d) 논쟁적인

</td></tr>
</table>

해설 얘기를 듣고 적합한 어조를 고르는 문제. 이야기는 전체적으로 카펫이나 천에 생긴 얼룩을 제거하는 방법을 단계별로 또 구체적으로 설명하고 있다. 따라서 '정보 등이 신뢰할 만한'이라는 (b)가 정답이다. (a)는 '사려 깊은', (c)는 '주관적인', (d)는 '논쟁을 좋아하는'이다.

어휘 **linger** 남아 있다 **get rid of** ~을 없애다, 제거하다 **excrement** 배설물 **blot** 얼룩, 더러움, 때 **pour** 따르다, 붓다, 쏟다 **detergent** 세정제, 세제 **vinegar** 식초, 초 **dribble** 똑똑 떨어뜨리다, 흘리다

59.

<table>
<tr><td>

The Greek government has banned all electronic games across the country, including those that run on home computers, on GameBoy-style portable consoles, and on mobile phones. Thousands of tourists in Greece are unknowingly facing heavy fines or long terms in prison for owning mobile phones or portable video games. Greek Law Number 3037, enacted at the end of July, explicitly forbids electronic games with "electronic mechanisms and software" from public and private places, and people have already been fined tens of thousands of dollars for playing or owning games. The Greek government introduced the law in an attempt to prevent illegal gambling.

</td><td>

그리스 정부는 가정내의 컴퓨터, 게임보이 스타일의 휴대용 기기 그리고 휴대전화를 포함한 국내의 모든 전자 게임을 금지시켰다. 수천의 그리스 관광객들은 휴대전화나 휴대용 비디오 게임기를 소유했다는 이유로 알지도 못하고 무거운 벌금을 내거나 감옥에 오랜 기간 구금되어야 했다. 7월 말부터 발효된 그리스 법 3037조는, 공공 장소와 사적인 장소에서의 '전자 장치와 소프트웨어'로 하는 전자 게임을 명백하게 금지하였고, 사람들은 이미 게임을 하거나 소유한 이유로 고액의 벌금을 냈다. 그리스 정부는 불법 도박을 막고자 하는 의도에서 이 법을 만들었다.

</td></tr>
</table>

<table>
<tr><td>

Q: Why are Greek tourists being fined?

    (a) For possessing cell phones
    (b) For smuggling video games out of the country.
    (c) For promoting online gambling.
    (d) For developing gaming software.

</td><td>

그리스여행자들은 왜 벌금을 물었는가?

    (a) 휴대전화를 소유했다는 이유로
    (b) 비디오 게임을 밀수출했다는 이유로
    (c) 온라인 도박을 장려했다는 이유로
    (d) 게임 소프트웨어 발전을 위하여

</td></tr>
</table>

해설 이야기의 중간 부분에 휴대폰이나 휴대용 비디오 게임을 소유한 것에 대해 벌금을 물었다고 했다. 따라서 본문의 own(소유하다)을 possess(소유하다)로 바꿔 표현한 (a)가 정답. 인터넷 도박은 그리스 정부가 금지하는 내용일 것이므로 (c)는 정답이 될 수 없고 밀수출, 게임 소프트웨어에 관한 내용은 없으므로 (b)와 (d)는 정답이 될 수 없다.

어휘 **ban** 금지, 금지령 **fine** 벌금, 연체료 **enact** 제정하다, 규정하다 **explicit** 명백한, 뚜렷한, 명시적인

60.

The Intex Easy Set Pool is fast and easy to set up. You simply fill the top ring with air, straighten the bottom lining and fill with water. The water pressure causes the sides to rise. The pool must be on perfectly level ground or the pool will not fill correctly; the sides will bow out and the water level will be lopsided. The pool package includes a filter that does a good job cleaning the pool. You will need to buy chlorine and other chemicals to keep the water clean and clear, and this can be fairly expensive. We found that this pool stayed cleaner than other above-ground pools we've purchased, but it does require constant maintenance.

인텍스 이지 세트 풀은 설치가 쉽고 빠릅니다. 여러분은 그냥 상부고리를 공기로 채우고, 바닥의 안쪽을 펴서 물로 채우기만 하면 됩니다. 수압이 측면을 부풀어 오르게 합니다. 풀은 반드시 완전한 평지에 놓여야 하며, 그렇지 않으면 측면이 찌그러져 내리고, 물이 한쪽으로 기울어져서 풀이 제대로 채워지지 않습니다. 패키지에는 풀을 청소하는데 유용한 필터가 들어 있습니다. 여러분이 물을 맑고 깨끗하게 유지하려면 염소나 다른 화학 제품을 구입하셔야 하는데, 이는 꽤 비쌉니다. 저희는 저희가 구매한 다른 지상 풀들보다 인텍스 이지 세트 풀이 더 깨끗했던 것을 확인했지만, 지속적 관리가 필요합니다.

Q: What is one of the advantages of the pool that is described?

(a) Pool chemicals are included.
(b) The pool is maintenance free.
(c) The pool is easy to assemble.
(d) The pool is easy to level.

글에서 설명하고 있는 이 풀의 장점은?

(a) 화학제품이 포함되어 있다.
(b) 관리가 필요 없다.
(c) 설치가 쉽다.
(d) 평평하게 하기가 쉽다.

해설 상품 광고를 듣고 상품의 좋은 점을 찾는 문제. 소개되는 상품은 지상 위에 펼쳐 물을 담아 사용하는 간이 수영장으로 보인다. 이 제품의 장점은 광고의 가장 첫머리에 소개되는데, 빠르고 간단히 설치가 된다는 점이다. 본문의 set up(설치하다)을 assemble(조립하다)로 바꾸어 표현한 (c)가 정답이다. (a)는 화학 세제는 구매할 필요가 있다고 했으므로 오답, (b)는 물의 관리를 위한 비용이 꽤 비싸다는 내용이 있으므로 역시 오답이다. (d)는 수평을 맞추지 못하면 물을 채울 수가 없다는 내용이었지 수평 맞추기가 쉽다는 내용은 없으므로 오답이다.

어휘 straighten 똑바르게 하다 lopsided 한쪽으로 기울어진, 균형을 잃은 chlorine 염소 aboveground 지상의 purchase 사다, 구입하다, 획득하다 maintenance 유지, 보수, 관리

Part 1

1.

A: I can't thank you enough for babysitting my children this afternoon.
B: It was my pleasure. I really enjoyed ________ care of them.

(a) of taking
(b) to take
(c) taking
(d) take

A: 오늘 오후에 우리 애들을 돌봐주셔서 정말 고맙습니다.
B: 천만에요. 저도 즐거웠어요.

해설 enjoy는 동명사를 목적어로 취하는 동사이다. 따라서 (c)가 정답. 이와 같이 동명사를 목적어로 취하는 동사로는 mind, suggest, consider, admit, finish, avoid, risk 등이 있다. 이와 함께 to부정사를 목적어로 취하는 동사들도 함께 알아두어야 한다.

어휘 baby-sit 아이를 봐주다

2.

A: Have you heard about the flood?
B: Yes. I heard that ________ of the city is under water.

(a) a few
(b) much
(c) many
(d) several

A: 홍수에 대해서 들으셨어요?
B: 네, 도시 상당 부분이 물에 잠겼다고 하더군요.

해설 의미상 침수된 것은 '도시의 많은 부분'이 되어야 하므로 수가 아닌 양을 표현하는 말이 필요하다. 따라서 much가 적당하다. a few, many, several은 모두 셀 수 있는 명사의 수를 표현하는 한정사들이다.

3.

A: I can't believe the cost of housing in this area.
B: I know. Even with the ________ income of a dual income family it would be very tough for most people.

(a) combine
(b) combining
(c) combination
(d) combined

A: 이 지역의 주택 비용은 믿을 수 없을 정도로 비싸군요.
B: 그러게요. 맞벌이를 하더라도 대부분 사람들에게는 힘들 거예요.

해설 빈칸 뒤에 dual income(두곳으로부터의 수입)을 볼 때 그 총합을 나타내는 말이 되어야 한다. 이런 저런 개별적 항목을 총괄했을 때 사용하는 형용사는 동사 combine을 과거분사로 사용한 combined이다. combined는 특히 명사 total 앞에 자주 사용된다.

4.

A: How come she's so upset?
B: Her mother _______ down some steps and broke her hip.

(a) fell
(b) fall
(c) to fall
(d) had fallen

A: 그녀가 왜 저렇게 기분이 안좋죠?
B: 그녀의 어머니가 넘어지셔서 둔부에 골절상을 입었거든요.

해설 B의 말 뒤에 둔부를 다쳤다는 말이 과거이므로 다친 원인도 과거가 되어야, 사건이 적절한 시간 순서대로 발생하게 된다. 따라서 (a)가 정답.

5.

A: Would you like to go for a walk with me?
B: Sure, after _______ cleaning up the dinner dishes.

(a) I finish
(b) I'll finish
(c) I'll finished
(d) I'm finishing

A: 나랑 같이 산책 나갈래요?
B: 좋죠, 저녁 먹은 설거지 좀 해 놓고요.

해설 시간 정보를 가진 부사절과 조건 정보를 가진 부사절은 미래 내용이라도 미래로 표현하지 않고 현재시제로 표현하는 규칙이 있다. B의 말은 설거지를 한 후에 산책을 간다는 말이므로 설거지를 마치는 일이 미래의 일이고 시간 정보를 제공하는 부사절이다. 따라서 현재시제로 표현한 (a)가 정답.

6.

A: Have you made any plans for this weekend?
B: Yes, some friends and I _______ if the weather cooperates.

(a) will be going fish
(b) am go to fish
(c) will go fishing
(d) will have gone fishing

A: 이번 주말에 무슨 계획 있어요?
B: 네, 날씨가 좋으면 친구랑 낚시 가기로 했어요.

해설 '~하러 가다'는 go -ing로 표현한다. 따라서 (c)와 (d)가 가능한데 (d)는 완료로 표현되어 있으므로 낚시하러 가고 난 결과를 의미하고 있으므로 A의 질문인 주말 계획의 대답으로 적당하지 않다. (c)가 정답. go -ing 외에도, go on a picnic/an excursion 등과 같이 '~을 가다'는 go on ~을 사용하는 표현도 있으니 구분하여 알아두자.

7.

A: I'm sorry but my chicken is quite overcooked.
B: I'll see if there's _______ about it.

   (a) I can do what
   (b) something I can do
   (c) what I can do
   (d) I can do something

A : 닭이 너무 익어서 어떡하죠.
B : 제가 할 수 있는 것이 뭔가 있나 알아보죠.

해설 '있다/없다'를 표현하는 there is/are는 a/an, any, some, no 등과 함께 불특정한 명사를 소개한다. 따라서 something을 사용하고 있는 (b)가 적당하고 뒤의 I can do는 관계대명사 that이 생략된 형태로 something을 뒤에서 수식하고 있다. (a), (d)는 평범한 문장으로 명사화가 이루어지지 않아서 부적합하다. (c)는 불특정한 명사의 존재를 알리는 것이 아니므로 부적합하다.

8.

A: My boss is driving me crazy. He is so rude to all of the employees.
B: Try not to let it bother you. At my age, I _______ working for people like him.

   (a) am used to
   (b) used to
   (c) am supposed to
   (d) used

A : 상사 때문에 미치겠어요. 그는 직원들에게 너무 무례해요.
B : 신경쓰지 마세요. 내 나이가 되면 그런 사람들하고 일하는 것도 익숙해져요.

해설 문맥상 '익숙하다'에 해당하는 표현이 필요하며, be/get used to+명사/-ing로 표현한다. (b)의 used to부정사는 '(과거에) ~하고는 했다'이므로 혼동하지 않도록 한다. '익숙하다'는 표현은 be/get used to+명사/-ing 외에 be/get accustomed to+명사/-ing로도 표현한다.

9.

A: Are you going to get home on time tonight?
B: I think _______.

   (a) that
   (b) not to
   (c) too
   (d) so

A : 오늘 밤에는 시간 맞춰 집에 갈 거죠?
B : 그럴 것 같아요.

해설 앞 사람이 한 말 전체를 되받는 말로 so를 사용하므로 '그렇다고 생각한다'는 I think so.가 된다. 동사 hope도 so와 함께 써서 I hope so.(그러기를 바랍니다.)라고 사용하는데 부정이 되면 think는 so를 살려서 I don't think so.라고 하는 반면 hope는 I hope not.이라고 하는 것에 유의한다.

10.

A: Has the meeting started yet?
B: It _______ running a little late.

(a) appears to
(b) appears to be
(c) appeared
(d) appears to be it

A : 회의가 이제 시작됐나요?
B : 약간 늦어지고 있는 것 같네요.

해설 동사 appear는 to부정사를 취하는 동사이다. 따라서 (a), (b),(d)가 가능하지만 빈칸 뒤에 running을 쓰려면 진행형이 되어야 하므로 to부정사 부분에 be동사가 있어야 한다. (b)가 정답. appear 대신에 용법과 의미가 appear와 일치하는 seem을 사용해도 무방하다.

11.

A: Do you know how to get to _______?
B: No, I've never been there before.

(a) an art gallery
(b) the art gallery
(c) art gallery
(d) art galleries

A : 혹시 미술관에 어떻게 가는지 아세요?
B : 아니요, 한 번도 가본 적이 없어서요.

해설 gallery(화랑)는 셀 수 있는 명사이고 문제에서 단수로 쓰이고 있으므로 한정사가 아무것도 사용되지 않은 (c), (d)는 불가능하다. bank, park, library, station, airport, post office 등과 같이 상대방도 익히 알고 있다고 믿는 시설에는 관용적으로 the를 사용하므로 (b)가 정답. (a)를 사용하게 되면 미술관 '아무것이나 하나'를 어떻게 가냐는 말이 되므로 적합하지 않다.

12.

A: Why haven't you left for work yet?
B: My car _______ start so I was going to ask George for a ride.

(a) shall not
(b) haven't
(c) won't
(d) can't

A : 왜 아직 출근을 안 했어요?
B : 자동차 시동이 영 안걸려서 조지한테 좀 태워달라고 부탁하려고요.

해설 '고집, 거절'의 의미를 가진 조동사는 won't이다. 긍정형 will 자체가 '의지'의 표현이기 때문이다. 이 때의 won't는 미래의 의미와 무관하므로 주의한다. 과거가 되면 wouldn't로 대신하여 사용한다.

13.

A: Jean, would you like to come to dinner with us?

B: I wish I could but I need to get home ________ I can finish writing my essay.

(a) in that
(b) as to
(c) for that
(d) so that

A : 진 , 우리랑 같이 저녁 먹을래요?

B : 그럴 수 있으면 그러고 싶지만 에세이를 마저 쓰려면 집에 가야 해요.

해설 목적을 표현하는 방법으로 동사를 사용하려면 to부정사, 명사를 사용하여 목적을 표현하려면 전치사 for를 사용하지만 문장을 사용하여 목적으로 표현하고자 하면 so that S+V 구문을 사용한다. 이때 that은 생략 가능하다. (a) in that은 in the sense that의 의미로 '(주어)가 (동사)라는 점에서' 이다. 정답은 (d).

14.

A: That baby was very lucky to be adopted by such wonderful parents.

B: I agree. There's nothing ________ he'll ever lack.

(a) what
(b) as
(c) that
(d) for

A : 아기가 그렇게 훌륭한 부모에게 입양되다니 참 다행이에요.

B : 그러게요. 부족할 게 없어 보여요.

해설 빈칸 앞의 nothing과 빈칸 뒤의 문장은 수식당하는 명사와 수식하는 문장의 관계이다. 따라서 관계대명사가 빈칸에 들어가면 된다. 관계절이 수식하는 명사에 all, every, no, some/any, none, only 등이 포함되어 있거나 최상급인 경우에 관계대명사 that을 선호한다는 것도 알아두자. B의 말 빈칸 앞에 nothing이 쓰였으므로 관계대명사 that이 적당하다.

15.

A: I'm looking to purchase a new computer.

B: Is there any models that ________?

(a) have you in mind
(b) you have in mind
(c) do you have in mind
(d) do you in mind have

A : 새 컴퓨터 좀 사려고 하는데요.

B : 혹시 마음에 두신 모델이 있으세요?

해설 any model은 관계대명사 that 뒤의 문장에 의해 수식되어 '마음에 두고 있는 모델' 이라는 자연스러운 말이 되어야 한다. B의 말은 의문문의 형식을 취하고 있으나 관계대명사절은 의문문의 어순을 따르지 않으므로 (b)가 정답. 문장의 구조를 보면 have A in mind(A를 마음에 두다)로서 any model은 관계사절의 동사 have의 목적어에 해당하는 말이므로 관계사절에서는 반복해서 사용되지 않은 형태이다.

16.

A: Have you made any plans for the summer?
B: That is just what I wanted _______ to you about.

   (a) to be talking
   (b) to talk
   (c) talk
   (d) talking

A : 혹시 여름 계획 세워뒀나요?
B : 그게 제가 당신과 하고 싶었던 얘기에요.

해설 want는 to부정사를 목적어로 취하는 동사이다. (a)의 '말하고 있는 것'의 의미를 가진 진행형 부정사는 문맥상 불필요하므로 (b)가 정답.

17.

A: Wow, you look great, Carla! Have you lost weight or something?
B: No, I just _______.

   (a) had cut my hair
   (b) had my hair cutting
   (c) had my hair cut
   (d) had my hair to cut

A : 우와, 멋진데, 칼라! 살이 빠지기라도 한거야?
B : 아니, 머리를 자른 것 뿐인데.

해설 동사 have는 get과 마찬가지로 'have+목적어+과거분사'의 구조로 '(목적어)가 (과거분사)되도록 하다'의 의미를 가진다. 이 때는 자기가 직접 하는 것이라기보다 남에게 시키는 느낌이 강하다. 따라서 (c)가 구조적으로 적당하다. (b)도 have로 만들 수 있는 구조이기는 하지만 목적어가 직접 cut하는 의미가 되므로 적당하지 않다. (c)가 정답이다.

18.

A: Is there any leftovers from dinner?
B: Yes, _______ still in the fridge.

   (a) two-third of them are
   (b) two-thirds of them are
   (c) two-third of it is
   (d) two-thirds of it is

A : 혹시 저녁 먹고 남은 거 있어요?
B : 네, 2/3는 냉장고에 아직 있어요.

해설 분수 표현은 분자는 기수로 단수, 분모는 서수로 표현하되 복수로 쓴다. 그리고 저녁식사의 3분의 2는 여전히 셀 수 없으므로 동사는 단수형 is가 적당하므로 (d)가 정답이다.

어휘 fridge 냉장고

19.

A: I have already _______ to my boss about my upcoming vacation.

B: Really? I'm too afraid to approach my boss about it.

(a) spoken
(b) speak
(c) was spoken
(d) to speak

A : 사장님에게 다가오는 휴가에 대해서 이미 말했어요.

B : 그래요? 난 너무 두려워서 우리 사장님에게 그것에 대해서 말도 꺼내지 못하는 걸요.

해설 '이미 말했다'는 의미이므로 과거나 현재완료시제를 사용하면 되지만 주어 뒤에 have가 있는 것으로 보아 현재완료시제를 사용하여야 한다. 현재완료는 have/has + p.p로 구성한다. 따라서 (a)가 정답이다.

20.

A: Have you lost something?

B: Yes, my notebook. I _______ have forgotten it in the classroom.

(a) should
(b) must
(c) would
(d) shall

A : 잃어버린 거 있어?

B : 응, 공책. 교실에다 놔두고 온 것 같아.

해설 must는 강한 확신을 가지고 하는 추측에 사용하는 조동사이며 지난 일에 대한 강한 추측은 must have p.p의 형태로 표현한다. 내용상 B의 말은 '교실에 두고 온 것이 확실하다'이므로 must를 사용한 (b)가 정답. should have p.p는 과거에 한 일에 대한 '후회'를 표현하고 would have p.p는 '~했었을 것이다'로 의지를 표현하므로 문맥에 맞지 않고 shall have p.p는 사용하지 않는 형태이다.

Part 2

21.

> The government is offering a temporary subsidy to those _______ rent was increased.
>
> (a) that
> (b) which
> (c) who
> **(d) whose**

> 정부는 임차료가 늘어난 사람들에게 임시 보조금을 지급하고 있다.

해설 관계대명사를 고르는 문제. 빈칸 앞 those는 보통 관계대명사 주격 who를 취해서 '~하는 사람들'로 사용하지만 지금은 따로 rent가 be동사 was의 주어로 사용되고 있고 rent는 '그 사람들의 rent'이므로 관계대명사와 rent 사이에 소유 관계가 성립한다. 따라서 소유격 관계대명사 whose가 적당하다.

어휘 subsidy 보조금, 장려금, 보상금

22.

> The angry students made themselves heard by _______ at the teacher.
>
> **(a) shouting**
> (b) shouted
> (c) having shouted
> (d) being shouted

> 성난 학생들은 교사들이 듣도록 소리를 지르고 있다.

해설 전치사 뒤의 동사 형태는 동명사이다. 따라서 (b)는 부적합. 문맥상 by를 이용하여 '선생님에게 소리쳐서'라는 수단을 표현하고자 하므로 단순히 동명사로 쓰인 (a)가 적당하다. (c)의 완료형 동명사를 사용하게 되면 완료의 개념에 의해 소리치는 것을 마친 후에 자신들의 목소리를 냈다는 어색한 말이 되므로 부적합하고 (d)의 수동형 동명사도 전혀 필요치 않다. 정답은 (a)이다.

23.

> Oliver didn't own a car, _______ anyone else who owned one.
>
> **(a) nor did he know**
> (b) nor he did know
> (c) or didn't he know
> (d) or did he not know

> 올리버는 차도 없고, 차를 가진 사람을 알았던 적도 없다.

해설 부정도치의 어순 문제. 부정어가 문두에 위치하면 be동사, 조동사가 주어 앞으로 도치되고 완료시제인 경우는 have/has/had가 주어의 앞으로 도치된다. 일반동사인 경우에는 do/does/did가 주어 앞으로 위치하고 동사는 원형으로 바뀐다. 부정어 nor가 두 번째 문장의 문두에 위치하고 문장의 동사는 know의 일반동사이며 문장 전체가 과거이므로 did를 주어 앞으로 보내고 동사는 원형 know로 바뀐 (a)가 정답이다.

24.

My brother is aware that he should quit smoking but
______ anything about it.

(a) never he does
(b) does he never
(c) he never does
(d) he does never

내 남동생은 금연해야 한다는 것을 알지만 그에 대해서 아무런 노력도 하지 않는다.

해설 부정어 never는 빈도부사이며 빈도부사의 위치는 일반동사의 앞, be동사의 뒤에 위치시킨다. 따라서 (c)가 정답. often, some-times, rarely, seldom 등의 빈도부사의 위치에도 주의하도록 한다.

25.

Cliff brought a gift to Margaret's parents because he
______ to make a good impression.

(a) to want
(b) wanting
(c) wanted
(d) wants

클리프는 마가렛의 부모님께 좋은 인상을 남기기 위해 선물을 가져갔다.

해설 좋은 인상을 남기고 싶어서 선물을 가져간 것이고 과거의 일로 표현되어 있으므로 좋은 인상을 남기고 싶은 일 역시 과거일 수 밖에 없다. (c)가 정답이다. 참고로 want는 상태동사이므로 진행형 시제는 불가능하다. (a)와 (b)는 본동사로 사용할 수 없으므로 부적당하고 (d)는 앞부분의 시제와 어울리지 않으므로 부적합하다.

26.

There are many animals ______ futures are uncertain
because of the destruction of the rain forest.

(a) of which
(b) which
(c) whose
(d) who

열대우림 지대의 파괴 때문에 미래가 불확실한 동물들이 많다.

해설 적합한 관계대명사를 찾는 문제. 빈칸 앞의 animals와 빈칸 뒤의 future의 관계를 보면 동물들의 미래가 불분명하다는 내용임을 알 수 있다. 따라서 주어진 미래는 동물들의 미래라는 소유 관계가 성립하므로 소유격 관계대명사 whose, (c)가 정답이다.

어휘 rain forest 열대우림

27.

I'm exhausted this morning because it took _______ out how to install my new printer.

(a) hours to figure me
(b) me hours to figure
(c) me hours to figuring
(d) hours figuring me

오늘 아침에 새 프린터기 설치 방법을 알아내는 데 몇 시간이 걸려서 나는 지칠 대로 지쳤다.

해설 동사 take는 'take(+A)+시간+to부정사'의 구조로 써서 'A가 (to부정사)하는 데 ~만큼 걸리다'라는 의미를 나타낸다. to부정사의 주체인 A는 불필요하면 생략할 수 있다. 따라서 (b)가 정답이다.

어휘 exhausted 지칠 대로 지친, 소모된, 고갈된

28.

There are free programs that help senior citizens _______ their income taxes.

(a) to
(b) by
(c) for
(d) with

그들의 소득세에 대해 노인들에게 도움을 줄 수 있는 무료 프로그램들이 있다.

해설 동사 help는 'help+A+(to)동사원형'의 구조로 써서 'A가 (동사)하는 것을 돕다'로 쓰거나 'help+A+with+B'의 형태로 'A의 B를 돕다'로 주로 사용한다. help의 목적어 뒤에 명사가 나왔으므로 전치사 with를 써주면 된다. 정답은 (d)이다. 동사의 용법은 사전을 통하여 용례 위주로 파악해두는 습관이 중요하다.

29.

The man that crashed into my car pleaded _______ dangerously.

(a) not to the charge of driving guilty
(b) to the charge of driving not guilty
(c) not guilty to the charge of driving
(d) guilty to not the charge of driving

내 차를 받은 그 남자는 난폭 운전 혐의에 대해 무죄라고 주장했다.

해설 동사 plead는 관용적으로 plead guilty/not guilty to ~의 형태로 사용하여 '~에 대해 유죄/무죄임을 주장하다'라는 의미를 나타낸다. 혐의에 대해 무죄를 주장하는 것이므로 전치사 to 뒤에는 '혐의'에 해당하는 charge가 위치하여야 한다. 관용표현은 사전으로 관련 표현을 정리하면서 익혀두자. 정답은 (c)이다.

어휘 plead 변호하다, 항변하다, 주장하다

30.

> Charles was disappointed _______ his hard work was not recognized by his supervisor.
>
> (a) what
> (b) as
> (c) which
> (d) that

찰스는 그 상사가 그의 근면을 알아주지 않아서 실망했다.

해설 형용사 disappointed는 뒤에 that절을 이용하여 실망한 내용에 대해 서술할 수 있다. 이렇듯 특정 형용사, 동사, 명사 등의 뒤에서 그 내용을 구체적으로 서술해주는 that이 사용되는 경우가 많은데 이는 문법으로 정리할 수 없는 개별적인 용례의 문제이므로 각각의 어휘 학습시에 확인해두는 수 밖에 없다. 올바른 사전 활용법이 중요한 문제이다.

어휘 supervisor 감독자, 상사, 관리인

31.

> It _______ that Mr. Choi would receive the promotion.
>
> (a) were expected
> (b) have been expected
> (c) has expected
> (d) was expected

미스터 최는 승진할 것으로 예상되었다.

해설 가주어 it의 진주어로 흔히 that절이나 to부정사가 쓰이는데, that절이 사용된 문장이다. that절의 내용이 예상되었다는 내용이므로 수동태가 필요한 경우이다. (b)도 수동태지만 주어와 수일치가 되지 않았으므로 (d)가 정답이다.

32.

> After the baby was born, I was only getting _______ a night.
>
> (a) three hours sleep
> (b) three hour of sleep
> (c) three hours of sleep
> (d) sleep of three hours

아기가 태어나고는, 나는 하룻밤에 겨우 세 시간 밖에 못잤다.

해설 명사가 시간상으로 얼마나 지속되는가의 표현 문제이다. 세 시간의 잠은, 시간 자체를 강조할 경우 three hours of sleep이라고 of를 이용하여 연결하거나 three hours' sleep의 소유격을 사용할 수도 있고 시간이 보충적 성격으로 제시될 경우는 명사를 앞에 써서 a sleep of three hours라고 할 수도 있다. 이 때는 관사가 사용되는 것에 유의한다. 따라서 (d)는 관사가 없으므로 부적당하다. (c)가 정답이다.

33.

> Winning the lottery was _______ good to be true.
>
> (a) too
> (b) so
> (c) no
> (d) such

복권 당첨이 너무 좋아서 믿어지지 않았다.

해설 빈칸 뒤에 to부정사가 있는 것으로 보아 '너무 ~해서 …할 수 없다'의 'too ~ to부정사' 용법으로 만들면 자연스럽다. too good to true는 관용표현으로 '너무 좋아서 믿기 어려운'이다. (a)가 정답이다.

34.

> _______ you let Mr. Kim know you'll be leaving early, it should be fine.
>
> (a) As soon as
> (b) As far as
> (c) As long as
> (d) As fast as

미스터 김에게 당신이 일찍 떠날 것을 알려주기만 하면 괜찮을 것이다.

해설 일찍 가는 것을 Kim에게 알려준다는 앞문장과 괜찮다는 뒷문장은 '알려준다면' 정도의 if에 해당하는 접속사로 연결시키면 매끄럽다. 선택지에서는 as long as가 '~하는 한'으로 적당하다. (c)가 정답. as far as는 as far as S+ is concerned, as far as+ 주어+goes 등으로 써서 '~에 관해서라면' 정도의 의미로만 사용된다.

35.

> Sheila ran _______ cream so she had to use milk in her coffee instead.
>
> (a) of
> (b) out of
> (c) by
> (d) away with

셰일라는 크림이 떨어져서 대신 우유를 넣어야 했다.

해설 '~이 부족하다', '~이 떨어지다'는 run out of, be short of로 보통 표현한다. (b)가 정답. 관용표현이므로 암기해두는 방법이 유일하다. run away with는 '~을 가지고 도망가다, ~을 훔쳐 달아나다'라는 의미이다.

36.

Just when Michael was getting discouraged, ________ that things improved for him.

(a) seeming
(b) seemed
(c) it seeming
(d) it seemed

마이클이 막 풀이 죽게 되었을 때, 상황이 나아지는듯 했다.

해설 when이 이끄는 종속절이 앞에 위치하고 콤마(,)가 찍혔으므로 주절의 주어와 동사가 빠졌음을 알 수 있다. (c)의 seeming은 동사가 아닌 분사이므로 부적당하다. (d)가 정답. seem은 that절을 취할 수 있는 동사이다.

37.

Just so I wouldn't worry, I asked ________ me when you arrived home.

(a) telephoning
(b) to telephone
(c) you to telephone
(d) you telephoning

내가 걱정하지 않게 네가 집에 도착하면 전화를 해달라고 했어.

해설 동사 ask는 'ask+목적어+to부정사'로 사용할 수 있으며 이 때 ask는 '부탁하다'이다. 따라서 (c)가 정답. 뒤에 목적어를 쓰고 to부정사를 사용하는 이 구조를 취하는 동사로는 tell, teach, need, want, persuade, advise, allow, encourage, enable, wait for, arrange for 등이 있다. 매우 중요한 문장 구조이므로 이 구조를 사용하는 동사들은 반드시 기억해야 한다.

어휘 discouraged 낙담한, 낙심한

38.

The police officer said that they'll be there all night collecting ________ a robbery this evening.

(a) evidence as there were
(b) evidences as there were
(c) evidence as there was
(d) evidences as there was

경찰관이 오늘 저녁 말하기를 그 곳에 강도가 있었으므로 그들은 밤새 그곳에서 증거를 수집할 것이라고 했다.

해설 증빙 자료로 사용되는 법적 의미의 evidence(증거)는 셀 수 없는 명사이므로 복수가 불가능하다. 따라서 (b), (d)는 부적당하다. robbery 앞에 단수를 나타내는 부정관사 a가 사용되었으므로 there was로 수일치시킨 (c)가 정답이다.

39.

 I wouldn't have eaten that cookie if I _______ how high in calories it was.

(a) knew
(b) knows
(c) has known
(d) had known

그게 그렇게 열량이 높은 줄 알았더라면 그 쿠키를 안 먹었을 텐데.

해설 이미 발생한 과거의 일에 대한 가정인 가정법 과거완료의 구성 문제. 주절이 would +have +p.p이므로 if 절은 if+S+had+p.p일 수 밖에 없다. (d)가 정답이다.

40.

My new computer is _______ my old one.

(a) twice as powerful as
(b) twice powerful as
(c) as twice powerful as
(d) as powerful twice as

내 새 컴퓨터는 헌 것보다 두 배나 강력하다.

해설 배수 비교는 once/twice/three times as ~ as 또는 'once/twice/three times+비교급'을 사용한다. 따라서 (a)가 정답이고 이는 twice more powerful than과 마찬가지이다.

41.

> (a) A: Would you help me carry this box? It'll take only a little minutes.
> (b) B: Wow, it's really heavy. What's in it?
> (c) A: Some textbooks from when I was in college.
> (d) B: Why are you keeping those?

> (a) A: 이 박스 옮기는 것 좀 도와줄래? 몇 분 밖에 안 걸릴 거야.
> (b) B: 우와, 이거 진짜 무겁다. 안에 뭐가 들었길래?
> (c) A: 대학교 다닐 때 교과서 몇 권.
> (d) B: 이걸 왜 가지고 있는데?

해설 셀 수 있는 명사에는 a little이 아니라 a few를 사용한다. 셀 수 있는 명사 minute가 복수로 처리되어 있으므로 (a)의 a little이 a few로 쓰여야 한다. only a few는 '~밖에 안 되는'이다.

정답 (a) only a little minutes → only a few minutes

42.

> (a) A: Did you finish your history essay yet?
> (b) B: No, I'm still doing some research.
> (c) A: Isn't it due on Thursday?
> (d) B: Yes, I finish it tonight, don't worry.

> (a) A: 역사 에세이는 이제 다 쓴 거야?
> (b) B: 아니, 아직 조사 좀 하고 있어.
> (c) A: 그거 목요일까지 아니니?
> (d) B: 응. 오늘 밤에 다 할 거니까 걱정하지 마.

해설 아직 에세이를 끝내지 못했으므로 오늘 밤 끝낸다는 이야기는 미래의 일이다. 따라서 (d)의 말은 미래시제가 되어야 한다. will finish나 am going to finish가 쓰이면 적당하다.

정답 (d) I finish it → I'll finish it

43.

> (a) A: Have you found a new apartment yet?
> (b) B: No, but hopeful I'll find one before the end of the month.
> (c) A: What will you do if you can't find one?
> (d) B: I'm not sure. Could I stay with you for a while?

> (a) A: 새 아파트는 구했어?
> (b) B: 아니, 이 달 말까지는 찾기를 바래야지.
> (c) A: 못 찾으면 어떻게 해?
> (d) B: 잘 모르겠어. 너희 집에서 잠시 머물 수 있을까?

해설 아파트를 아직 못 구해서 월말 전에 찾을 거라는 말은 그러기를 바란다는 의미이므로 문장 전체를 수식하는 부사 hopefully(바라건대)가 적당하다. (b)의 형용사 hopeful이 부사 hopefully로 바뀌어야 한다.

정답 (b) hopeful → hopefully

44.

(a) A: Are you ready to order, sir?
(b) B: Yes, would I please have the chicken cordon bleu and a salad?
(c) A: Certainly. Would you like anything to drink?
(d) B: Sure, I'd like a soda, please.

(a) A : 주문하시겠습니까?
(b) B : 네, 치킨 코든블루와 샐러드로 주세요.
(c) A : 네, 음료는 뭘로 하시겠습니까?
(d) B : 탄산음료로 주세요.

해설 부탁을 하면서 can/could를 쓸 때 주어가 말하는 이 자신(I)이면 '제가 ~해도 됩니까?'가 되고 주어가 상대방(you)이면 '~해주실 수 있습니까?'가 된다. 그러나 would나 will은 주어를 I로 하면 '내가 ~할까요?'라는 자신의 의사를 남에게 묻는 우스꽝스러운 말이 되어버린다. 따라서 will/would로 부탁을 하기 위해서는 주어를 you로 하여 '~해주시겠습니까?'로 만들어야 한다. 내용상 (b)의 주어 I는 바꿀 수 없으므로 조동사를 바꿔 can/could I please가 되어야 적당하다. 부탁을 할 때는 can보다 could가 공손한 표현이다.

정답 (b) would I please → could I please

45.

(a) A: How was your trip to Hawaii?
(b) B: We haven't been able to go yet.
(c) A: Why not? I thought your vacation was planned for last month.
(d) B: It was but because of my wife's knee surgery, it has to be delayed.

(a) A : 하와이 여행은 어땠어요?
(b) B : 아직 가지도 못했어요.
(c) A : 왜요? 지난 달이 휴가인 줄 알았는데요.
(d) B : 그랬는데, 아내의 무릎 수술 때문에 연기했어요.

해설 대화 전체가 지난 달 가지 못한 휴가에 대한 이야기이므로 전체 시제를 과거로 써야 하는 것을 알 수 있다. 따라서 아내의 수술로 휴가 계획이 연기된 것도 과거로 써야 한다. (d)에서 have/has to의 과거형 had to가 적당하다.

정답 (d) it has to be delayed → it had to be delayed

Part 4

46.

(a) Medical malpractice consists of any professional misconduct or unreasonable lack of skill by a physician in the performance of his professional duties. (b) A physician may be malpractice guilty of when he fails to perform a procedure with the level of skill which would be expected of an ordinary physician. (c) Depending on the state, the performance of a doctor charged with malpractice may be compared to doctors in the same geographic area. (d) The doctor may also be compared to those who practice in the same medical specialty, or who practice anywhere in the United States.

(a) 의사의 업무 수행 중의 직업적 과오나 터무니 없는 능력 부족이 의료 과실을 구성한다. (b) 의사는 그가 일반적으로 의사에게 요구되는 수준의 의료 처치를 못 했을 경우 의료 과실이 인정될 수 있다. (c) 주에 따라 다르지만, 의료과실 혐의가 있는 의사의 처치는 지리적으로 같은 지역에 있는 의사들과 비교된다. (d) 혐의가 있는 의사는 또한 같은 의료적 전문성을 가진 사람들이나 미국 어디서든 의료업을 하고 있는 사람들과 비교된다.

해설 (b)의 내용에서 when의 종속절을 보면 보통의 의사가 지녀야 할 능력으로 처치를 하지 못했을 때라고 제한하고 있으므로 주절의 내용은 의사가 유죄라는 내용이 되어야 자연스럽다. 그리고 유죄의 내용이 malpractice(과실)이므로 어순은 may be guilty of malpractice가 되어야 한다.

어휘 malpractice 부정 치료, 의료 과오 misconduct 비행, 불량 행위

정답 (b) may be malpractice guilty of when → may be guilty of malpractice when

47.

(a) Often times, those who have had chronic pulmonary histoplasmosis must follow up with their doctor, who will check for signs of relapse. (b) In rare cases, a pulmonary histoplasmosis infection can spread through the blood to other organs. (c) This is called disseminated histoplasmosis. (d) People who are suppressed immune systems and very young children are more likely to develop this condition.

(a) 종종, 만성 폐 진균증이 있었던 사람은 의사를 계속 찾아 재발 위험을 검진해야 한다. (b) 아주 드문 경우에 폐 진균증이 피를 통해 다른 기관으로 전이되기도 한다. (c) 이것은 파종성 진균증이라 부른다. (d) 면역체계가 약한 사람들이나 아주 어린 아이들은 이 병에 걸리기가 더 쉽다.

해설 (d)에서 suppressed immune system은 '억제된 면역체계'이므로 people who are suppressed immune systems라고 하면 동격 관계가 성립되므로 사람이 면역체계가 되어 어색해진다. 의미상 그러한 면역체계를 가진 사람이라는 말이므로 동사는 have가 되어야 옳다.

어휘 chronic 만성의, 장기간에 걸친 pulmonary 폐의, 폐질환의 relapse 재발하다, 되돌아가다 disseminated 파종성의 histoplasmosis 히스토플라스마증(症) (주로 폐의 진균성 감염증)

정답 (d) People who are suppressed → People who have suppressed

48.

 (b) They are selling emotionally charged, far-out ideas that defy logic and reason. (c) They sell people on the idea that they have special power to know things that can make them feel better about someone who has died and other paranormal claims. (d) Maybe they really can make a contact that the broken-hearted griever cannot make, but they are always selling that service, and never giving it away.

(a) 가치 없는 것들이나, 거짓, 혹은 존재하지 않는 제품들을 팔고 있는 것이 아닌 사람들이 있다. (b) 그들은 논리와 이성을 허용하지 않는 감성이 충만하고 참신한 생각들을 팔고 있다. (c) 그들은 죽은 사람이나 과학적으로 설명할 수 없는 주장들에 대해 더 잘 알 수 있도록 하는 특별한 힘을 가졌다고 사람들에게 얘기한다. (d) 아마도 그들은 정말로 비탄에 잠긴 사람들이 할 수 없는 접촉을 할 수 있을 지도 모른다. 그러나 그들은 그것을 나누어 주는 것이 아니라 항상 그것을 돈을 받고 판매하고 있다.

해설 (a)에서 to 뒤에 동명사 selling이 쓰인 것으로 보아 to는 전치사인데 의미하는 바가 전혀 없다. 문맥상 단순히 현재진행형으로 '팔고 있지 않는'으로 만들면 자연스러우므로 전치사 to를 삭제하면 된다. be동사 뒤에 to가 오는 경우는 미래시제 대용으로 'be+to 부정사'가 있다. (c)에서 sell의 해석에 유의해야 한다. 'sell A on B'의 해석은 'A에게 B의 좋은 점을 납득시키다'라고 해야 한다.

어휘 **far-out** 참신한, 전위적인 **defy** 허용하지 않다, 무시하다 **paranormal** 과학적으로 설명할 수 없는
griever 슬퍼하는 사람, 비탄에 잠긴 사람

정답 (a) who are not to selling → who are not selling

49.

 (b) Oxygen first comes into your body when you breathe in, then it travels through the bloodstream to the muscles used for whatever activity you want to do. (c) Being fit means that your body is more efficient: (d) The heart, lungs and blood vessels are working stronger and longer without getting as tired and with less effort and supplying more oxygen throughout your body.

(a) 더 열심히 일할수록 더 많은 산소가 필요하다. (b) 산소는 당신이 숨을 들이쉬면 몸 속으로 제일 먼저 안으로 들어와서, 혈류를 통해 당신이 어떤 활동을 할 때마다 사용되는 근육으로 이동한다. (c) 건강하다는 것은 당신의 몸이 더 효율적이라는 것을 의미한다. (d) 심장, 폐, 혈관은 지치지 않고 힘을 덜 들이고 더 강하게, 오래 일을 하고, 당신의 몸 전체에 더 많은 산소를 공급한다.

해설 '~할수록 …하다'는 'the비교급 ~, the 비교급 …'으로 표현한다. 따라서 (a)의 뒷부분의 어순이 틀렸다. the more oxygen이 되어야 옳다. (a)가 정답이다.

정답 (a) more the oxygen you need → the more oxygen you need

50.

(a) Over the years, I have built various practical pieces of furniture for my home. (b) I have often been asked where I get the furniture from. (c) Well, I built the furniture, and I never bothered to draw plans for it. (d) Most of it I had designed in my head before I started building it, and the actual dimensions were often influenced by the dimensions of available lumber.

(a) 수년 동안 나는 우리 집을 위해 다양한 형태의 실용 가구를 만들었다. (b) 나는 가구들을 어디서 구했느냐는 질문을 종종 받았다. (c) 글쎄, 나는 가구를 만들기는 하지만 한번도 도면그리는 고생을 한 적이 없다. (d) 만들기 전에 대부분 내 머릿속에서 디자인하고, 실제 치수는 구할 수 있는 재목의 치수에 의해 자주 영향 받는다.

해설 (b)에서 사람들의 질문 내용은 가구들을 어디에서 샀느냐이다. 이 질문은 가구가 이미 생기고 난 후에 묻는 것이므로 동사 get은 과거형 got이 되어야 옳다.

어휘 dimension 치수, 넓이 lumber 재목, 판재, 잡동사니

정답 (b) where I get → where I got

VOCABULARY

Part 1

1.

A: Do you remember our old friend Laura Collins?
B: Yes, I do. I haven't seen her in _________.

(a) moments
(b) space
(c) ages
(d) times

A : 우리 옛 친구 로라 콜린스 기억나니?
B : 응, 기억해. 오래 못 봤지.

해설 B의 빈칸의 말은 '오랫동안'이란 말로 만들면 대화가 자연스럽다. '오랫동안'은 전치사를 사용해 보통 for/in a long time, for (so) long으로 표현하지만 특히 구어체에서 a long time의 의미를 가진 ages를 자주 사용한다. 따라서 (c)가 정답.

2.

A: Did you ever hear what happened to the man who robbed your house?
B: Yes, he's been behind _________ for a few months now.

(a) days
(b) bars
(c) prison
(d) class

A : 당신의 집을 턴 강도가 어떻게 됐는지 들 었어요?
B : 네, 몇 달 동안 감옥에 있다고 해요.

해설 강도와 연관시켜 전치사 behind와 어울려서 의미를 가질 수 있는 단어는 bars뿐이다. behind bars의 bars는 감옥의 빗장을 가 리키는 말로 '감옥에 갇힌'이란 뜻으로 사용하는 관용표현이다. bar는 또한 정관사 the와 함께 the bar로 써서 '법조계'를 뜻하기 도 한다.

3.

A: Are you able to read what the letter says?
B: No, not at all. The writing is completely _________.

(a) understandable
(b) unintelligent
(c) unintelligible
(d) illegible

A : 이 편지에 뭐라고 쓰여있는지 읽을 수 있 겠어요?
B : 아니요, 전혀요. 그 글은 도무지 읽을 수가 없어요.

 편지를 읽을 수 있냐는 질문에 못 읽겠다고 대답했고 B의 말은 글씨를 주어로 하고 있으므로 알아볼 수가 없다는 의미를 가진 어휘가 필요하다. (d) illegible은 unreadable로 '글씨가 알아볼 수 없는'이다. (c) unintelligible는 '명료하지 못한'이다.

4.

A: I'm really going to miss you after you move.
B: I know. Let's __________ an effort to keep in touch.

  (a) make
  (b) do
  (c) keep
  (d) bring

A: 당신이 이사가고 나면 진짜 그리울 거예요.
B: 네. 우리 계속 연락하도록 노력해요.

 우리말은 명사에 주로 '하다'를 붙여서 동사를 만들 수 있으나 영어에서는 다양한 동사가 사용된다. 특히 do와 make가 자주 쓰이는데 우리말과 사뭇 차이를 보이므로 주의해야 한다. 우리말의 '노력하다'는 영어에서는 do가 아닌 make를 이용하여 표현한다. 이렇게 쓰이는 표현들은 사실 이해가 필요치 않으므로 자주 접하여 눈과 귀와 입에 익숙하게 하는 것이 좋다. B의 keep/get in touch는 '연락하다'이다.

5.

A: Why didn't you tell me that the meeting was cancelled?
B: I couldn't __________. Your line was busy all day.

  (a) go on
  (b) put on
  (c) get through
  (d) go through

A: 회의가 취소된 걸 나한테 왜 말하지 않았죠?
B: 전화 통화가 안 됐어요. 당신 전화가 하루 종일 통화 중이었잖아요.

 전화 통화를 시도하여 연결되는 것을 get through라고 표현한다. '~에게 연결되다'라고 하고 싶으면 전치사 to를 이용하여 get through to ~를 쓴다. put on은 put her on과 같이 사람을 목적어로 쓰면 '바꿔주다'로 사용할 수 있으며 go through는 '경험하다'이다.

6.

A: How come you slept in this morning?
B: I'm sorry. I forgot to set my alarm clock so it didn't __________.

  (a) run down
  (b) go on
  (c) go off
  (d) ring in

A: 오늘 아침에 왜 늦잠을 잤죠?
B: 죄송합니다. 시계를 맞춰 놓는 걸 잊어버려서 알람이 울리지 않았거든요.

 B가 늦잠을 잔 이유를 자명종이 울리지 않아서라고 설명하고 있다. 종 등이 울리는 것은 go off를 사용하고 이것은 '폭발하다, 상하다'의 의미로도 사용할 수 있다. A의 말 중 sleep in은 '늦잠을 자다'인데 oversleep과 달리 일어나지 않아도 되는 경우 늦게까지 자는 것을 의미한다. (a)는 '서서히 줄이다/줄다', (b)는 '계속하다(continue)'이고 (d)는 '새해 종을 치다' 또는 '방송국 라디오 프로그램 등에 전화 하다'이다.

7.

A: I wish I could afford to buy this dress.
B: Would you like me to _________ you the money?

(a) borrow
(b) lend
(c) pay out
(d) treat

A: 이 드레스를 살 수 있으면 좋겠는데.
B: 내가 돈 좀 빌려줬으면 좋겠어?

해설 빌리는 것은 borrow이고 빌려주는 것은 lend를 쓴다. B의 말은 '내가 당신에게 돈을 빌려주기를 바랍니까?'이므로 '빌려주다'의 lend가 필요하다 (b)가 정답이다. A의 'afford to동사원형'은 '~할 여력이 있다, ~을 감당할 수 있다'이다.

8.

A: This weekend I'm going to fix the stove.
B: I don't think that's a good idea. We need to call a(n) _________, someone who knows what he's doing.

(a) professional
(b) electrician
(c) plumber
(d) amateur

A: 이번 주말에 내가 가스레인지를 고쳐야겠어.
B: 좋은 생각 같지는 않은데. 자기 일을 잘 아는 전문가를 불러야 해.

해설 stove는 미국영어에서 우리말의 부엌에 있는 가스레인지를 의미한다. 따라서 (b) '전기 기술자', (c) '배관공', (d) '아마추어'는 부적당하다. (a)의 '전문가(= expert)'가 가장 무난하다.

9.

A: Sheriff's Department. Can I help you?
B: Yes, I'd like to _________ an accident on Highway 32.

(a) tell
(b) report
(c) testify
(d) block

A: 보안부입니다. 어떻게 도와드릴까요?
B: 네, 32번 간선도로에서 일어난 사고를 말씀 드리려고요.

해설 sheriff는 보안관이므로 보안관에게 전화를 건 B는 교통사고를 신고하려는 것이라고 보면 적당하다. 신고하는 것은 동사 report를 사용하면 된다. (b)가 정답이다. (c) testify는 '법정에서 증언하다'이다.

10.

A: I think you've made a(n) _________. My total was $3.99, not $4. 25.

B: You're right. I'm sorry about that.

(a) fault
(b) misstep
(c) mistake
(d) lapse

A: 당신이 실수하신 것 같네요. 제 합계는 4달러 25센트가 아니라 3달러 99센트거든요.

B: 맞아요. 죄송합니다.

해설 A의 말 뒤에 수치가 잘못되었음을 말하고 있으므로 '실수하다'의 make a mistake가 적당하다. (a) fault는 '잘못'을 의미하므로 부적당하고 (b)는 mistake와 같은 뜻으로 쓰이지만 수치에서의 오류는 특히 mistake를 사용하는 경향이 있으므로 (c)가 적당하다. (d)는 주로 잊어버려서 생기는 실수를 가리킨다. (c)가 정답. 미묘한 어감 차이를 묻는 어려운 문제이다.

11.

A: Karen just got accepted to the University of Washington.

B: Good for her. That's certainly a step in the right _________.

(a) direction
(b) trend
(c) destiny
(d) line

A: 카렌이 워싱턴 대학교에서 막 입학 허가를 받았어요.

B: 잘 됐네요. 분명히 바른 길을 향한 걸음이에요.

해설 B는 카렌의 대학 합격에 대해 긍정적이며 대학에 합격된 것이 바른 진로를 향한 걸음이란 이야기를 하고 있다. 같이 쓰이고 있는 전치사 in으로 미루어봐도 direction이 적합한 것을 알 수 있고 진로는 결국 방향이므로 방향을 뜻하는 명사 direction이 정답이다.

12.

A: How come you took off your sweater?

B: It's still _________ from when I walked home in the rain.

(a) numb
(b) damp
(c) moist
(d) humid

A: 스웨터를 왜 벗으세요?

B: 비 맞으면서 집으로 걸어왔더니 아직도 눅눅해서요.

해설 damp는 '축축한'으로 불쾌한 느낌이 드는 말인 반면, moist는 '촉촉한'으로 긍정적인 느낌의 어휘이다. 또 humid는 날씨에 관련해 '습도가 높은'이다. B는 비를 맞으며 걸어 집에 왔으므로 '축축한'이 적합한 형용사이다. (b)가 정답이다.

13.

A: How come Becky is so stressed out these days?
B: I think it must be a _________ of things.

(a) merger
(b) combination
(c) interest
(d) grouping

A: 베키가 요즘 왜 그렇게 스트레스로 힘들어 하죠?
B: 이런 저런 일이 복합돼서 그런 것 같아요.

해설 베키가 스트레스가 쌓인 이유로 이런 저런일이 복합되어서 그런 것 같다는 대화 내용이다. 여러 가지가 함께 섞여 조합된 것은 combination이라 하고 더 쉬운 말로는 mix를 사용할 수도 있다. merger는 회사 등의 '합병'을 뜻하므로 이런 상황에 적합한 말이 아니고 (d) 역시 '그룹화'이므로 부적당하다.

14.

A: It was a good idea that you _________ your inheritance.
B: Yes, I'm hoping that it was a wise decision.

(a) included
(b) invested
(c) dispensed
(d) deposited

A: 당신이 상속 재산을 투자하신 것은 잘 하신 겁니다.
B: 네, 현명한 선택이었길 바란답니다.

해설 빈칸 동사의 목적어인 상속액(inheritance)을 어찌했는가에 대해 적합한 동사를 찾는 것이다. A는 그 일에 대해 좋은 생각이었다고 하고 B 역시 '그 (동사)한 것이 현명한 결정이기를 바라'고 있으므로 빈칸의 동사는 돈을 잘 활용한다는 의미의 것이 적당하다. 선택지에서는 (b)의 상속액을 투자에 사용했다는 말이 가장 적합하다. (a)는 '포함시키다'로 문맥상 아무 의미도 되지 않고 (c)와 (d) 역시 각각 '분배하다', '예치하다'로 문맥에 어색하다.

15.

A: It looks like most of the building was destroyed in the fire.
B: Thank goodness the police have already found the _________.

(a) optician
(b) examiner
(c) arsonist
(d) columnist

A: 대부분의 빌딩이 화재 때문에 파괴된 것 같군요.
B: 경찰이 방화범을 찾았다는 게 다행이에요.

해설 화재에 연관하여 생각하여야 한다. 경찰이 화재와 관련하여 체포할 사람은 '방화범'일 것이므로 (c)의 arsonist가 적당하다. (a)는 안경사, (b)는 검시관, (d)는 칼럼을 쓰는 사람이므로 모두 부적합하다.

16.

A: You were amazing today in the presentation with the advertising clients.

B: Hopefully I _________ myself from the mistakes I made on my last proposal.

(a) refrained
(b) reclaimed
(c) relinquished
(d) redeemed

A : 오늘 광고주들 앞에서 발표하셨을 때 대단했어요.

B : 이번 발표로 지난번 제안 발표를 했을 때 저지른 실수가 만회된 것이었으면 좋겠어요.

해설 B의 말을 보면 발표 이전에 무엇인가 실수가 있었다고 했으므로 이번 발표가 잘되서 전에 한 실수를 만회하기를 바라고 있음을 알 수 있다. (d)의 redeem이 oneself와 같이 쓰여서 '벌충하다, 만회하다'의 의미로 자주 사용되므로 가장 적당하다. (a)는 '삼가다', (b)는 '되찾다', (c)는 '포기하다'로 모두 어색하다.

17.

A: Could you tell me where I can find the chocolate milk?

B: Yes, it's at the back of the store in the _________ section.

(a) fatty
(b) creamy
(c) cheesy
(d) dairy

A : 쵸코우유가 어디 있는지 좀 알려주세요?

B : 네, 매장 뒤쪽 유제품 코너에 있습니다.

해설 A가 우유를 찾고 있으니 B가 우유가 진열된 곳을 가르쳐주고 있다. 치즈, 버터, 요구르트, 우유 등은 유제품이므로 유제품을 뜻하는 (d)의 dairy가 정답.

18.

A: What are the plans for Jason's _________?

B: It will be held the week before the wedding.

(a) pajama party
(b) potluck dinner
(c) bachelor party
(d) bridal shower

A : 제이슨의 총각파티는 어떻게 할거야?

B : 결혼 전 주에 열릴 거야.

해설 결혼 전에 행하는 행사이고 남자인 제이슨을 위한 것으로 보아 (c)의 '총각파티'가 적당하다. '총각파티'는 결혼 전에 신랑과 남자 친구들끼리 모여 노는 것이다. (a)는 하룻밤 남의 집에 자면서 노는 것이고 (b)는 음식을 각자 손수 마련해서 같이 먹는 저녁식사, (d)는 결혼 전에 친구들이 신부에게 선물을 주는 행사이다.

19.

<table>
<tr><td>

A: I need to get some new pants. I've lost weight and none of mine fit anymore.

B: Well, I heard there is a sale _________ this weekend at the mall.

  (a) going on
  (b) occurring
  (c) rising
  (d) coming up

</td><td>

A : 새 바지를 좀 사야겠어요. 살이 빠져서 맞는 게 없거든요.

B : 상가에서 주말에 곧 세일을 한다고 들었어요.

</td></tr>
</table>

해설　할인 판매의 일시가 이번 주말이므로 다가오고 있는 일이다. 앞으로 다가온다는 의미로 (d)의 come up이 거리, 시간적 개념으로 자주 사용된다. 문제에서는 후치 수식하기 위해 현재분사로 사용되었다. 같은 뜻으로 upcoming이란 형용사도 있는데 이 형용사는 수식어로만 사용하므로 a sale coming up은 an upcoming sale이라고 바꾸어 말할 수도 있다. (a) going on도 자주 쓰지만 이것은 '현재 진행되고 있는(= happening)'이란 뜻이므로 문맥에 맞지 않는다. 이 역시 ongoing이라는 명사 수식만 하는 형용사가 따로 있다.

20.

<table>
<tr><td>

A: I need to get the oil changed in my car.

B: Will you do it yourself or have a _________ do it?

  (a) mechanic
  (b) carpenter
  (c) craftsman
  (d) engineer

</td><td>

A : 제 차의 엔진오일을 갈아야겠어요.

B : 직접 하실 건가요, 아니면 정비사에게 맡기겠습니까?

</td></tr>
</table>

해설　엔진오일 교환은 정비사가 하는 것이므로 빈칸의 명사는 mechanic이 적당하다. (b)는 '목수', (c)는 공예품을 만드는 '장인(匠人)', (d)는 '기술자'이므로 엔진오일을 바꾸는 일을 하는 사람으로 적합하지 않다.

21.

<table>
<tr><td>

A: Have you decided what type of job you would like?

B: I'll probably _________ my mother's footsteps and become a nurse.

  (a) adjust to
  (b) run against
  (c) follow in
  (d) attend to

</td><td>

A : 어떤 직업이 마음에 드는지 결정했어요?

B : 난 어머니의 뒤를 이어 간호사가 될 거예요.

</td></tr>
</table>

해설　관용표현 follow in one's footsteps를 묻는 문제. 의미는 '~의 선례를 따르다, ~의 전철을 밟다'이다. 어머니를 따라 간호사가 되겠다는 내용이다. 이런 관용표현은 습관적으로 특정 어휘만을 사용하므로 암기해두지 않고 의미로만 해결하는 것이 불가능하다.

22.

A: Here's a check for your services?
B: I'm sorry, but we only accept _________ cash.

   (a) mint
   (b) hard
   (c) soft
   (d) clean

A : 요금으로 여기 수표요.
B : 죄송합니다만 저희는 현금만 받습니다.

해설 수표를 건네자 B가 죄송하다고 하므로 빈칸 뒤의 명사 cash와 함께 사용되어 '현금'이라는 뜻으로 쓸 수 있는 형용사가 적합하다. hard cash가 신용카드나 수표를 제외한 동전과 지폐를 가리키므로 (b)가 정답. 이런 표현은 단어의 본래 의미를 생각해서는 해결이 어려우므로 평소 폭넓은 어휘 학습 습관을 길러야 한다.

23.

A: Do you need anymore pillows?
B: No thanks, I already have more than _________.

   (a) enough
   (b) efficient
   (c) plausible
   (d) certain

A : 베개가 더 필요하세요?
B : 아니요, 충분하고도 남습니다.

해설 베개가 더 필요하냐고 묻자 괜찮다고 하는 것으로 보아 부족하지 않음을 알 수 있다. 따라서 enough를 사용하여 충분하고도 남는다는 말을 만드는 것이 자연스럽다. more than enough/necessary 등은 사실 관용표현처럼 흔히 사용되므로 기억해두는 것이 좋다. (c)는 '(핑계, 변명 등이) 그럴싸한'이다.

24.

A: What should we have for supper?
B: I hope you don't mind but I already _________ for Chinese food.

   (a) took out
   (b) checked out
   (c) ordered out
   (d) went out

A : 저녁으로 뭘 먹을까?
B : 괜찮을지 모르겠는데 난 벌써 중국음식을 사왔어.

해설 저녁 뭐 먹느냐는 질문에 B의 대답 가운데 '이미'라는 말로 볼 때 중국 음식을 이미 먹었거나, 시켰거나, 사왔거나 하는 등의 대답이 예상된다. 빈칸 뒤의 전치사 for와 어울려 사용할 수 있는 표현으로는 (c) '사가지고 가다'가 적당하다. (a)도 식당에서 먹지 않고 주문하여 가지고 간다는 의미에서 같지만 전치사 for가 필요없으므로 적당하지 않다. 영국, 호주에서는 take away라고 한다. (b)는 호텔, 슈퍼마켓 등에서 값을 치르는 것이므로 부적당하고 (d)는 외출하거나 사귀는 것을 의미하므로 역시 적합하지 않다.

25.

A: That car must be speeding.
B: It's going so fast that it's already out of _________.

   (a) grasp
   (b) sight
   (c) reach
   (d) scene

A : 저 차는 분명히 과속하고 있을거야.
B : 너무 빨라서 벌써 눈에 보이지도 않네.

해설 차가 너무 빠르니 대화하는 중간에 눈에서 보이지 않게 되었다는 내용이다. '시야에서 사라진'의 out of sight가 적당하다. out of sight는 Out of sight, out of mind.(안 보면 멀어진다.)의 표현으로도 사용된다. (c) out of reach라는 표현도 사용하기는 하지만 '손길이 닿지 않는, 연락이 되지 않는 곳에'라는 의미이므로 부적합하다.

Part 2

26.

Jerry was disappointed because the performance failed to _________ his expectations.

(a) answer
(b) have
(c) take
(d) meet

제리는 그의 공연이 그의 기대치에 부응하지 못했기 때문에 실망했다.

해설 expectations(기대치)와 어울려 쓰는 동사는 보통 live up to, meet, match, satisfy, come to 등으로 모두 '기대에 부합하다'이다. (d)가 정답이다.

27.

After a trial which lasted almost four months, Mr. Norris was convicted by a _________ of six men and six women.

(a) justice
(b) persecution
(c) jury
(d) prosecution

거의 4달에 가까운 재판 끝에 노리스 씨는 각각 6명의 남녀로 구성된 배심원단에게 유죄를 선고받았다.

해설 6명의 남자, 6명의 여자로 구성되었고 유죄 판결을 내린 주체이므로 '배심원단'이 적합한 어휘이다. (a)는 '정의', (b)는 '박해', (d)는 '기소'이므로 모두 빈칸에 어울리지 않는다.

28.

The reviewer said the book was rude and full of _________.

(a) sagacity
(b) audacity
(c) solitudes
(d) platitudes

평론가는 그 책이 무례하고 안하무인으로 가득 차 있다고 평론가가 말했다.

해설 책의 내용을 묘사하는 주어진 형용사 rude(예의 없는)와 어울릴 만한 명사를 찾아야 한다. sagacity는 '현명함', solitude는 '고독', platitudes는 '상투적인 말'로서 책을 묘사하고 있는 또 다른 형용사 rude와 별 관계가 없는 어휘들이다. audacity는 남의 기분에 아랑곳 않고 전혀 거리낌 없는 태도'를 뜻하므로 rude와 일맥상통하는 명사이다. (b)가 정답.

29.

> When Ryan was in college, he _________ on student loans to fund his tuition.
>
> (a) relied
> (b) pushed
> (c) lived
> (d) carried

라이언이 대학교에 다닐 때 그는 학비를 대기 위해서 학생 대출에 의존했다.

해설 수업료를 납부해야 하는 사람과 학자금 대출의 관계를 적당한 동사로 표현해야 한다. (a) rely on이 '의지하다'로 가장 적당하다. '의지하다, 의존하다'는 count on, depend on 등으로도 표현할 수 있다. (b)는 중단하지 않고 밀어부친다는 의미이며, (c) live on은 '~로 살다'이고 (d) carry on은 '계속하다(= continue)'이므로 역시 적당하지 않다.

30.

> On Saturdays, the university art gallery is open to the _________.
>
> (a) audience
> (b) masses
> (c) public
> (d) population

토요일에는 대학교 미술관이 일반에게 개방된다.

해설 정관사 the와 항상 함께 쓰이는 the public은 '일반 대중'을 나타내는 표현이다. 대학 미술관을 개방하는 대상으로 적당한 명사이다. audience는 '듣는 사람들'이므로 art gallery에 적용시키기에는 무리가 있으며 the와 결합되면 특정 청중을 가리키게 되므로 문맥도 어색해지게 된다.

31.

> When I was young, Hulk Hogan was one of my _________.
>
> (a) forms
> (b) peak
> (c) idols
> (d) marks

내가 어렸을 때 헐크 호간은 나의 우상 중 하나였다.

해설 헐크 호간(Hulk Hogan)은 어린이의 무엇일까에 착안하면 (c)의 '우상'이 가장 자연스럽다. (a)는 '형태', (b)는 '최고조, 정상', (d)는 '자국, 표시, 목표'이므로 전혀 의미가 통하지 않는다.

32.

When Lou was _________ by a bee, he had a dangerous allergic reaction.

(a) cut
(b) hit
(c) stung
(d) squeezed

로우는 벌에게 쏘였을 때 위험한 알러지 반응을 일으켰다.

해설 짐승이 무는 것은 bite를 사용하지만 벌이 쏘는 것은 동사 sting을 사용한다. 그러나 모기는 sting이 아니라 bite를 쓰는 것에 주의해야 한다. 이외에도 칼과 같은 것으로 찌르는 것은 stab, 자르거나 베는 것은 cut, 쿡 찌르는 느낌은 stick, 바늘과 같은 것으로 찌르는 것은 prick을 사용한다. 우리말로는 비슷비슷하지만 어감이 조금씩 다른 어휘들이 있으니 정리해둘 필요가 있다.

33.

The convenience of a drive through bank is great for people who are always on the _________.

(a) low
(b) go
(c) tip
(d) kick

차를 탄 채로 일을 보는 은행 서비스는 항상 이동 중인 사람들에게 매우 편리하다.

해설 차에 탄 채로 은행일을 보는 것은 어떤 사람에게 특히 편리하겠는가 생각해보면 항상 이동 중인 사람들일 것이다. 물론 여기서는 drive through bank로 볼 때 차를 타고 이동하는 것을 의미한다. '이동 중인'은 on the go/move로 표현한다. (b)가 정답이다.

34.

Rebuilding the city in the _________ of the devastating hurricane was much more difficult than people thought.

(a) outskirts
(b) campaign
(c) boundary
(d) aftermath

허리케인으로 파괴된 도시를 재건하는 것은 사람들이 생각했던 것보다 훨씬 더 어려웠다.

해설 도시 재건설은 허리케인이 지나간 후에 행해질 것이므로 좋지 않은 일이 생기고 난 후의 피해 상태를 가리키는 (d)의 aftermath가 적당하다.

35.

Most teens drink alcohol because of __________ pressure.

(a) peer
(b) acquaintance
(c) fellow
(d) companion

대부분의 10대들이 또래 압박감 때문에 술을 마신다.

해설 빈칸 뒤의 명사 pressure와 같이 쓰여 문맥에 적당한 어휘는 peer이다. peer는 '동료, 또래'로서 peer pressure는 남들이 하는 대로 해야 한다는 강박관념을 뜻한다. 친구들이 술을 마시니까 안 마실 수 없어서 마신다는 의미이다. (b), (c), (d) 각각 '아는 사람', '친구', '동무'를 뜻하며 peer와 유사한 의미를 가졌지만 pressure와 어울려 사용하지는 않는다.

36.

The death of the actress was incredibly tragic because it happened at the __________ of her career.

(a) cliff
(b) goal
(c) height
(d) opening

그 여배우의 죽음은 그녀의 전성기에 생긴 일이라서 너무 비극적이었다.

해설 여배우의 죽음이 더 비극적인 이유로 하필이면 그녀의 연기 경력의 절정에서 사망했다는 것을 들고 있다. (c)의 height는 '절정기'를 뜻하고 at the height of one's career는 흔히 사용되는 표현으로 '~의 절정기에(서)'이다. (a)는 '절벽', (b) '목표', (d) '개막식'으로 모두 문맥에 적합치 않다.

37.

The curfew was __________ by the city's police department.

(a) engaged
(b) engraved
(c) enforced
(d) engulfed

야간 통행 금지는 시 경찰청에 의해 집행되었다.

해설 경찰이 주체가 되어 할 수 있는 동사를 골라야 한다. 경찰은 법 집행 기관이므로 '법을 집행하다'의 enforce가 적당하다. (a)는 '차지하다, 관심을 끌다, 맞물리다, 고용하다' 등의 의미이고 (b)는 '새겨넣다', (d)는 '휩싸다'이므로 야간 통행 금지와 같이 쓰기에는 부적절하다.

38.

Although they knew the woman was quite ill, they did not expect her to be hospitalized for _________.

(a) evaporation
(b) humidity
(c) dehydration
(d) solidity

그들은 그 여자가 상당히 아프다는 것을 알았지만 그녀가 탈수증으로 입원하게 될지는 예상치 못했다.

해설 여자가 병원에 입원한 원인으로 적당한 어휘를 골라야 한다. (a)는 '증발', (b)는 '습도' (d)는 '단단함, 견고함'이므로 입원의 원인으로 부적합하다. (c)가 '탈수'로서 문맥에 적당하다. (c)가 정답이다.

39.

It was a very difficult developmental _________ when the baby woke up several times during the night.

(a) lap
(b) stage
(c) term
(d) chapter

아이가 밤에 몇 번씩 깰 때 즈음은 대단히 어려운 성장기였다.

해설 우리말의 '단계'에 해당한다고 볼 수 있는 영어의 명사는 보통 level, step, stage, phase 정도가 있다. 차이점이라면 level은 '수준'의 의미가 있고, step은 일의 처리를 위한 많은 단계 중 하나를 가리키거나 과정 내에서의 한 단계를 보통 의미한다. stage는 '상황, 형국'의 의미가 포함되어 있고 phase는 '양상'의 의미로 예를 들면 달의 변하는 모양 등을 표현한다. 문제에서는 발육의 단계로서 '진행'의 의미가 포함되어 있으므로 (b)의 stage가 가장 적당하다.

40.

In order to protect your garden from the early frost, _________ it with a plastic tarp.

(a) replace
(b) decorate
(c) sell
(d) cover

정원을 이른 서리로부터 보호하려면 방수천막으로 덮어야 한다.

해설 tarp는 tarpaulin의 줄임말로 보통 눈비를 막기 위한 비닐 재질의 대형 덮개천막이다. 서리를 막기 위해 덮개로 할 수 있는 동작은 '덮다'라는 동사가 제격이다. (d) cover가 정답이다.

41.

The President's speech was very _________ and could be interpreted in many different ways.

(a) bland
(b) ambiguous
(c) transparent
(d) obvious

대통령의 연설은 아주 모호해서 다양하게 해석될 수 있었다.

해설 빈칸 뒷부분의 말에서 빈칸에 들어갈 어휘의 설명이 있다. 의미가 이렇게 저렇게 다중 해석될 수 있기 때문에 분명치 않은 것은 ambiguous를 사용한다. obscure와 의미가 혼동될 수 있는데 obscure는 가렸거나 뚜렷하지 않아서 보이지 않거나 이해하기 어렵다는 의미이다. (a) '싱거운', (c) '투명한', (d) '뻔한, 명백한'이므로 모두 적당하지 않다.

42.

To help you with your finances, it is best to _________ a budget and stick to it.

(a) open
(b) cancel
(c) innovate
(d) establish

당신의 재정 문제를 돕기 위해서는 예산을 세우고 그에 딱 맞춰 생활하는 것이 가장 좋습니다.

해설 예산은 '세우다'라는 동사가 적격이다. 영어에서 이런 때 사용하는 동사가 set up(세우다)이 있지만 establish(설립하다, 구축하다)가 set up의 고급 어휘 형태이다. 따라서 (d)가 정답이다.

43.

On the side of the highway, there was a _________ of a deer that was hit by a vehicle.

(a) wreckage
(b) hulk
(c) carcass
(d) cadaver

고속도로의 갓길에는 차에 치인 사슴의 사체가 있었다.

해설 영어에는 시체에 해당하는 단어가 많은 사람의 시체는 corpse나 (d)의 cadaver를 사용할 수 있고 동물의 시체는 carcass라고 하는데 주로 덩치가 큰 것을 의미한다. 사슴의 시체이므로 carcass가 좋다. (a)는 '심하게 부서진 것이나 그 잔해'이고 (b)는 주로 배, 자동차 같이 덩치 큰 '폐기된 기계'를 의미한다.

44.

> It's a good idea to check the __________ of the highway before setting out on a trip, especially in poor weather.
>
> (a) details
> (b) data
> (c) conditions
> (d) regulations

여행을 떠나기 전, 특히 나쁜 날씨에는 고속도로의 상황을 점검하는 것이 좋다.

해설 빗길, 눈길 등 날씨와 관련된 '도로 상황'은 보통 road conditions라고 표현하므로 고속도로의 상황 역시 conditions를 사용하면 된다. 이 외에 working conditions(근무 환경)도 자주 사용하는 어휘이다. 이렇게 상황이나 환경의 의미로 쓰이는 condition은 보통 복수로 사용되는 것에 유의한다.

45.

> The only __________ of her new job was that it was further away from her apartment.
>
> (a) frailty
> (b) scarcity
> (c) drawback
> (d) mistake

그녀의 새 직장의 유일한 단점은 그녀의 아파트에서 한참 멀다는 것이다.

해설 아파트에서 직장이 멀다는 것은 좋지 않은 점이므로 '결점'을 뜻하는 drawback이 적당하다. 유사 어휘로 setback은 지장을 초래하는 것이란 뜻이며 downside는 불리한 점을 의미한다. (a)는 '연약함', (b) '드묾', (d)는 '실수' 이다.

46.

> The man worked tirelessly for __________ between the two countries.
>
> (a) unity
> (b) supremacy
> (c) mercy
> (d) vitality

그는 두 나라의 통일을 위해서 지칠 줄 모르고 일했다.

해설 '두 나라 사이의'와 어울려 쓰일 말은 (a)의 '통일, 통합'이 문맥에 가장 적당하다. (b) '최고위', (c) '자비', (d) '활력'은 두 나라가 가질 명사로 어색하다.

47.

> Earning a driver's license is a _________ of passage for most teenagers these days.
>
> (a) goal
> (b) rite
> (c) faction
> (d) right

운전면허증을 취득하는 것은 요즘 10대들에게는 일종의 통과의례이다.

해설 관용표현 문제이다. rite of passage는 '통과의례'에 해당하는 말로 특히 성인이 된다는 의미와 관련된 것이다. 운전면허를 취득하는 것을 성인이 되는 의례로 보고 있는 문장이다. (c)는 '소수파'를 뜻하는 어휘이다.

48.

> On his way to work this morning, Larry narrowly _________ being in a car accident.
>
> (a) passed
> (b) made
> (c) lost
> (d) missed

오늘 아침 출근길에 래리는 교통사고를 간신히 피했다.

해설 빈칸 앞의 부사 narrowly(간신히, 가까스로)와 빈칸 뒤에 동명사를 사용한 것에 착안한다. 동사 miss가 동명사를 취하며 '피하다, 면하다'의 의미이므로 문장에 잘 어울린다.

49.

> A _________ crew was hired to tear down the old hospital so construction could begin on a new building.
>
> (a) dissipation
> (b) desolation
> (c) demolition
> (d) diminution

새 건물 건설에 착수할 수 있도록 오래된 병원 해체를 위해 해체 작업반이 고용되었다.

해설 문장에 사용된 동사 tear down(건물 등을 허물다)이 좋은 단서이다. 따라서 그 작업을 하는 사람들은 '해체 팀'이라고 부르는 것이 적당하다. (c)의 demolition이 정답. (a) '소멸', (b) '황량함', (d) '감소'는 건물을 부수는 사람들을 묘사하는 데 어울리지 않는다.

50.

I'm very excited to move to a new city and make a ________ start.

(a) empty
(b) clear
(c) clean
(d) fresh

나는 새 도시로 이사하고 새 출발을 하게 되어서 아주 들떠 있다.

해설 관용표현 문제. 새 도시로 이사 갔으므로 그 도시에서의 출발을 수식할 적당한 형용사는 '새로운' 정도가 좋다. (d)가 make a fresh start(새출발을 하다)의 관용표현을 만든다. fresh가 new의 뜻으로 쓰이긴 했지만 new보다 오히려 fresh가 관용적으로 사용되는 것에 주의할 필요가 있다.

Reading Comprehension

Part 1

1.

The only thing you have control over is what you continually tell yourself about anyone, anything and any event in your life. If you are constantly telling yourself negative things, you will continue to live in turmoil and unhappiness. If you start telling yourself that you can get out of this rut and finally ________________, then what your experience will start to change.

(a) leave the past behind
(b) receive the gift
(c) experience perfect health
(d) reject the aging process

당신이 통제할 수 있는 유일한 것은 당신의 인생에서 누군에게 어떤 것에 대해 그리고 어떤 일에 대해서 당신 스스로에게 무엇을 지속적으로 말하는가이다. 당신이 자신에게 계속 부정적인 것을 말한다면 당신은 혼란과 불행 속에서 일생을 살아갈 것이다. 만약 당신이 이 박힌 틀에서 벗어날 수 있고, 마침내 과거를 뒤로 묻어둘 수 있다고 스스로에게 말하기 시작한다면 당신의 경험은 바뀌기 시작할 것이다.

해설 글 중간에 부정적인 사고 방식이 불행한 삶을 살게 만든다는 내용이 있고 빈칸 뒤 주절의 내용에서는 삶이 좋게 바뀐다고 했으므로 빈칸을 포함한 if절의 내용은 부정적 사고와 상반되는 내용이어야 한다. 따라서 '과거를 뒤로한다'는 (a)가 정답. (b)의 선물, (c)의 건강, (d)의 노화에 관한 내용은 글의 내용과 무관하다.

어휘 turmoil 소란, 소동, 혼란 rut 상투적인 방법, 상습

2.

Anahita is my given name. It is pronounced An-ah-hee-tah. I was named after a really interesting Persian goddess. Of course, I think it is interesting now. When I was a lot younger, I hated having such a different and unusual name. Especially because ________________. I used to wish my name was Elizabeth. I also used to wish I had blonde hair and blue eyes, but that's another story.

(a) I looked silly with giant bows in my hair
(b) I was teased so much by other children
(c) I was old enough to know better
(d) I was intimidated by her history

앤이히타는 나의 이름이다. 그것은 앤-아-히-타로 발음된다. 내 이름은 아주 흥미로운 페르시안 여신의 이름을 딴 것이다. 물론, 지금은 그것이 재미있는 이름이라고 생각한다. 내가 아주 어렸을 때, 나는 이렇게 다르고 특이한 이름을 가진 것을 아주 싫어했다. 특히 내가 다른 아이들에게 놀림을 받았기 때문이다. 나는 내 이름이 엘리자베스였으면 하고 바랐다. 또 내가 금발 머리에 파란 눈을 가지고 있었으면 하고 바랐지만 이제는 그렇지 않다.

해설 앤이히타(Anahita)라는 이름 대신에 평범한 이름인 엘리자베스(Elizabeth)를 원했던 이유를 찾는 문제. 특이한 페르시아 여신의 이름을 딴 자신의 이름 때문에 어린 시절 놀림을 받아서라는 흐름이 적당하다. (b)가 정답. (a) 머리에 단 리본, (c) 성숙했었기 때문에, (d) 여신 이야기에 겁먹었기 때문이라는 내용은 이름에 관련된 전체 문맥에 어울리지 않고 전혀 자연스럽게 연결되지 않는다.

어휘 pronounce 발음하다, 선언하다 bow 나비 매듭 리본 intimidate 겁주다, 협박하다

3.

An increasing number of Chinese enterprises
______________, as the ancient continent has seen a
promising investment environment in recent years and the
Chinese government has put forward a series of
measures to encourage Chinese enterprises to start
business in Africa. The total of China's investment in
Africa had reached US $6.27 billion by the end of 2005,
channeled to fields such as natural resources,
infrastructure, architecture, textile, transportation, and
power.

(a) are destroying local mining industries
(b) are endangering the lives of local people
(c) are considering Africa for new ventures
(d) relocating to African territories

최근 고대의 대륙이 유망한 투자 환경을 조망했고, 중국 정부가 중국 회사들이 아프리카에서 창업하는 것을 장려하는 다양한 조치를 내놓음에 따라 아프리카를 새로운 사업 대상으로 보는 중국 회사가 점점 증가하고 있다. 중국의 아프리카에 대한 총 투자액수는 2005년 말까지 미화 62억 7천만 달러에 달하고, 자연자원, 항구 시설, 건축, 직물, 교통, 동력에 이르기까지 다양한 활로를 개척했다.

해설 중국의 아프리카에 대한 태도로 적당한 것을 찾는 문제. 빈칸 뒤의 내용에 중국 정부가 아프리카에서의 사업을 장려하는 조치를 내놓았다고 했다. 따라서 빈칸은 (c) 아프리카를 새 사업의 무대로 고려하고 있다가 적합하다. (a)의 광산업 파괴, (b)의 지역 주민의 생활 위협, (d) 아프리카 영역 재배치 등은 중국의 아프리카 투자라는 글의 흐름과 무관한 내용이다.

어휘 promising 장래성 있는, 전도 유망한 measure 재다, 판정하다, 평가하다 infrastructure 하부조직, 기본적 시설

4.

Experts recommend that you do 20 to 30 minutes of
aerobic activity three or more times a week and some
type of muscle strengthening activity and stretching at
least twice a week for the ______________________.
However, if you are unable to do this level of activity, you
can still improve your health by accumulating 30 minutes
or more of moderate-intensity physical activity a day, at
least five times a week.

(a) requirements for an effective workout
(b) ways to maximize your time and effort
(c) best value for your money
(d) greatest overall health benefits

최선의 전반적인 건강을 위해서, 전문가들은 이삼십분 정도의 에어로빅과, 적어도 주 3회 이상의 근육 강화 운동과 스트레칭을 최소 주 2회 할 것을 권장한다. 그러나 만약 이 정도의 활동을 할 수 없다고 해도, 하루에 30분이나 그 이상, 심하지 않은 정도의 신체 활동을 적어도 주 5회 함으로써 건강을 개선시킬 수 있다.

해설 일주일에 3회 이상의 2~30분간의 에어로빅을 전문가들이 권장하는 이유를 고르는 문제. 글 후반부에도 근육 운동을 통하여 건강을 누릴 수 있다고 했으므로, 에어로빅 역시 전반적인 최고의 건강을 누리기 위해서라는 (d)가 글의 흐름에 적당하다.

어휘 accumulating 모으다, 축적하다 moderate 알맞은, 적당한

5.

> I didn't realize how much pain I had caused this individual in our brief encounter. I acknowledged every word he said to me and _________________. Ahsan meant every word he said to me. I failed to trust him. The trust I claimed to gain towards men was not for him, it was for my future relationships and the men I would meet in my future life.
>
> **(a) realized it was the truth he was speaking**
> (b) knew he never meant to hurt her
> (c) had not fought with him
> (d) began to hear her voice again

나는 우리의 이 짧은 만남에서 내가 준 고통이 얼마나 큰지 몰랐다. 나는 그가 내게 한 모든 말을 받아들였고 그가 하고 있는 말이 진실임을 깨달았다. 아산이 내게 한 모든 말은 진심이었다. 나는 그를 믿는 데 실패했다. 남자에게서 얻으려고 했던 진실은 그를 위한 것은 아니라 내 미래의 인간 관계와 내 미래의 남자를 위한 것이었다.

해설 글의 시점은 여자 자신이 주인공인 1인칭 시점이므로 (b)와 (d)의 her는 누구인지 알 수 없으며 글의 대강이 말에 대한 신뢰 문제이므로 싸우지 않았다는 (c)보다는 진실을 이야기하고 있었다는 (a)가 더욱 적합하다.

어휘 encounter 만나다, 마주치다 acknowledge 인정하다, 사례하다

6.

> The flight had departed Beijing, transporting mainly Chinese and European journalists to the Asia-Afro Convention in New Delhi. An explosion occurred a few hours into the flight and the crew quickly took action. Because there was a fire on the left wing, _________________ and passengers began to panic. The captain shut down the left engine for fear that it would catch on fire. Fortunately, before the radio went dead, the crew was able to send several distress signals giving their position over the Pacific Ocean.
>
> (a) everyone was asked to remain seated
> **(b) smoke quickly entered the cabin**
> (c) sprinklers went off
> (d) the flight attendants tried to stop it

주로 중국과 유럽의 기자들을 싣고 비행기는 아시아-아프로 회의가 열리는 뉴델리로 가기 위해 베이징을 출발했다. 비행 후 몇 시간쯤 접어들었을 때, 폭발이 발생했고 승무원들은 재빨리 조치를 취했다. 왼쪽 날개의 화재로 생긴 연기가 기내로 들어오자 승객들은 당황하기 시작했다. 기장은 엔진에 불이 옮겨 붙을까봐 좌측 엔진을 껐다. 다행히 무전기가 작동을 멈추기 전에 태평양 상공의 위치를 알리는 구조 신호를 몇 차례 보낼 수 있었다.

해설 비행기 사고에 대한 글을 읽고 글의 흐름에 적당한 것을 고르는 문제. 비행기 왼쪽 날개에 불이 났다는 내용과 승객들이 동요했다는 내용 사이에 들어갈 적당한 말을 찾아야 한다. 사건의 묘사는 시간 순서로 진행되는 것이 보통이므로 불이 나고 연기가 기내로 들어와서 승객들이 당황했다는 사건의 진행이 가장 자연스럽다. (a) 자리에 앉으라고 해서 동요했다는 진행은 설득력이 없다. (c) 날개에 불이 났는데 기내에 스프링클러가 작동하는 것은 사건의 진행이 (b)만큼 매끄럽지 못하다. (d) 날개의 화재를 승무원이 진압하는 것도 부자연스럽고 그것에 승객이 동요하는 것은 더욱 어설픈 진행이다. (b)가 가장 자연스럽다.

어휘 depart 출발하다, 떠나다 explosion 폭발, 파열 distress signal 조난신호

7.

Apart from the obvious hazards in a workshop, making biodiesel involves the use of a couple of toxic chemicals. It is incumbent on us to store these chemicals in a safe manner such that _________________ to young children and they are stored with regard to potential fire and explosion hazard. This mainly refers to methanol which needs to be well ventilated to prevent any build up of fumes that could be ignited with a resultant explosion.

(a) access to them is denied
(b) contact with them is dissuaded
(c) the liquid is toxic
(d) adequate protection is given

작업장에서의 명백한 위험 이외에, 바이오디젤 제조를 위해서는 두 가지 독성 화학물질을 사용한다. 이런 화학물질을 어린이들의 접근이 금지되도록 하고, 화재의 가능성이나 폭발의 위험을 감안하여 보관하는 것과 같이 안전한 방법으로 이를 보관하는 것은 필수이다. 이것은 주로 메탄올에 대한 것으로 통풍이 잘 되는 곳에 보관하여 폭발을 촉발하는 점화 가능 가스의 발생을 방지하여야 한다.

해설 바이오디젤의 보관에 대한 글을 읽고 맞는 것을 고르는 문제. 전치사 to에 착안하여야 한다. 동사 deny가 access to A is denied to B 형태로 쓰여 'B가 A에 접근하는 것을 차단하다'라는 의미므로 (a)가 정답이다. (b) 화학물질이 dissuade(~하는 것을 말리다, 하지 말라고 하다)되는 것은 주어가 잘못 쓰인 경우가 되며 dissuade는 전치사 from과 같이 쓰인다. (c)는 안전과 무관한 내용이고, 본문은 구체적인 안전한 방법을 설명하는 내용인데 빈칸에 (d)는 너무 포괄적이다.

어휘 hazard 위험, 위난 incumbent 의무로서 지워지는 potential 가능한, 잠재하는 ignite 불을 붙이다, 연소시키다
ventilate 공기를 통하다, 산소를 공급하다 fume 연기, 증기 dissuade 단념시키다 adequate 충분한, 알맞은

8.

I am presently in class nine and I am having a good time with my fellow classmates that I have known for many years. I never had any problem with making friends in school. Actually I don't feel left out as a non-Tibetan in Tibetan Children's Villages as I have been here since the very beginning. I can't really remember my first years in school as I was a small kid at that time, but my memories of the beginning seem like pleasant ones. I never felt discriminated against, something which happens in other schools. ___________________________________.

(a) I like this school much better than the school I attended last year.
(b) It is difficult to make friends because I am different, but I have persevered.
(c) Looking back, I only remember happy times.
(d) I am frequently bullied and teased because I am different from the other children.

나는 현재 9반에 있으며, 오랜 시간을 알아온 친구들과 좋은 시간을 보내고 있다. 나는 한 번도 학교에서 교우 관계에 있어 문제를 겪은 적이 없다. 사실 나는 처음부터 여기에서 살았기 때문에 티벳 어린이 부락의 비티벳인으로서 혼자 소외감을 느끼는 일이 없다. 내가 어렸을 때 학교에서의 첫 해가 잘 기억은 안 나지만 내 기억 속의 시작은 즐거웠던 것 같다. 다른 학교에서 생기는 일이지만, 나는 차별당한다고 느낀 적이 없다.

(a) 나는 작년에 다닌 학교보다 이 학교를 훨씬 더 좋아한다.
(b) 내가 다르기 때문에 친구를 사귀기가 힘들지만 나는 계속했다.
(c) 뒤돌아보면, 나는 오로지 행복했던 때만 기억난다.
(d) 나는 다른 아이들과 다르다는 이유로 자주 괴롭힘과 놀림을 당했다.

해설 티벳에서의 차별 없는 학교 생활에 관한 내용이다. 지문에서는 화자가 좋은 기억만 겪었다는 말만 있으므로 (c)가 정답. (a) 작년에 다닌 학교에 대한 내용은 없고, 현재 친구를 사귀는 데 아무 문제가 없다고 했으므로 (b), (d)는 오답이다.

어휘 fellow classmate 학우, 교우 discriminate 차별하다, 구별하다, 식별하다 bully 약자를 괴롭히는사람, 괴롭히다

9.

We are proud to announce a new software program called Hype that allows you to make free calls to anyone ________________, anywhere in the world. This amazing new technology is not only free to download but also produces calls of amazing quality. If you link your webcam to this software, you can make free video calls and actually see your friends, family or even business colleagues. For just a low minute rate, calls can be connected to landlines and cellular phones, allowing you to literally connect to anyone in the world. You can also make conference calls with Hype and connect with up to 100 people in a group call. Keeping in touch has never been easier.

(a) through the new device
(b) with a computer
(c) utilizing a printer
(d) with a current membership

세계 어느 곳이든 컴퓨터가 있는 분이라면 누구에게나 무료 전화를 거실 수 있도록 해드리는 하이프라는 새로운 소프트웨어를 여러분께 자랑스럽게 소개해드립니다. 이 놀라운 신기술은 다운로드가 무료일 뿐 아니라 통화 품질 또한 대단합니다. 이 소프트웨어에 화상 카메라를 연결하시면 무료 화상 통화를 하셔서 실제로 친구와 가족, 심지어 거래처 사람들을 볼 수도 있습니다. 저렴한 분당 요금으로 말 그대로 세계 그 어떤 사람의 휴대폰과 가정으로도 전화를 거실 수 있습니다. 또한 하이프의 그룹 통화로는 100명까지 연결하여 전화 회의를 하실 수도 있습니다. 연락하고 사는 것이 너무 쉬워졌습니다.

(a) 새로운 기기를 통해서
(b) 컴퓨터로
(c) 프린터를 사용하면서
(d) 현재의 회원권으로

해설 하이프(Hype)에 관한 글을 읽고 빈칸에 적당한 것을 고르는 문제. Hype는 세계 어디서나 무료 전화를 할 수 있도록 해주는 소프트웨어이다. 소프트웨어는 컴퓨터로 사용하게 마련이므로 '컴퓨터를 가진, 컴퓨터로'라는 의미가 되는 (b)가 적합하다. (a) 새 장치 얘기는 언급된 바 없고 (c) 프린터 역시 찾아볼 수 없는 내용이다. 소프트웨어의 소개와 활용에 관한 이야기가 전체 줄거리이므로 (d) 회원제 이야기도 없다. 정답은 (b).

어휘 colleague 동료 literally 글자 뜻대로, 사실상

10.

The best public speakers in the world all agree on one thing. You can't get good at public speaking without practice. That's where some public speaking training seminars fail in teaching people how to do successful presentations. Lecturing someone on how to do a presentation will not make a student learn any faster. If you learn by doing, you'll achieve much higher results. After several years of public speaking engagements, teaching seminars and performing piano music for worldwide audiences, I woke up one day and realized I ________________________. That seems like an odd thing to say but it's true. How did I know I wasn't any good at it? Because, I didn't "feel" successful at it.

(a) had forgotten to do my homework
(b) hadn't made any presentations
(c) didn't know the first thing about public speaking
(d) didn't understand the subject

세계에서 가장 훌륭한 대중 연설자들은 모두 하나의 사실에 동의한다. 대중 연설은 연습 없이 잘 할 수는 없다는 것이다. 그것이 사람들에게 성공적인 발표를 하는 방법을 가르치는 대중 연설 훈련 세미나가 실패하는 부분이다. 누군가에게 발표를 잘하는 방법을 가르치는 것은 학생이 더 빨리 배우도록 만들어주지 않는다. 당신이 그것을 실천함으로써 배운다면 훨씬 더 우수한 결과물을 얻을 수 있다. 몇 년 간의 대중 연설과 세미나를 하고 세계의 청중을 위해 피아노를 치던 나는 어느 날, 내가 대중 연설에 대해 아무것도 모르고 있었다는 것을 깨달았다. 좀 이상해 보일 지도 모르지만 이는 진실이다. 내가 대중 연설을 잘 못한다는 것을 어찌 알았겠는가? 왜냐하면 나는 그것을 성공적으로 한다고 느끼지 못했기 때문이었다.

(a) 내 숙제를 잊어버렸다.
(b) 어떤 발표도 하지 않았다.
(c) 대중 연설에 대해 아무것도 몰랐다.
(d) 주제를 이해하지 못했다.

해설 대중 연설에 관한 글을 읽고 빈칸에 적당한 것을 고르는 문제. 주인공은 과거에 대중 연설을 배운 일도 없이 대중 연설을 계속해온 사람이며 배우는 것보다는 해보는 것이 대중 연설을 더 잘 하게 만든다는 논지이다. 따라서 (c)의 대중 연설에 대해 전혀 아는 바가 없다는 말이 빈칸에 들어가야 실제로 하다보면 익숙하게 된다는 글의 요지에 부합한다.

11.

Due to the busy holiday travel season, police have reported that they will be ____________ at both international and domestic airports across the country. Increased passenger volume is to be expected at this time of year and the police will be taking every necessary precaution to stop any attempts by criminals or terrorist groups to make attacks. Although the police chief has emphasized that he has not received any specific information on any possible attacks, it is normal that during the holiday season, police are put on heightened alert.

(a) increasing security
(b) encouraging the public to be safe
(c) helping senior citizens
(d) assisting with preparations

분주한 휴가철을 이유로 경찰은 나라 전체의 국제선과 국내선 공항의 치안을 강화할 것이라 보도했다. 이맘때는 승객 수가 증가할 것으로 예상되므로 경찰은 범죄자와 테러 단체의 공격을 저지할 모든 가능한 예방조치를 취할 것이다. 경찰청장은 공격 가능성에 대한 구체적인 정보를 입수한 것은 아니라고 강조했지만 휴가철에 경찰이 강화된 경계 태세에 놓이는 것은 보통이다.

(a) 치안 강화
(b) 대중이 안전하도록 독려
(c) 노인들을 돕기
(d) 준비를 보조하기

12.

Australia has a higher than normal per-capita magazine consumption and the motorcycle sector is no exception. With its popularity increasing steadily since the Second World War, at least twelve domestic titles can be found on newsstands with many more foreign titles next to them. Most of us tend to think of the motorcyclist as some sort of rebellious icon but in actuality, the original motorcyclist was in fact ________________.

(a) dating the event back to an older date
(b) suggestive of its origins during the war
(c) reconfirming the theory
(d) at odds with that view

호주의 1인당 잡지 소비량은 통상보다 많으며 오토바이 부문도 예외가 아니다. 2차 세계대전 이후로 꾸준히 상승하는 인기와 더불어 신문가판대에서는 적어도 12개의 국내 잡지가 그 옆에 훨씬 많은 외국 잡지들과 함께 발견된다. 우리 대부분은 오토바이 타는 사람들을 왠지 반항아의 표상 같은 것으로 생각하지만 사실 원래 오토바이 운전자는 그런 시각과 전혀 일치하지 않는다.

13.

The roles within Indian and African Caribbean families have changed in recent years. Men are becoming far more active in taking on jobs that were traditionally seen as the woman's domain. For example, more men are taking part in childcare, cooking and cleaning. This is likely because both the man and the woman are now finding it necessary to work due to an increased cost of living and because the extended family now has less of a role. However, despite some of the sharing of these non-traditional duties, women still tend to be responsible for the majority of the ________________ while working full time.

(a) childcare and household duties
(b) changes in labor
(c) income provision
(d) extended family obligations

인도와 아프리카 캐러비안에서 가정 내의 역할이 최근 변화되었다. 전통적으로 여자들의 영역으로 여겨졌던 일을 남자들이 적극적으로 맡고 있다. 예를 들면 점점 더 많은 남자들이 육아, 요리와 청소에 참여하고 있다. 이는 아마 증가된 생활 비용 때문에 남자와 여자가 동시에 일해야 한다고 생각하고 또 대가족의 역할이 줄어들었기 때문일 것이다. 하지만 이런 비전통적인 일을 어느 정도 분담함에도 불구하고 여자들은 정식으로 고용되어 일을 하면서도 육아와 가사의 대부분을 책임지고 있는 것이 보통이다.

14.

A recent study has shown that there are more and more households that are connected to the Internet. Regular users of the Internet reported that the time they spend online have increasingly reduced the time they spend with family, friends and ___________, the television. The study also showed that a third of employed Internet users bring home work from the office, but that doesn't mean they are spending less time at work. People are working more and more from home but they still spend just as much time in their workplace.

(a) in addition
(b) however
(c) most of all
(d) therefore

한 조사에 따르면 인터넷에 접속하는 가정이 점점 더 많아지고 있다고 한다. 인터넷을 자주 사용하는 사람들은 그들이 인터넷에 소비하는 시간 때문에 갈수록 가족, 친구 그리고 무엇보다도 TV를 보며 보내는 시간이 줄었다고 한다. 이 조사는 또한 직장이 있는 인터넷 이용자들의 3분의 1이 직장에서 집으로 일을 가져온다고 보여주며 하지만 이것이 직장에서 보내는 시간이 줄었다는 의미는 아니다. 사람들은 갈수록 집에서 일을 더 하지만 사무실에서도 여전히 그만큼의 시간을 일한다.

15.

Hydrogen programs are becoming increasingly popular across the United States. The Federal Department of Energy, energy companies and car companies are offering sponsorships and initiatives to cities to increase the use of hydrogen fuel cells in buses, cars and light-duty utility trucks. Tucson, Arizona, ___________, has not one but two hydrogen filling stations for the city.

(a) as a result
(b) in the meantime
(c) for instance
(d) in reality

수소 프로그램은 미국 전역에 걸쳐 점차 대중화되어가고 있다. 연방 에너지관리국과 에너지 회사 그리고 자동차 회사들은 버스와 자동차 그리고 경량 다목적 트럭에 수소 연료 전지의 사용을 증가시키기 위해 도시들에게 협찬과 선수권을 제공하고 있다. 애리조나의 투산을 예로 들면, 도시에 한 곳이 아닌 두 곳의 수소 충전소가 있다.

16.

Loch Ness, the reputed home of the legendary Loch Ness Monster, plunges to a depth of over 250m. Despite numerous attempts to locate the animal, the crushing pressure and pitch black water have rendered all diving expeditions fruitless. ______, one or two submarines have paid a visit to the bottom but have failed to locate comprehensive proof of a large monster. Still over the years, hundreds of witnesses have come forward with tales of what they have seen in or around the lake. Classic evidence includes stories of upturned boats and a serpent-like neck twisting up out of the water.

(a) Unfortunately
(b) Nevertheless
(c) Surprisingly
(d) Naturally

전설적인 네스 호(湖) 괴물의 집으로 불리어 말 많은 네스 호는 깊이가 250미터이다. 그 괴물의 위치를 파악하려는 수 많은 노력에도 불구하고 엄청난 수압과 새까맣게 어두운 물이 모든 잠수 탐사를 헛수고로 만들었다. 잠수함 한 두 대가 호수 바닥을 조사했지만 거대한 괴물의 충분한 증거를 찾는 데는 실패했다. 여전히 수년에 걸쳐 호주 주위에서 본 것에 대한 수백 건의 제보가 들어왔다. 뒤집힌 보트와 뱀처럼 구부러진 목 같이 생긴 것이 물 밖으로 나온 것을 보았다는 이야기들이 전형적인 제보들이다.

해설 스코틀랜드 네스 호의 괴물에 관한 이야기를 읽고 글의 흐름에 맞는 부사를 고르는 문제. 빈칸 앞의 내용은 수압, 물 속의 어두움 등 괴물의 증거를 확보하는 데 따르는 어려움이다. 빈칸 뒤의 내용 역시 잠수함이 괴물의 증거를 확보하는 데 실패했다는 내용이므로 탐사 조건이 열악하므로 '당연히' 잠수함 조사도 실패했다는 흐름이 자연스럽다. 따라서 (d) naturally가 정답. naturally는 expectedly(예상한 대로), obviously(뻔하게)를 대신 쓸 수도 있다. 탐사 실패는 (a) 불행하다고 볼 수도 있으나 비단 잠수함에 관한 것만 불행할 필요는 없으므로 부적당하다. (b) 빈칸 전후 관계가 상반되는 내용이 아니므로 불가능. (c) 빈칸 전후가 비슷한 내용이므로 놀라울 일이 없다. (d)가 정답.

어휘 plunge 뛰어들다, 잠기다 numerous 다수의, 수많은 crushing 압도적인 expedition 원정, 탐험
submarine 잠수함 comprehensive 포괄적인, 종합적인 upturned 끝이 위로 향한, 뒤집힌 serpent 뱀

17.

It is becoming more and more common for neighbours to find themselves in conflict with each other. Whether it be differences about loud music, child bullying, barking dogs or snow-shovelling, there have been far too many recent headlines where physical altercations between neighbours have left one in the hospital and the other on the way to jail. Whatever happened to loving thy neighbor? These hostile neighbors are finding themselves entangled in lawsuits and harassment orders which shows us that the traditional neighbor versus neighbor conflict is taking a 21st century twist.

이웃끼리 서로 불화가 있는 것은 갈수록 흔한 일이 되어가고 있다. 시끄러운 음악, 아이들 괴롭히기, 개 짖는 소리 또는 눈 치우기에 대한 입장 차이든 무엇이든, 이웃간에 한쪽은 병원으로 다른 한쪽은 감옥에 가는 그런 신체적 충돌에 관한 기사가 너무도 많다. '네의 이웃을 사랑하라'에 무슨 일이 생겼는가? 이런 사나운 이웃들은 소송과 피해 금지 명령에 묶여 있는데 이는 전통적인 이웃대 이웃간의 충돌이 21세기식 변화를 겪고 있다는 것을 보여준다.

Q: Which of the following would be the best title for the passage?

(a) 21st century lawsuits
(b) Neighbors from Hell
(c) Suburban Disputes
(d) Property Bylaw Issues

본문에 가장 알맞은 제목은?

(a) 21세기의 소송
(b) 지옥에서 온 이웃들
(c) 교외 거주자들의 논쟁
(d) 재산 조례 문제

해설 이웃에 관한 글을 읽고 적당한 제목을 고르는 문제. 글 중간부터 소음과 애완동물 문제, 경계선, 위생, 협박과 위협 소송 등 이웃간의 불화에 관해 다루고 있다. 계속하여 병원에 실려가고 감옥에 가는 이웃들의 이야기가 나오고 마지막에 바람직하지 못한 이웃에 관한 내용이 대부분이므로 (b)의 '지옥으로부터 온 이웃'이 가장 잘 어울린다.

어휘 altercation 말다툼, 언쟁 entangle ~을 걸려들게 하다, 얽히게 하다 bullying 약자를 괴롭히기 shovel ~을 삽으로 뜨다
harassment 괴롭힘, 고민(거리)

18.

Why not try something unique and creative that will make your wedding a most magical and talked about event? Our beautiful Ice Hotel includes a majestic Ice Chapel, which will make your special day unforgettable. Fantastic ice sculptures enthral people of all ages and the sun shining through the ice walls creates a dreamy atmosphere. Our wedding packages include our professional photographer and wedding planner so that your special day will be an exceptional occasion that you will be able to relive for the rest of your life!

여러분의 결혼식을 마법과 같고 사람들의 입에 오르내릴 수 있는 최고의 행사로 만들 독창적인 방법을 시도해보지 않으시겠습니까? 저희 아이스 호텔의 얼음 교회당은 여러분의 특별한 날을 잊지 못하도록 만들어드릴것입니다. 훌륭한 얼음 조각들이 모든 연령대를 사로잡을 것이며 얼음 벽을 통해 반짝이는 햇빛은 꿈속 같은 분위기를 자아냅니다. 저희의 결혼식 패키지에는 전문 사진사와 웨딩플래너가 포함되어서 여러분의 특별한 날을 여러분 남은 인생 동안 다시 살도록 해줄 이례적인 날이 되도록 해드릴 것입니다.

Q: What is the purpose of the passage?

(a) To entertain
(b) To advertise
(c) To argue
(d) To educate

글의 목적은 무엇인가?

(a) 즐겁게 해주기 위한 것
(b) 과고하기 위한 것
(c) 논쟁하기 위한 것
(d) 교육하기 위한 것

해설 글을 읽고 글의 목적을 고르는 문제. 눈과 얼음 조각과, 꿈 같은 분위기를 만들어준다는 내용 등으로 보아 결혼식을 근사하고 기억에 남게 해주는 호텔의 광고글로 보인다. 따라서 정답은 (b).

어휘 **majestic** 위엄있는, 장엄한 **sculpture** 조각 **enthrall** ~의 마음을 사로잡다

19.

Does Airport parking stress you out? Let us, the Parking Pals, help you start your vacation in a relaxed way before you even board your flight. Parking Pals is now offering a special deal to save you money this summer. When parking at any of Britain's airports between May and September, you can receive ten pounds on any trip longer than five days. Call today to take advantage of this great money saving deal!

공항 주차로 스트레스를 받으십니까? 저희 파킹 팔스가 여러분이 비행기를 타시기 전부터 느긋하게 휴가를 시작하실 수 있도록 도와드리겠습니다. 파킹 팔스는 이번 여름 여러분의 돈을 절약해드릴 특별 대우를 해드립니다. 영국 모든 공항에서도 5월과 9월 사이에 주차를 하시면 여러분은 5일 이상의 모든 여행에 대해서도 10파운드를 환급 받으실 수 있습니다. 오늘 전화하셔서 이 엄청난 절약 기회를 이용하세요.

Q: What is the main purpose of this advertisement?

    (a) To give directions to the company's new locations

    (b) To promote a parking special offered by a private company

    (c) To urge customers to park in the airport's own long-term parkade

    (d) To offer discounts on flight fares

이 광고의 주된 목적은 무엇인가?

    (a) 회사의 새로운 위치를 알려주는 것

    (b) 사설 회사가 제공하는 주차 특전 홍보

    (c) 고객들에게 공항 내의 장기 주차 전용 빌딩에 주차하라고 촉구

    (d) 항공 요금을 할인해주기 위한 것

해설 광고문을 읽고 목적을 고르는 문제. 공항에서의 주차 문제를 해결한다는 내용과, 언급된 주차장에 주차했을 시의 혜택 등으로 보아 공항 주차장이 아닌 Parking Pals라는 공항 주변의 사설 주차장 광고로 보인다. 따라서 사설 주차장 홍보글이라고 한 (b)가 정답이다. (a) 회사 위치를 가르쳐주고 있지 않으므로 오류. (c) 공항 자체 주차장인지도 모르고 장기 주차에 관해 직접적인 언급도 없으므로 오류. (d) 비행 요금에 대한 글이 아니므로 적합하지 않다.

어휘 relax 긴장을 풀다, 편하게 하다   take advantage ~을 이용하다

20.

A large number of studies have looked at the effects of caffeine-containing beverages on reproductive factors. The data suggests that moderate caffeine consumption is safe for a pregnant woman and her unborn child. Two major studies in the U.S. found no correlation between caffeine consumption and pregnancy outcome or birth defects. In addition, recent studies have found no correlation between caffeine intake and spontaneous abortion or abnormal fetal growth. However, questions remain about the effects of high doses of caffeine and it is wise for pregnant women to practice moderation (300mg per day or 3-4 cups of instant coffee).

수많은 연구에서 카페인 함유 음료가 생식 요인에 미치는 효과를 조사했다. 연구 자료들은 적당한 카페인 소비는 임산부들이나 태아에게 안전하다고 한다. 미국의 두 가지 주요 연구에서는 카페인 섭취와 임신율, 태아의 기형 사이에는 아무런 연관이 없다고 밝혔다. 게다가 최근 연구에서는 카페인 섭취와 자연 유산 또는 비정상적인 태아의 성장 사이에도 아무런 연관이 없다는 것을 알아냈다. 그러나 다량의 카페인 섭취의 영향은 의문이 남으며, 임산부들은 적당히 카페인을 섭취(하루에 300mg 또는 3-4잔의 인스턴트 커피)하는 것이 현명하다.

Q: What is the main idea of the passage?

    (a) Fetal growth is affected by caffeine.

    (b) Pregnant women should not have caffeine.

    (c) Caffeine intake in pregnant women should be limited.

    (d) Caffeinated beverages should be banned.

본문의 요점은 무엇인가?

    (a) 태아의 성장은 카페인에 영향을 받는다.

    (b) 임산부는 카페인을 섭취해서는 안 된다.

    (c) 임산부의 카페인 섭취는 제한되어야 한다.

    (d) 카페인 음료수는 금지되어야 한다.

해설 글을 읽고 주제를 파악하는 문제. 임산부와 태아에 미치는 카페인의 영향, 미국에서의 카페인 연구와 임신율, 유산 등을 다루고 있고 글 마지막에 적당한 카페인 섭취가 임산부로서는 현명한 것이라는 문장에서 (c) '카페인은 제한적으로 섭취해야 한다' 가 글의 요지임을 알 수 있다. 태아는 적당량의 카페인에 영향을 받지 않으므로 (a)는 오답. 본문에서 적당량의 카페인은 문제가 없다고 했으므로 (b)도 적합치 않다. (d)는 언급된 바 없다.

어휘 beverage 마실 것, 음료   reproductive 생식의, 재생의   consumption 소비, 소모   correlation 상호 관련
intake 빨아들임, 흡입   abortion 유산, 낙태

21.

There has been a longstanding debate on the link between genes and human characteristics. Some say this link does not exist but that human characteristics are developed solely through human experience. However, others say that intelligence, homosexuality, feminine intuition and criminality all can be linked to a particular gene. In my opinion, I must say that while genes obviously matter, a person's experience, upbringing and culture play a very large role in who we are. Humans learn from others and from experience and that cannot be denied.

유전자와 사람의 특징 사이의 연결 고리에 대한 오랜 논쟁이 있다. 어떤 이들은 그러한 연결 고리가 존재하는 것이 아니라 사람의 특징은 오로지 경험에 의해서만 개발된다고 한다. 그러나 다른 사람들은 지능, 동성애, 여성의 직관력과 범죄성은 모두 특정 유전자와 관련이 있을 수 있다고 한다. 내 생각에는 유전자가 중요하기는 하지만 한 인간의 경험, 교육과 문화가 우리의 가치를 형성하는데 매우 중요한 역할을 한다고 본다. 인간은 다른 사람과 경험으로부터 학습하며 그것은 부정할 수 없는 것이다.

Q: What is the main idea of the passage?

(a) Genetic inheritance plays the biggest role in developing a human personality.
(b) A person's experience plays a large role in human development.
(c) Genetics is a very difficult field to understand for non-scientists.
(d) Feminine intuition is linked to a specific gene.

본문의 요점은 무엇인가?

(a) 유전적 성질은 인간 개성의 발달에 가장 큰 역할을 한다.
(b) 한 인간의 경험은 인간 발달에 아주 큰 역할을 한다.
(c) 유전학은 비과학자들에게 아주 이해하기 어려운 영역이다.
(d) 여성적 직관은 특정 유전자와 상관이 있다.

해설 글의 주제를 묻는 문제. 글의 끝부분의 자기 의견에 있어, 유전자도 중요하지만 경험도 중요하다고 하면서 이어서 교육과 문화에 따라 달라진다는 것 등의 정보로 볼 때 인간은 유전자뿐 아니라 경험을 위시한 다른 많은 것들에 의해 달리 발전한다는 것이 골자이다. 따라서 (b)가 정답. (a)는 요지에 반하는 내용이고 (c)는 지엽적인 내용이고 (d)는 언급되긴 했지만 일례로 들었으므로 주제나 요지로 보기는 어렵다.

어휘 longstanding 다년간의, 오래 계속되는 debate 논쟁, 토론 intuition 직관, 직감 criminality 범죄 (행위) obviously 명백하게, 분명히 upbringing 교육, 훈육

22.

Over the course of Sigmund Freud's life, he investigated and documented the implications of our actions in childhood as being a possible explanation for our behavior in our adult lives. He has been criticized for being unscientific: the majority of his concepts have not stood up to the scientific rigors of the laboratory. Further criticism has arisen through suggestions that his work is fundamentally sexist or simply wrong. Indeed, from the very moment Freud was surrounded by collaborators, disagreements began. Few figures have inspired such sustained controversy and intense debate. But we cannot deny the influence Freud has had upon thinking in the 20th and 21st centuries. There is also no doubt this influence will continue into the future.

지그문트 프로이드는 평생 성인 행동을 설명할 수 있는 근거로서의 유아기 행동이 시사하는 바를 조사하여 기록을 남겼다. 그는 비과학적이라고 비난 받았는데, 그것은 그의 연구 대부분이 실험실에서 과학적으로 엄격하게 이루어진 것이 아니기 때문이다. 그의 연구가 기본적으로 성차별적이거나 완전히 틀렸다는 주장을 통해 더 심한 비난이 비롯되었다. 실은 프로이드가 협력연구자들에 의해 둘러싸인 그 순간부터 의견 불일치가 시작되었다. 그러한 지속적인 논란과 강도 높은 논쟁을 불러일으킨 인물은 거의 없었다. 그러나 우리는 프로이드가 20세기와 21세기 사고에 준 영향을 부정할 수는 없다. 그 영향이 또한 미래에도 계속될 것임은 틀림없다.

Q: What is the main idea of the passage?

(a) Freud's work has always been considered controversial.
(b) Freud was the founder of modern psychoanalysis.
(c) Freud's work has been replicated several times.
(d) Freud claimed that our childhood behavior explained our adult behavior.

본문의 요점은 무엇인가?

(a) 프로이드의 연구는 항상 논쟁의 여지가 있다고 간주되었다.
(b) 프로이드는 현대 심리 분석학의 창시자이다.
(c) 프로이드의 연구는 여러 번 모방되었다.
(d) 프로이드는 우리의 유아기 행동이 성인 행동을 설명한다고 주장했다.

해설 글의 내용을 보면 프로이드의 작업과 프로이드가 다른 이들로부터 받은 비판을 언급하다가 글 말미에서 이런 비판에도 불구하고 그가 20세기와 21세기에 미친 영향은 지대하며 미래에도 그러할 것이라는 결론을 내리고 있다. 따라서 주로 논란이 되는 프로이드의 업적에 대해 다루고 있음을 알 수 있다. 정답으로 (a)그의 업적은 항상 논쟁의 여지가 있어왔다가 적당하다. (b), (c)는 언급하지 않았으며, (d)는 글 앞부분에 언급되었지만 프로이드의 어려운 연구 내용일 뿐 글의 요지로 볼 수는 없다.

어휘 implication 함축, 내포, 밀접한 관계 rigor 엄함, 엄격 sexist 성 차별 주의자 collaborator 협력자, 이적 행위자
sustain 지속하다, 유지하다 controversy 논쟁, 언쟁

23.

Does television influence us? If so, how much impact does it have on us? Some categories of people are more influenced than others. Unlike gifted children, emotionally disturbed children and mentally retarded children tend to watch more television and at a more vulnerable age. These children also tend to be unmonitored when viewing programs, which may also be a problem. Also reported was the fact that children with learning and behavioural disabilities are more likely to pretend to be their favourite television characters and they perceive their own behaviour to be like their television heroes.

텔레비전이 우리에게 영향을 미칩니까? 그렇다면 얼마나 많은 영향을 줄까요? 어떤 부류의 사람들은 유독 더 영향을 받습니다. 영재 어린이들과는 달리, 정서적으로 불안한 아이들과 지적 능력이 떨어지는 아이들이 저항력 없는 연령에 텔레비전을 더 많이 보는 경향이 있습니다. 이런 아이들은 또한 TV 프로그램을 볼 때 지도를 받지 못하는 경향도 있는데 이 또한 문제입니다. 또, 학습과 행동장애가 있는 아이들은 자기들이 좋아하는 주인공 흉내를 내거나 자신들의 행동이 TV 주인공의 행동과 유사하다고 인지한다는 사실이 보고되었습니다.

Q: According to the passage, which of the following is true?

(a) Gifted children do not tend to watch more television than average.
(b) Television programs do not seem to have any effect on exceptional children.
(c) Children with learning disabilities often have difficulty with pretend play.
(d) Children with learning disabilities have trouble selecting a favorite TV character.

본문과 일치하는 내용은?

(a) 지능이 뛰어난 아이들은 텔레비전을 평균보다 적게 보는 경향이 있다.
(b) 텔레비전 프로그램은 비범한 아이들에게 아무런 영향이 없다.
(c) 학습 능력에 장애가 있는 어린이들은 가장 놀이를 하는 것에 종종 어려움이 있다.
(d) 학습 능력에 장애가 있는 어린이들은 좋아하는 TV 캐릭터를 고르는 데 어려움을 겪는다.

해설 아이들과 TV에 관한 글을 읽고 글의 내용과 일치하는 것을 고르는 문제. (a) 글 중간에 똑똑한 아이들을 제외한 다른 아이들이 TV를 많이 보더라는 내용이 있으므로 일치한다. (b) TV를 보고 등장인물을 모방하는 등 영향을 받는다는 내용이 있으므로 오류. 학습장애 아동들은 TV 속 인물과 동질감을 느낀다는 내용은 있었으나 흉내내기 놀이에 어려움이 있거나 좋아하는 캐릭터를 고르지 못한다는 말은 없으므로 (c), (d)는 오류이다.

어휘 category 범주, 부문 influence ~에게 영향을 끼치다 disturb 방해하다 retarded 정서, 지능, 학력 발달이 뒤진 perceive 지각하다, 이해하다

24.

Many university students think that handwriting skills are essentially irrelevant because the majority of the time, student work is done on the computer. In fact, some schools are even doing away with teaching cursive beyond primary grades, and instead teaching more useful skills like keyboarding. Even so, proper cursive writing still has its place in education. Yes, more and more students use the computer for their assignments, but keyboarding skills can't help when writing exams or tests, or when taking notes in class. You might argue that printing works just as well during exams and for taking notes in class. But when time is limited, cursive writing is quicker and more fluid because the pen doesn't leave the page as much as with printing. This means that you can write more during an exam, or take down more of what the teacher said during class.

많은 대학생들은 대부분의 경우 과제를 컴퓨터로 하기 때문에 글씨를 잘 쓰는 것은 무의미하다고 생각한다. 사실 어떤 학교는 초등과정에서 필기체를 아예 빼고 가르치고 대신 타자 치기 같은 더 유용한 기술을 가르친다. 그렇다 해도, 올바른 필기체 쓰기는 아직도 교육에서 그 자리를 차지하고 있다. 그렇다. 더 많은 학생들이 숙제할 때 컴퓨터를 사용하지만, 타자 치기 기술은 쓰기 시험이나 과제 또는 수업중 필기가 필요할 때 아무런 도움을 주지 못한다. 당신은 시험 때나 수업 시간에 필기를 할 때 인쇄가 그 만큼의 역할을 한다고 주장할지도 모른다. 그러나 시간이 제한되어 있을 때, 펜으로 쓰면 인쇄와 같은 양의 여백을 남겨두지 않기 때문에 필기체가 더 빠르고 유려하다. 이것은 당신이 시험을 치는 동안에 더 많이 쓸 수 있거나 혹은 수업 시간에 교사의 말을 더 많이 받아 적을 수 있다는 것을 의미한다.

Q: What is the best title for this passage?

(a) Lessons on Cursive Writing
(b) Is Handwriting Relevant?
(c) The Art of Calligraphy
(d) A Student's Guide to Taking Tests

본문에 가장 알맞은 제목은?

(a) 필기체 강좌
(b) 손으로 글씨 쓰는 것이 중요한가?
(c) 서예 예술
(d) 학생용 시험 보기 가이드

해설 손으로 쓰는 글씨에 대한 글을 읽고 제목을 고르는 문제. 글의 줄거리를 보면 우선 대학생들이 손으로 글씨를 쓰는 대신 컴퓨터 작업을 한다는 내용과 몇몇 학교에서는 아예 글씨 쓰기를 가르치는 대신 타자를 가르친다는 내용이 있다. 그러나 시험 등에서는 여전히 필기하는 것이 중요한 역할을 한다며 필기의 중요성에 대해 말하고 있다. 따라서 이 글은 결국 갈수록 무시되고 있는 필기의 중요성에 대한 것이다. 따라서 제목은 수사법적 질문을 던지고 있는 (b)의 '필기가 실질적으로 중요한가?'가 가장 적합하다. (a)는 지엽적인 내용이고, (c)는 전혀 언급하지 않고 있다. (d)는 필기의 중요성이 부각되는 예에 불과하다.

어휘 irrelevant 무의미한, 부적절한 cursive 필기체의 assignment 숙제, 연구 과제

25.

I believe freedom of religion is a constitutional right. I believe we should give all religions the same considerations in our universities. Jimmy Anderson said in his letter that if Muslim students are paying more than $7,000 a year to attend a university in a country that embraces religious diversity, then a prayer room is required. If this is to be the case, should a student who is Jewish not also receive the same consideration, by providing them with a synagogue and a cafeteria that is dedicated to kosher food?

나는 종교의 자유는 헌법상 권리라고 믿는다. 나는 우리가 대학교에서 모든 종교를 똑같이 존중해주어야 한다고 믿는다. 지미 앤더슨은 그의 편지에서 이슬람교 학생이 종교적 다양성을 인정해주는 나라의 학교에 다니기 위해 연 7천 달러 이상을 낸다면, 기도실을 마련해주어야 한다고 말했다. 만약 이런 경우라면 유대인 학생도 그들에게 유대 교회와 유대 율법에 맞는 음식을 제공하는 식당을 마련해줌으로써 똑같이 존중받아야 하지 않겠는가?

Q: What can best describe the author's attitude in the above statement?

(a) Indifference
(b) Endorsement
(c) Skepticism
(d) Argumentative

위의 글에서 저자의 태도를 가장 잘 나타낸 것은?

(a) 무관심
(b) 승인
(c) 회의주의
(d) 논쟁적인

해설 종교의 자유에 대한 글을 읽고 글쓴이의 태도를 고르는 문제. 글쓴이는 한 특정 종교(이슬람교)에 대해 편의를 베푸는 것은 타 종교(유대교)에 불평등한 결과를 가져올 수 있다는 등의 예를 들어 논지를 제시하고 있는 것으로 보아 글쓴이의 태도는 다분히 (d) '논쟁적'이다. (a)는 '무관심', (b)는 '승인, 지지', (c)는 '회의(懷疑)'이다.

어휘 constitutional 헌법상의 embrace 채택하다, 받아들이다 synagogue 유대교, 유대교회 dedicated 전용의 kosher 율법에 맞는

26.

The Kreston Vista Villa is a very special vacation home for a maximum of 6 adult visitors or 4 adults and 2 children. This attractive upscale executive home is nestled in a cozy residential cul-de-sac immediately above Kreston Resort. Guests will enjoy the wonderful ocean views and twinkling lights of Kreston Resort at night. Enjoy your own private swimming pool and individual air conditioning units in each room. Personal Concierge Service and Activity Reservations are included. Reduced Car Rental Rates, Private Chef, Massage Therapist, Personal Trainer & lots of other special services can be arranged!

크레스톤 비스타 빌라는 최대 성인 6명 혹은 성인 4명 어린이 2명이 묵을 수 있는 아주 특별한 휴가 숙소입니다. 이 매력적인 고급 별장은 크레스톤 리조트의 바로 위에 있는 포근한 주택가에 위치하고 있습니다. 손님들은 아름다운 바다의 전경과 밤에는 크레스톤 리조트의 반짝이는 불빛을 즐길 수 있을것입니다. 당신의 개인용 수영장과 각 방마다 있는 전용 에어컨을 사용하실 수 있습니다. 개인 호텔 직원의 서비스와 특별활동 예약이 포함되어 있습니다. 할인된 자동차 대여 요금, 개인 요리사, 마사지사, 개인 트레이너와 다른 많은 특별 서비스들이 준비되어 있습니다!

Q: Which of the following is correct according to the passage?

(a) The vacation home can accommodate up to ten people.
(b) There are reduced rates for children.
(c) Optional services are available for an added fee.
(d) A rental car is available free of charge.

본문과 일치하는 내용은?

(a) 별장은 10명까지 수용할 수 있다.
(b) 어린이들을 위한 할인 요금이 있다.
(c) 요금을 더 지불하고 특별 서비스를 이용할 수 있다.
(d) 렌터카를 무료로 이용할 수 있다.

해설 숙박업소의 광고글을 읽고 내용에 맞는 것을 고르는 문제. 최대 수용 인원은 성인 6명 또는 어른 4명, 아이들 2명으로 (a)는 오답. 할인 요금에 대한 내용으로는 글 후반부에 자동차 임대, 개인 요리사, 마사지, 헬스클럽 강사 등의 특별 서비스가 열거되었을 뿐 아이들을 위한 할인 요금에 대한 내용은 없으므로 (b)는 틀리고, 특별 서비스는 따로 돈을 내야 하는 것이므로 (d)는 오류, (c)가 정답이다.

27.

The Vespa was created when a manufacturing company that had previously produced aircraft searched to find a way to reinvent their business. The Italian industry had been severely damaged due to Allied bombing during World War II. After the war ended, the company owner came up with the idea to develop a two-wheeled, inexpensive mode of transportation that would be cheap to operate yet reliable, which was perfect for the financially struggling Italian people. And so the Vespa became extremely popular and was mass-produced in a level not previously reached by other scooters.

베스파는 이전에 비행기를 만들었던 회사가 재창업 방법을 모색하던 중에 설립되었다. 제2차 세계대전 중 연합군의 폭격으로 이탈리아 산업은 심각한 피해를 입었다. 전쟁이 끝나고 회사의 주인은 작동하기에 저렴하지만 안심할 수 있는 바퀴 둘 달린 교통수단을 개발하고자 하는 생각을 떠올렸는데 재정적으로 시달리고 있는 이탈리아 사람에게는 완벽한 생각이었다. 따라서 베스파는 많은 인기를 얻게 되었고 다른 스쿠터들이 이전에는 이르지 못한 수준으로 대량 생산되었다.

Q: Which of the following is correct according to the passage?

(a) The Vespa was created prior to the scooter.
(b) The Vespa was created during a time of economic hardship in Italy.
(c) The Vespa was created before World War II.
(d) Originally, the Vespa was too expensive for average Italian families.

본문에 일치하는 내용은 무엇인가?

(a) 베스파는 스쿠터에 앞서서 만들어졌다.
(b) 베스파는 이탈리아가 경제적으로 어려운 시기에 만들어졌다.
(c) 베스파는 제2차 세계대전 이전에 만들어졌다.
(d) 베스파는 원래 보통의 이탈리아 가정에 너무 비쌌다.

해설 스쿠터 사업에 대한 글을 읽고 내용에 맞는 것을 고르는 문제. (a) 글 마지막에 이전 다른 스쿠터는 베스파의 생산량에 미치지 못했다고 했으므로 베스파가 스쿠터보다 먼저라는 말은 오류. 베스파는 전후 이탈리아에서 저렴한 교통수단으로 전쟁이 끝나고 나서 만들어낸 것으로 (b)는 맞고 (c)는 틀린 내용이 된다. (d) 글 뒷부분에 싸고 믿을 만한 탈 것이라고 했으므로 오류. 정답은 (b).

어휘 **allied** 연합국 측의 **manufacturing** 제조(업)의 **reinvent** 재발명[고안]하다 **reliable** 믿을 수 있는, 확실한 **struggle** 발버둥치다, 전력을 다해서 하다

28.

In1998, the Goodson Scholarship program was established to promote academic excellence and to provide an opportunity for minority students who would not otherwise be able to afford post-secondary education. To be eligible for the award, students must be of African-American, Hispanic American, American Indian or Asian Pacific Islander decent. Students must also have a proven high academic and leadership background as well as a significant financial need. Students must also select engineering, library science, mathematics, public health or sciences as their area of study. The goal of the Goodson Scholarship program is to increase representation of these minorities in these disciplines. To fund this program, the Goodson family has donated a very generous 1 million dollar grant.

굿슨 장학 프로그램은 학업 우수를 장려하고 장학금 없이는 대학 교육을 받을 수 없는 소수 학생들에게 기회를 제공하기 위해 1998년에 창설되었다. 이러한 상의 혜택을 받기 위한 조건으로 학생들은 아프리카계 미국인, 라틴계 미국인, 아메리카 원주민이거나 아시아 태평양 섬 거주 미국인이어야 한다. 학생들은 또한 심각한 재정적 필요와 함께 증명된 훌륭한 학업, 리더십의 이력이 있어야 한다. 학생들은 또 공학, 도서관학, 수학, 공공 보건과 과학 등의 학문을 전공으로 선택하여야 한다. 굿슨 장학 프로그램의 목적은 이런 전공 분야에 있어서의 그들의 입지를 넓히기 위한 것이다. 이 프로그램의 자금 충당을 위해 굿슨가에서 백만 달러의 후원금을 너그러이 기부했다.

Q: Which of the following is correct about the passage?

(a) The Goodson Foundation donated 10 million dollars to the scholarship program.
(b) South American students are not eligible for this award.
(c) Students must show how much money they need to be eligible for the scholarship.
(d) Minority students often study education and engineering.

다음 중 본문과 일치하는 것은 무엇인가?

(a) 굿슨 재단은 장학금으로 천만 달러를 기부했다.
(b) 남미 학생들은 이 상금을 받을 자격이 없다.
(c) 학생들은 장학금 지원 요건에 적합하기 위해 돈이 얼마나 필요한지 밝혀야 한다.
(d) 소수 민족 출신 학생들은 교육학과 공학을 공부하는 일이 잦다.

해설 장학 재단에 대한 글을 읽고 본문과 일치하는 것을 고르는 문제. (a) Goodson 가에서 장학 프로그램에 백만 달러를 기증한 것이므로 금액이 달라 오류. (b) 장학 프로그램의 수혜자는 아프리카계 미국인, 라틴 아메리카계 미국인, 미국 원주민과 아시아 태평양 섬 거주 미국인들이다. 따라서 남아메리카 학생은 대상에 없으므로 정답. (c) 본문은 장학 프로그램의 설립 배경과 취지, 수혜자가 그 요지이므로 돈이 얼마나 필요한지 밝혀야 장학금을 준다는 내용은 없다. (d) 교육학과 공학은 장학금 수여 대상 학생들이 많이 보이지 않는 학과의 예로 들었던 것이므로 오류. (b)가 정답.

어휘 **minority** 소수 소수의 **otherwise** 만약 그렇지 않으면, 다른 방법으로 **significant** 중대한 **discipline** 학과, 학문 분야 **donate** 기부하다

29.

As residents of rich and prosperous countries, we often do not recognize the large differences between our quality of life and that of people in developing countries. The difference particularly in areas of disease, financial resources, educationand health systems is enormous. We cannot even fathom living in a country where the average life expectancy is below 40 years such as in five African countries. In Botswana, AIDS kills forty percent of all children. Other countries lose twenty percent of their children to other infectious diseases. There are several countries, including Brazil, India, Indonesia and Korea that have the biotechnological industries available to produce new and high quality, low cost generic drugs. Other countries, such as Vietnam, China and South Africa are attempting to develop their own vaccines but are doing so at a higher cost than multinational organizations are able to do.

부유하고 번영한 국가의 주민으로서, 우리는 개발 도상국 사람들의 삶의 질과 우리의 삶의 질의 차이를 자주 깨닫지 못한다. 특히 질병, 재정적 자원, 교육과 의료 시스템에 있어서의 차이는 엄청나다. 우리는 아프리카의 5개 국과 같이 평균 수명이 40살 이하인 나라에서 사는 것은 생각조차 할 수 없다. 보스와나에서는 모든 어린이의 40%가 에이즈로 사망한다. 다른 나라들은 20%의 아이들이 다른 전염병으로 죽는다. 브라질, 인도, 인도네시아나 한국 같은 나라들은 새롭고, 질 좋은 저가의 일반약을 만들어낼 수 있다. 베트남, 중국, 남아프리카와 같은 나라들은 원천 기술력으로 백신 개발을 시도하고 있으나, 국제 거대기업들이 할 수 있는 것보다 높은 비용이 들고 있다.

Q: What is the main idea of the passage?

(a) Poor countries have a severe disadvantage in regards to disease and medicine.
(b) New vaccines are produced to make money rather than to help the local poor.
(c) Low cost generic drugs should be made available in poor countries.
(d) Rich countries do not do enough to help poor countries fight deadly diseases.

본문의 주제는 무엇인가?

(a) 가난한 나라들은 질병과 의약품에 있어서 아주 불리한 처지에 있다.
(b) 새로운 백신은 지역의 가난한 사람들을 돕기 위해서가 아니라 돈을 벌어들이기 위해서 생산된다.
(c) 저가의 일반약은 가난한 나라에서 이용 가능해져야 한다.
(d) 부유한 나라들은 가난한 나라들이 치명적인 병과 싸워 이기도록 충분히 돕지 않는다.

해설 본문은 같은 개발도상국 간에도 의료 수준의 차이가 있음을 밝히면서 자주적인 의료 기술이 부족한 나라, 높은 의약 기술 수준을 지니고 있는 나라, 또 그런 수준을 보유하기 위해 노력하고 있는 나라들을 소개하고 있다. 글의 중간에 아프리카와 같이 의료 보건 수준이 낮은 나라에서는 많은 아이들이 질병으로 죽고 평균 수명이 떨어진다는 내용이 있으므로 질병과 약품에 관련하여 심각한 불편을 겪고 있는 가난한 나라가 있다는 (a)가 주제로 적당하다. (b) 백신을 돈 때문에 개발한다는 내용은 없다. (c) 저렴한 일반약의 제조 기술을 보유한 나라를 소개한 부분은 있으나 가난한 나라에 보급해야 한다는 내용은 없다. (d) 역시 언급된 바 없는 내용이다.

어휘 prosperous 번영하는, 부유한 fathom 추측하다, 이해하다 average 평균(의) life expectancy 수명
infectious 전염성의, 전염병의 biotechnological 생물[생명] 공학

30.

At the young age of 14, Sylvia Beaumont began her career as a model and graced the cover of many top fashion magazines before the age of 18. She then began her acting career and landed a starring role in a classic film starring the famous leading man George Hunter. The pair fell in love on the set and were married a short time later. Over the next several years, they made five more films together and had three children. As Sylvia entered her forties, she worked less on movies and more for humanity. She founded a charitable organization that promoted literacy to children in developing countries. In the years prior to her death in 2002, she performed in several Broadway plays and won a Tony Award in 1999.

실비아 뷰몬트는 연기로 옮기기 전, 14살의 어린 나이에 모델로서의 경력을 시작하였고 18살이 되기도 전에 각종 최고 패션잡지의 표지를 우아하게 장식하였다. 그후 그녀는 연기를 시작하여 그 유명한 조지 헌터가 출연하는 고전 영화의 역할 하나를 거머쥐었다. 이 둘은 촬영 중 사랑에 빠졌고 얼마 후 결혼했다. 이후 몇 년에 걸쳐 그들은 함께 다섯 편의 영화를 더 찍었고 자녀를 셋 두었다. 실비아가 40대에 접어들면서는 영화 일을 줄이고 인류를 위한 일에 더 힘썼다. 그녀는 후진국의 아이들에게 글을 깨치고자 자선단체를 세웠다. 그녀가 2002년에 죽기 전에는 브로드웨이에서 몇몇 연극에 출연했으며 1999년에는 토니상을 수상 하였다.

Q: What can be inferred about the person described above according to the passage?

(a) She started her acting career at the age of 14.
(b) She won a total of three Tony Awards.
(c) She continued acting into her old age.
(d) She eventually divorced George Hunter.

본문에 언급된 사람에 대해서 알 수 있는 내용은?

(a) 그녀는 14살에 연기를 시작했다.
(b) 그녀는 토니상을 모두 세 번 수상했다.
(c) 그녀는 나이가 들어서도 연기를 계속 했다.
(d) 그녀는 마침내 조지 헌터와 이혼했다.

해설 여배우에 대한 글을 읽고 알 수 있는 것을 고르는 문제. (a) 8살에 배우일을 시작했다. (b) 토니상은 1999년 한 번 수상했다. (c) 최근 2002년에도 연극에 출연하였으므로 정답. (d) 이혼에 관한 이야기는 없다.

31.

A winter weather advisory continues into early Sunday morning. Light snow will taper off around midnight across Harford and Tolland counties in Connecticut, interior and northeast Massachusetts, and across southwest New Hampshire. The snow will come to an end by 2 a.m. Snowfall totals will range from 3 to 5 inches across the advisory area. The storm creating the snow will pass southeast of New England overnight, moving toward Nova Scotia by Sunday morning.

일요일 오전 겨울철 일기예보가 계속됩니다. 적은 눈이 코네티컷의 하포드와 톨랜드 카운티, 매사추세츠의 내륙과 북동부 그리고 뉴햄프셔 남서부 전역에서 자정을 기해 잦아들겠습니다. 눈은 새벽 2시쯤 멎겠습니다. 총 적설량은 예보 지역에서 3에서 5인치에 달하겠습니다. 눈을 뿌리고 있는 폭풍은 밤새 뉴잉글랜드 남동부를 지나 일요일 아침이면 노바 스코샤를 향해 이동하겠습니다.

Q: Which of the following is correct according to the passage?

   (a) The snow will fall in the southeast of New England.
   (b) The snowstorm will start again in Connecticut early Sunday morning.
   (c) The snow will continue into the area of northern New Hampshire.
   (d) The snow will stop in the advisory area by Sunday morning.

본문에 따르면 맞는 문장은?

   (a) 눈은 뉴잉글랜드 남동부에 내릴 것이다.
   (b) 눈보라는 코네티컷에서 일요일 아침 일찍 다시 시작될 것이다.
   (c) 눈은 뉴햄프셔 북부 지역에 계속될 것이다.
   (d) 눈은 예보 지역에서 일요일 아침이면 멈출 것이다.

해설 일기예보의 마지막에 눈을 만드는 폭풍이 뉴잉글랜드(New England) 남동부를 거치겠다고 했으므로 뉴잉글랜드 남동부에는 눈이 올 것이라는 (a)가 정답. (b) 코네티컷(Connecticut)은 눈이 잦아들겠다고 한 지역이므로 오류. (c) 눈이 내리는 곳은 뉴햄프셔(New Hampshire)의 남서부이며 그칠 것이라고 했다. (d) 예보 중간 부분에 눈은 새벽 2시쯤 멈추겠다고 했으므로 일요일 아침에 멎겠다는 말은 부적절하다.

32.

Ontario Tourism Minister James Bradford says the idea of using enhanced driver's licenses instead of passports at the Canada-U.S. border is gaining traction. Following meetings with State Department and Department of Homeland Security officials in Washington, Bradford says U.S. authorities recognize the new border security program cannot be implemented all at once and there will have to be a transition period. Canada has been pushing for alternatives to passports for months. Ontario is devising more secure drivers' licenses that could make them suitable as an alternative to passports.

온타리오 관광부 장관인 제임스 브래드포드는 캐나다와 미국 경계선에서 여권 대신에 개선된 운전면허증을 사용하자는 생각이 주목을 받고 있다고 한다. 워싱턴에서 국무부와 국토보안부 임원과의 회의 이후에, 브래드포드는, 미국 정부 당국자들이 새로운 국경지대 안보 프로그램이 일시에 모두 실행되지는 못하며, 조정 기간이 필요하다는 점을 알게 되었다고 말한다. 캐나다는 몇 달간 여권에 대한 대체품을 요구해왔다. 온타리오는 여권 대체품으로서 적당하게 쓰일 만한 더 확실한 운전면허증을 고안해내고 있다.

Q: Which of the following is correct according to the report?

   (a) A grace period for Canadians acquiring passports to cross the border has been rejected.
   (b) Alternative identification other than passports may be acceptable at border crossings.
   (c) The U.S. Government has recently loosened regulations for border crossing to Canada.
   (d) American officials are working with Ontario to develop a new form of drivers' licenses.

보고문에 의하면 맞는 내용은?

   (a) 국경을 통과하기 위한 캐나다인의 여권 취득 유예 기간은 거절당했다.
   (b) 여권을 대체할 신분증이 국경 통과에서 받아들여질 수도 있다.
   (c) 미국 정부는 최근 캐나다로 가는 국경 통과에 대한 법률 규제를 완화했다.
   (d) 미국 관료들은 신형 운전면허증 개발을 위해 온타리오와 함께 일하고 있다.

 미국과 캐나다 국경에서 여권 대신 대체 신분증명서로 쓰일 새로운 운전면허증에 관한 글이다. (a) 국경을 넘는 캐나다인의 여권 취득 유예 기간이 거절당했다는 말은 어디에도 없다. (b) 국경을 넘을 때 여권 대용 신형 운전면허증이 사용될 수 있을 것이라는 내용이 본문의 주제이므로 정답. (c) 캐나다로 국경을 넘는 것에 관한 규제를 완화했다는 언급은 없다. (d) 온타리오는 여권 대체용 운전면허증을 고안 중이라고는 했으나 그것을 미국 관리들과 함께 한다는 말은 없으므로 옳지 않다.

어휘 **enhance** 높이다, 강화하다 **traction** 견인, 끄는 힘, 매력 **implement** 실행하다, 이행하다, 도구, 기구
alternative 대안, 양자택일

33.

There is new hope for those who have lost their sight due to disease or trauma. Researchers have developed a technique in which they insert electrodes into the brain. So far, this technique is in the very early stages of development and has only been attempted on monkeys but it does show promise. This is groundbreaking research as most researchers have worked on developing retina implants while this research is centered in the portion of the thalamus that relays signals from the retina to the brain's visual cortex.

질병이나 정신적 충격으로 인해 시각을 잃은 사람들에게 새로운 희망이 생겼습니다. 연구원들은 전극을 뇌에 삽입하는 기술을 개발했습니다. 이제까지 이 기술은 초기 개발 단계였으며 원숭이들에게만 시험되었으나 가능성이 있음을 보여줍니다. 대부분의 연구가 망막 이식에 대한 것인 반면, 이번 연구는 망막에서 시각피질로 시신호를 중계하는 시상 쪽에 중점을 두고 있다 점에서 획기적인 연구입니다.

Q: Which of the following is correct about restoring sight loss?

(a) Research in this area is very new.
(b) Researchers have not yet begun testing on humans.
(c) Electrodes are attached to the eye's retina.
(d) Signals from the eyes' retina can be restored through surgery.

다음 중 시력 복구에 대해서 맞는 내용은?

(a) 이 부분에 대한 연구는 매우 새로운 것이다.
(b) 연구자들은 인간을 대상으로 실험해보지 않았다.
(c) 전극은 망막에 부착된다.
(d) 망막으로부터의 신호는 수술을 통해 회복될 수 있다.

해설 잃은 시력을 회복하는 방법에 대해 맞는 것을 고르는 문제로서, (a) 여태까지의 시력 회복에 대한 연구는 망막 이식에 대한 것이라는 말에서 이 분야가 새로운 것은 아님을 알 수 있다. (b) 원숭이를 대상으로 실험하는 것으로 보아 인간에 대한 임상실험은 행해지지 않았음을 유추해볼 수 있다. 정답은 (b). (c) 전극은 망막이 아닌 뇌에 부착된다. (d) 망막으로부터의 시신호가 수술을 통해 복구된다는 말은 언급된 바 없다.

어휘 **trauma** 외상, 정신적 외상 **insert** 끼워넣다, 삽입하다 **groundbreaking** 창시의, 개척의 **retina** 망막
implant 이식, 임플란트 **portion** 일부, 부분 **thalamus** 시상 **cortex** 피층, 피질

34.

The developer of EnCo's new one billion dollar headquarters will face stiff penalties of ten times the normal amount, if a planned closure of a portion of 6th Avenue lasts longer than eleven months. City council agreed to a plan to lessen the impact of the closure on the major thoroughfare, getting the developer to agree to double shifts and imposing penalties of $14,000 per day if the work goes on longer than planned. The developer, Richard Tucker, said the high penalties and double shifting do not present any problems. He also said that these were the most stringent requirements on a development that he's ever heard of. The road closure will begin July 7 and is planned to reopen in June of next year.

EnCo의 10억 달러짜리 새 본사의 개발자는, 만약 6번가 일부분의 예정된 폐쇄가 11개월보다 더 길어지면 평균 금액의 10배나 되는 엄청난 벌금을 물게 될 것이다. 시 의회는 만약 작업이 예정보다 더 길어진다면, 주야간으로 작업하고, 매일 14,000달러의 벌금을 부과하는데 개발자가 동의하도록 하여, 주요 도로의 폐쇄에 대한 영향을 줄이는 계획에 동의했다. 개발업자인 리차드 터커는 높은 벌금과 주야간 작업은 아무런 문제가 되지 않는다고 말했다. 그는 또한 개발에 대한 이들의 요구가 그가 들어본 것들 중 가장 지독한 요구사항이라고 말했다. 도로 폐쇄는 7월 7일부터 시작되어 이듬해 6월에 재개통될 것으로 예정되어 있다.

Q: Which is correct according to the passage?

(a) Regular fines are $1,400 per day.
(b) The road will be closed for six months.
(c) The developer is building a school.
(d) City council did not agree to the road closure.

본문과 일치하는 내용은?

(a) 평균적인 벌금은 하루에 1,400달러이다.
(b) 도로는 6개월간 폐쇄될 것이다.
(c) 개발업자는 학교를 세우고 있다.
(d) 시 의회는 도로 폐쇄에 동의하지 않았다.

해설 (a) 통상적 벌금의 10배가 넘는 14,000달러의 벌금을 매일 내야 할 것이라고 했으므로 통상적 벌금은 1,400달러가 맞다. (a)가 정답. (b) 벌금이 부과되는 조건으로는 도로 폐쇄가 11개월 이상 지속될 때이므로 도로는 11개월간 폐쇄될 듯 보인다. (c) 도로가 폐쇄되는 이유는 한 회사의 본부 건설 때문이다. (d)에 대한 언급은 없을 뿐 아니라 문제가 되는 것은 도로 폐쇄가 11개월 이상 지속되는 경우에 한하므로 도로 폐쇄 자체를 반대한 것은 아니라고 볼 수 있다.

어휘 headquarters 본부, 본사, 본영 penalty 벌금, 과료, 형벌 council 회의, 평의회 thoroughfare 도로, 통행 double shifts 주야간 stringent 엄중한, 엄격한

35.

After surviving an incredibly stressful and busy month, I decided to splurge and book myself a day at a local day spa. As I sat in the serene waiting area, sipping my green tea, awaiting my massage, I read through the spa's brochure that listed all of their available services. On the back page of the brochure was a section listed as children's services. Children's services? At this high-end spa? Yes, it's true. Apparently it is now commonplace that resorts and day spas are now offering spa services including manicures, pedicures and packages to kids as young as six years old. And no, I will not be booking an appointment for my seven year old daughter the next time I run away to the spa for the day.

엄청나게 스트레스를 받으며 바빴던 한 달을 보낸 후에, 나는 근처의 일일 온천에서 돈을 펑펑 쓰면서 하루를 보내기로 결심했다. 고요한 대기 장소에 앉아, 녹차를 마시면서 마사지 받을 차례를 기다리면서, 나는 모든 서비스가 소개되어 있는 온천의 광고 책자를 읽었다. 그 책자의 뒷 면에 어린이용 서비스를 위한 부분이 있었다. 어린이용 서비스라고? 이런 최고급 온천에? 그렇다, 사실이다. 현재 리조트와 일일 온천이 6세의 어린 아동들에게도 손톱 손질, 발톱 손질에 패키지까지 포함한 온천 서비스를 제공하고 있는 것은 이제 매우 흔한 일이다. 아니, 나는 내가 다음에 온천으로 떠나는 날, 일곱 살 된 내 딸을 위해서 예약을 하지는 않을 것이다.

Q: What is the author's attitude towards children's spa services?

(a) Appreciative
(b) Suspicious
(c) Enthusiastic
(d) Critical

어린이의 온천 서비스 이용에 대한 화자의 태도는?

(a) 감사해하는
(b) 의심하는
(c) 열정적인
(d) 비판적인

해설 어린이들의 온천 서비스가 이제는 흔한 것이 되었다는 사실에는 동의를 하지만 글의 뒷부분에서, 그렇다고 해도 자신의 딸에 대해서는 용납할 수 없다는 것을 밝히고 있으므로 부정적 견해를 가지고 있다고 할 수 있다. 따라서 (d)의 '비판적'인 태도가 적당한 답이다. (a) '안목 있는', 또는 '감사해하는', (b) '의심하고 있는', (c) '열정적인'으로 모두 알맞지 않다.

어휘 splurge 물쓰듯 돈 쓰기, 펑펑 쓰다 serene 고요한, 조용한 sip 조금씩 마시다; 한 모금 high-end 최고급의, 고액의 apparently 분명히, 명백히 pedicure 발의 치료, 페디큐어

36.

There is little reason to wonder why India is the world's largest consumer of gold with roughly ten million brides getting married each year in the country. Indian brides are typically adorned in gold from head to toe. This country alone accounts for more than twenty percent of the global demand for gold, using more than 800 tons annually, typically as jewelry. In Indian culture, gold is deeply interwoven into their customs. It is seen as a bride's wealth or financial security for her marriage and a typical bride receives many pieces of 22 carat gold as gifts for her wedding.

인도에서 금으로 장식하고 결혼하는 매년 약 천만 명의 신부들을 보면, 인도가 세계의 가장 큰 금 소비국이라는 것에 놀랄 이유가 없다. 인도의 신부들은 머리에서 발끝까지 금으로 장식하는 것이 보통이다. 이 나라에서만 매년 800톤 이상의 금을 전형적인 귀중품으로써 소비하여 세계 금 수요의 20% 이상을 차지한다. 인도 문화에서는 금이 풍습에 깊게 연관되어 있다. 금은 결혼에 있어 신부들의 부나 재정적 안정으로 여겨지며 보통 신부는 결혼 기념으로 22캐럿의 금붙이를 여럿 받는다.

Q: What is the passage about?

   (a) How Indian brides demand gold when they marry
   (b) How gold is an irreplaceable natural resource
   (c) How India has an insatiable appetite for gold
   (d) How gold represents wealth around the world

본문은 무엇에 대한 내용인가?

   (a) 인도 신부들이 결혼할 때 황금을 어떻게 원하는가
   (b) 어떻게 황금이 대체 불가능한 자연자원인가
   (c) 어떻게 하여 인도는 금에 대해 채울 수 없는 욕구가 있는가
   (d) 어떻게 황금이 세계에서 부를 상징하는가

해설 인도는 매우 많은 금을 소비하는 나라로서 그 금 소비는 대부분 전통적인 용도임을 밝히고 있다. 예를 들면, 결혼할 때의 신부 장식, 예물로 받는 금 등이 엄청나고 또 그 금이 상징하는 부라든지 금과 관습의 밀접한 연관성에 대한 글이다. 따라서 본문은 인도의 엄청난 금소비를 비유적으로 표현한 (c)가 가장 본문을 잘 정리하고 있다. (a)는 인도의 많은 금 소비의 한 예에 불과하고 (b)에 대한 언급은 없으며 금이 사회·경제적으로 상징하는 바를 설명한 것은 인도에 국한된 것이었으므로 (d)는 오류이다. (c)가 정답.

37.

During your eye exam, you can expect that the doctor will examine your retinas. The retina is located at the back of the eye and is most commonly examined by dilating the pupils, which you may find to be a little uncomfortable and inconvenient. This is, however, a very important part of your exam because the sensitive tissue that makes up the retina can be susceptible to a variety of diseases that may lead to partial vision loss or even complete blindness. That is why early detection of any retinal abnormalities is crucial.

의사가 눈 검사 중에 여러분은 의사가 여러분의 망막을 검사할 것이라고 예상하실지도 모릅니다. 망막은 안구의 뒤쪽에 있으며 흔히 동공을 확대하여 검사하는데 여러분은 이에 대해 약간 거북하고 불편하게 느끼실 수 있습니다. 하지만 이것은 여러분의 망막을 구성하는 매우 예민한 조직이 부분적인 시력 상실이나 완전한 시력 상실까지도 야기할지 모르는 다양한 질병에 취약하기 때문에 검사에 있어 매우 중요한 부분입니다. 따라서 어떠한 망막 이상이라도 조기에 발견하는 것이 매우 중요합니다.

Q: What is the passage about?

   (a) Common causes of blindness
   (b) Eye examinations
   (c) Retinal dilation techniques
   (d) Skin examinations

본문은 무엇에 대한 것인가?

   (a) 실명의 일반적인 이유
   (b) 눈 검사
   (c) 망막 팽창 기술
   (d) 피부 검사

해설 글 첫 부분에서 실제 eye exam이라는 어휘를 사용하였다. 이외에 시력 검사와 망막 이상의 조기 발견의 중요성, 눈 검사에 대한 사람들의 느낌 등을 서술하고 있으므로 오직 눈 검사에 대해서만 개인적인 의견 없이 다루고 있다. (b)가 정답.

어휘 retina 망막 dilating 넓히다, 팽창시키다 pupil 눈동자, 동공 uncomfortable 불편한 partial 부분적인 susceptible ~의 여지가 있는, 감염되기 쉬운 abnormality 이상, 기형 crucial 결정적인, 중대한

38.

The definition and classification of learning disabilities has been an ongoing debate. (a) This is largely related to the use of a discrepancy between intelligence and achievement as the determining factor. (b) Children who have a discrepancy are typically classified as learning disabled and qualify for services through the schools. (c) Those who have difficulty reading but do not have a discrepancy due to low or below average intelligence levels are frequently denied services. (d) Future research should be directed towards determining the capacity of slow learners and children with learning disabilities to respond to intervention.

학습 불능의 정의와 분류는 아직도 논쟁 중인 문제이다. (a) 이것은 주로 지능과 학업 성취의 불일치를 결정 요인으로 사용하는가의 여부에 관련되어 있다. (b) 이런 불일치를 가진 아이들은 통상 학습 불능이라고 분류되고 학교를 통해 교육 서비스를 받을 자격이된다. (c) 읽기 장애가 있지만 낮은 혹은 평균 이하의 지능 때문에 불일치가 생기지 않는 아이들은 대개는 교육 서비스를 받을 수 없다. (d) 미래의 연구는 학습 지진아와 중재에 대한 반응 학습 불능을 가진 어린이들의 능력을 결정하는 쪽으로 방향을 조정해야 한다.

해설 학습 불능에 대한 글의 흐름과 무관한 것을 고르는 문제. (a)는 학습 불능을 판별하는 기준, (b) 지능과 성취 간에 생기는 불일치가 있는 경우, (c) 읽기 능력이 부족하지만 학업과 성취 간의 불일치가 없는 경우로 모두 학습 불능에 대한 정의와 분류에 대해 일관되게 서술하고 있으나 (d)는 학습 불능에 대한 앞으로의 연구 방향이므로 글의 초두에서 밝힌 학습 불능의 분류와 정의에 대한 내용과 상관없는 내용이다. (d)가 정답이다.

어휘 definition 정의, 말뜻 classification 분류 ongoing 전진, 진행, 진행 중의 discrepancy 모순, 불일치, 어긋남
qualify ~에게 자격을 주다 intervention 중재, 조정

39.

If you are depressed, you may experience severe feelings of sadness, dejection and hopelessness. (a) It is not something that you can start or stop on your own as it is a brain disorder that has an effect on your whole body. (b) Depression affects more than 20 million Americans each year, but is much more common amongst women than in men. (c) Generally the depression ranges from mild to severe and begins during the first year of parenthood. (d) If you are depressed, do not feel alone as depression is one of the most common causes of disability in the world.

우울해지면 여러분은 슬픔, 낙담, 절망의 심각한 감정을 경험하게 됩니다. (a) 이는 여러분 몸 전체에 영향을 미치는 뇌의 이상이기 때문에 여러분이 스스로 시작하거나 멈출 수 있는 그런 것이 아닙니다. (b) 매년 이천만 명의 미국인이 우울증에 걸리지만 우울증은 남성보다는 여성에게 훨씬 흔합니다. (c) 일반적으로 우울증은 약한 단계에서 심각한 단계까지 있으며 아기가 생기고 일 년 사이에 시작됩니다. (d) 우울증에 걸렸다면, 우울증은 세계에서 가장 흔한 무력함의 원인 중 하나이므로 외롭다고 느끼지 마세요.

해설 우울증에 대한 글로서 (a)는 우울증의 자기 통제 불가능, (b)는 우울증의 현황 (c)는 우울증을 겪는 시기와 정도, (d)는 우울증의 극복이 주요 내용이다. 전반적으로 (a)몸 전체에 작용한다는 점에서, (b) 주로 여자에 영향을 미친다는 점에서 (d) 우울증이 미치는 영향은 흔한 것이라는 점에서 공통적으로 우울증의 영향 또는 작용에 대해 서술하지만 (c)만이 우울증의 발현 시기에 대해 다루고 있으므로 글의 흐름에 어울리지 않는다. 정답은 (c).

40.

<table>
<tr>
<td>

Some people describe the feeling of inner peace as an unmistakable ability to enjoy each moment. (a) This feeling also includes a loss of interest in conflict and not being prone to worry. (b) Imagine the benefits one would enjoy if conflict and worry were shunned and appreciation for each moment of the day began. (c) Strive for inner peace because it can be fleeting. (d) In some cultures, inner peace is considered a state of consciousness or enlightenment that may be cultivated by various forms of training, such as prayer, meditation or yoga.

</td>
<td>

어떤 사람들은 내면의 평화를 느끼는 것이 매 순간을 즐길 수 있는 능력임에 틀림없다고 설명한다. (a) 이 느낌은 다툼에 흥미를 잃는 것과 걱정을 잘 하지 않는 경향도 포함한다. (b) 어떤 사람이 만약 갈등과 걱정을 피하게 되고, 매순간의 진가를 이해하게 될 때 그가 누릴 즐거움을 상상해보라. (c) 내면의 평화는 휙 지나가버릴 수 있기 때문에, 그것을 소유하기 위해 노력하라. (d) 어떤 문화에서 내면의 평화는 의식이 있는 상태 또는 기도나, 명상 혹은 요가와 같은 다양한 훈련을 통해 길러질 수 있는 깨달음으로 여겨진다.

</td>
</tr>
</table>

해설   내면의 평화에 대해 서술한 글이다. (a)는 내면의 평화의 한 요소, (b) 내면의 평화로부터 얻는 기쁨, 그것을 위한 (c) 내면의 평화를 위한 노력, (d) 내면의 평화를 기르는 방법이 요점이다. 내면의 평화를 느낄 수 있는 것은 즐거운 일이고 그것을 얻기 위해 정진하라는 것이 글의 흐름이다. (d)의 어떤 문화에서 내면의 평화를 얻는 방법에 대한 설명을 하는 것은 글의 흐름에 어긋난다.

어휘   unmistakable 틀림없는, 명백한   prone 경향이 있는   shun 피하다, 멀리하다   appreciation 진가, 이해, 감사   strive 노력하다, 힘쓰다   fleeting 잠깐 동안의, 무상한   enlightenment 계발, 깨달음   meditation 명상, 묵상

Actual Test 2

정답과 해설

Test of

English

Proficiency developed by

Seoul National University

Listening Comprehension

Part 1

1.

W: I'm almost certain that this new restaurant will be very successful.

M: ________________________

    (a) No, I haven't tried it.
    (b) No, I really don't mind.
    (c) Yes, You can say that again.
    (d) Yes, He had great success.

여자 : 이 새 식당은 대단히 잘 될 거라고 확신해요.
남자 : 그래요, 당신 말이 맞아요.

해설　식당이 잘 될 것이라는 여자의 말에 대한 적당한 응답으로 (a) '아직 가서 먹어보질 않았다' 는 어색하다. (b)는 허락을 구하는 말에 대한 응답으로 적당하다. (d)의 he는 누군지 알 수 없으므로 정답이 될 수 없다. (c)의 You can say that again.은 상대방의 발언이 옳다는 뜻으로 You're right.과 같은 표현이다. You bet. 또는 You said it.이나 I agree. 등으로 바꾸어 써도 무방하다.

어휘　don't mind 신경 쓰지 않다, 상관없다

2.

W: Kathleen called while you were out.

M: ________________________

    (a) Good. I'm hoping she will.
    (b) Okay. I'll just leave a message.
    (c) He likes to be called by his full name.
    (d) What did she say?

여자 : 당신이 없을 때 케슬린이 전화 했어요.
남자 : 그녀가 뭐라고 했어요?

해설　부재 중 전화가 왔었다는 말에 대한 응답을 찾는 문제이다. 그녀가 그러기를 바란다는 말은 어색하며 (b)는 전화를 건 사람이 할 수 있는 말이다. (c)의 call은 '부르다' 라는 의미로 사용되었으므로 부적합하다. (d)가 '무슨 말을 했는가' 라는 뜻으로서 적당한 반응이다. 짧은 시간의 외출(be out)이 아니라 휴가라든지 며칠 정도 멀리 가는 것은 be away를 사용하며, 전화를 받은 사람이 메모를 받아 적는 행위는 take a message라고 하는 것도 알아두자.

어휘　full name 전체 이름

3.

M: Why don't you join us for dinner tonight at my house?
W: ___________________________

    (a) I'd love to.
    (b) Is that right?
    (c) No, I haven't.
    (d) Sure, I have.

남자 : 오늘밤 우리 집에서 저녁 같이 먹을래요?

여자 : 좋아요.

해설 why don't you ~?(~하는 것이 어떻습니까?)로 제안/권유를 하는 질문에 올바른 반응을 찾는 문제. 보통 I'd love to나 I'd like to라고 하면 긍정적 반응이며 I'd love to가 좀더 강한 긍정이다. 따라서 (a)가 정답이다. 또는 Why not?(왜 안 되겠어요.), I don't see why not.(안 될 이유가 없는데요.), That would/will be nice.(그거 좋겠네요.) 정도의 답변도 가능하다. (b)와 (c)는 전혀 엉뚱한 반응이며 (d)의 sure는 응답이 될 수 있지만, 제안에 대해 현재완료시제(I have)로 답하는 것은 부적합하다.

4.

W: Excuse me, haven't we met before?
M: ___________________________

    (a) Where were you then?
    (b) Well, I don't think so.
    (c) No thank you, I'm fine.
    (d) You can put it anywhere.

여자 : 죄송하지만, 우리 전에 한 번 만난 적 있죠?

남자 : 음, 저는 아닌 것 같은데요.

해설 어디선가 본듯하다는 말에 '그런 것 같다, 그렇지 않은 것 같다'가 일반적인 반응일 것이다. 매우 폭넓게 사용되는 부정의 대답 I don't think so.(그런 것 같지 않은데요.)를 사용하면 여기서도 자연스러운 대화가 된다. 그 때 어디에 있었느냐는 (a), 괜찮으니 사양한다는 (c), 아무 데나 놓으라는 (d)는 모두 어색한 답변이다. 어디선가 본 듯하다는 뜻으로서 말을 걸 때 자주 사용하는 Do I know you?(저 아세요?)도 기억해두자.

5.

M: Do you have change for a five?
W: ___________________________

    (a) Hold on. Let me check.
    (b) I just changed into this dress.
    (c) No, it's at least ten.
    (d) I don't have any of it.

남자 : 5달러를 바꿀 잔돈이 있습니까?

여자 : 잠시만요, 확인해볼게요.

해설 change는 셀 수 없는 명사일 때 '잔돈' 또는 '거스름돈'의 의미이며 '잔돈으로 바꾸다'의 동사로 사용할 수도 있다. 거스름돈 있느냐는 남자의 말에 (a)의 '확인해보겠다'는 말이 가장 자연스럽다. Hold on.과 Hang on.은 '잠깐만요'에 해당하는 말로 매우 자주 사용되므로 알아두자. (b)의 change는 옷을 갈아입는다는 의미이고 (c)의 '적어도 10(개)'이라는 응답은 동문서답이다. (d)는 그런 것들은 아무것도 가지고 있지 않다는 의미이지만 거스름돈이 없으면 간단히 No, I don't.라고 하면 되므로 불필요한 말이 첨가된 어색한 표현이다.

6.

M: Do you know where I can find a post office?

W: _______________________

    (a) Yes, I remember the letter you sent.
    (b) No, my office is right downtown.
    (c) Go straight and it's on your right.
    (d) No, I'm not planning to go there.

남자 : 우체국이 어디 있는지 아세요?

여자 : 똑바로 가세요. 우체국은 오른쪽에 있어요.

해설 위치나 길을 묻는 말에는 가르쳐주는 응답과 모른다는 응답 또는 다른 사람에게 물어보라는 식의 응답이 가능하다. (c)가 길을 설명해주는 응답으로서 적합하다. (a)는 편지를 우체국과 연결시킨 함정이며 (b)는 역시 우체국이 아닌 자기 사무실에 대한 위치를 안내하는 말로, 어색한 응답이다. 거기 갈 계획이 없다는 (d)도 엉뚱한 응답이다.

어휘 plan to부정사 ~할 계획이다

7.

M: Your presentation was extremely successful.

W: _______________________

    (a) Yes, I hope it'll go well.
    (b) I'm still looking for a present.
    (c) Thank you. That's good to hear.
    (d) My presentation is on climate change.

남자 : 당신의 강연은 엄청나게 성공적이었어요.

여자 : 고마워요. 듣기 좋은 말이네요.

해설 칭찬에 대한 적절한 반응을 찾는 문제이다. (a)는 과거의 일에 대해 미래의 일을 얘기하고 있으므로 부적합하다. (b)의 present는 '선물'로서 presentation(발표)과 무관하고, (c)가 남자의 말에 고맙다는 응답으로 적당하다. (d)의 기후 변화(climate change)는 발표 주제에 해당하는 내용으로 칭찬에 대한 응답과 무관하다. (d)의 전치사 on은 about의 뜻으로 자주 사용된다.

어휘 extremely 극히, 심하게 climate change 기후 변화

8.

W: Jacob told me that you're thinking of moving to Nebraska.

M: _______________________

    (a) Yes, I was offered a job there.
    (b) Sure, I'd love it if you could help me move.
    (c) I know. I'll certainly miss Nebraska.
    (d) I wish he hadn't decided to move.

여자 : 제이콥이 그러는데, 네브라스카로 이사 갈 예정이라면서요.

남자 : 네, 그 곳에 직장을 소개 받았거든요.

해설 네브라스카로 이사 갈 생각을 하고 있느냐는 여자의 말에 거기에 일자리가 생겼다고 이유를 설명하고 있는 (a)가 자연스럽게 연결된다. (b)는 이사를 도와주겠다는 말에 적당한 반응이고 (c)는 네브라스카를 떠나는 사람이 할 말이다. (d)는 주어가 he로 잘못 설정되어 있으므로 부적합하다.

어휘 offer 제공하다 certainly 분명히

9.

M: How many more hours do you have to work on this project? W: ________________________ (a) At least 20, I think. (b) It took me 18 hours. (c) My work requires long hours. (d) I am paid $15 an hour.	남자 : 이 프로젝트를 가지고 얼마나 더 일하셔야 하죠? 여자 : 적어도 20시간은 걸릴 것 같네요.

해설 몇 시간이나 더 필요한가를 묻는 질문에는 시간으로 대답하는 것이 적합하지만 (b)는 과거로 대답하여 어울리지 않고 (c)는 project가 아닌 일상적인 근무 시간에 대해 얘기하고 있어서 부적합하다. (d)는 시간당 보수에 대한 내용이므로 역시 부적합하다. I think를 덧붙여 어림잡은 시간으로 답변하고 있는 (a)가 정답이다.

10.

W: How do you like to be addressed? M: ________________________ (a) You can call me by my first name. (b) 2654 15th Avenue NW. (c) I need to look up the address. (d) Just send it directly to my office.	여자 : 어떻게 불러드리면 좋을까요? 남자 : 이름을 부르시면 됩니다.

해설 address는 동사로 '~라고 부르다'라는 뜻이 있는 것이 핵심. 여자의 말은 성을 부르는 것이 좋은가 이름을 부르는 것이 좋은가를 묻는 질문이므로 이름(first name)을 불러달라는 (a)가 정답이다. (b)와 (c)의 address는 명사로서의 '주소'라는 의미로 받아들였으므로 부적절하고 (d) 역시 주소에 관련된 답변이므로 부적절하다. 이름 전체는 full name, 성은 first name, family name, surname이며 성(姓) 외에도 middle name이 있고, 여자의 경우에는 maiden name(결혼 전 성), married name(결혼 후의 성)이 있다는 것도 알아두자.

어휘 look up 샅샅이 찾아보다, 자세히 훑어보다

11.

M: Can I give you a call this weekend? W: ________________________ (a) Well, I'll try to talk to her as soon as possible. (b) Actually, I'll be out of town until Monday. (c) I'd love to go, but I already have plans. (d) Yes, he called just before lunch today.	남자 : 이번 주말에 전화 해도 될까요? 여자 : 사실은 제가 월요일까지는 여기 없을 거예요.

해설 전화 해도 되냐는 말에 월요일까지는 어디 가서 없을 것이라는 (b)가 가장 자연스럽다. (a)의 her는 누구인지 알 수 없고 (c)는 구체적으로 무엇을 하자는 권유를 받은 경우 거절할 때 쓸 수 있는 말이다. (d)의 he는 누구인지 모르고 시제 역시 과거시제이므로 부적합하다. out of town은 be away의 뜻으로 다른 곳에 가서 없다는 의미로 사용한다. 반의어는 in town이다.

12.

W: Sorry about the interruption. Where were we?
M: ___________________________

  (a) I'm just down the road at the Urban Coffee House.
  (b) You were staying at the Hillside Resort.
  (c) I've been looking for him all over town.
  (d) We were just about to discuss the funding proposal.

여자 : 말을 끊어서 죄송합니다. 어디까지 이야기했죠?
남자 : 지금 제공안에 대해서 토론하려던 참이었어요.

해설 Where were we? 또는 Where was I?는 말이 끊겼다가 다시 시작하려고 할 때 사용하는 표현들이다. 따라서 방금 전까지 하고 있던 말이 무엇인가를 얘기하고 있는 (d)가 정답이다. 실질적인 장소를 뜻하고 있는 (a), (b), (c) 모두 부적당하다. 끝에 여운을 남기며 말하는 You were saying ~도 대화가 끊겼을 때 상대방에게 하던 말이 무엇이었는가를 말해주는 말로 자주 사용하는 표현이다.

어휘 interruption 중단, 방해

13.

M: Do you think I have a good chance of getting this job?
W: ___________________________

  (a) I'm afraid the odds are against it.
  (b) No, I don't think I'll even apply for it.
  (c) You need to work longer hours next week.
  (d) Yes, I always think that you are doing a good job.

남자 : 당신 생각에 내가 이 직업을 얻을 수 있을까요?
여자 : 미안하지만 가능성이 없어보이네요.

해설 odds는 복수로 사용하면 '가능성'의 뜻이 있다. 일자리를 가질 가능성이 있겠느냐는 질문에 against(~에 반(反)하는)를 사용하여 가능성이 없다고 대답한 (a)가 적합하다. I'm afraid는 상대방이 원하는 답을 할 수 없을 때 I'm sorry 정도의 의미로 덧붙이는 표현이다. The chances are (that) S+V 또는 It's (un)likely (that) S+V도 가능성을 전달하는 표현이므로 알아두자.

어휘 apply for ~에 지원하다, 신청하다

14.

W: So, have you decided on your courses for next year?
M: ___________________________

  (a) I took chemistry and physics this year.
  (b) I should start studying right away.
  (c) I'm still looking at my options.
  (d) I found out that I passed the exams.

여자 : 음, 내년 진로를 결정했나요?
남자 : 아직 보고 있는 중이에요.

해설 내년에 대한 질문에 올해로 대답한 (a)는 부적합하고 공부를 시작해야겠다는 (b)와 시험에 합격했다는 (d)는 전혀 엉뚱한 대답. 아직 결정을 못내리고 여전히 관망중이라는 (c)가 정답이다. option은 '선택할 수 있는 것'이란 의미로 쓰였다.

어휘 chemistry 화학 physics 물리

15.

W: Your mistake on the project is going to cost us $2,500!

M: ________________________

(a) I can't even begin to apologize.
(b) That's far too expensive.
(c) That's not the amount we agreed upon.
(d) I can't give it to you right now.

여자: 그 프로젝트에 대해 당신이 실수를 해서 2,500달러의 수입상의 손실이 생길 겁니다.

남자: (너무 죄송해서) 미안하다는 말조차 못 꺼내겠네요.

해설 실수로 수입의 손실을 가져온 남자를 탓하는 말에 너무 미안한 나머지 사과할 생각조차 못하겠다는 (a)가 적당한 대답이다. (b)는 가격이 비싸다는 말이고 수입의 손실액은 합의되기가 불가능하므로 (c)는 부적절한 답변이다. 덜 받고는 줄 수 없다는 (d)는 흥정하면서 물건을 파는 사람이 할 수 있는 말이다.

어휘 apologize 사과하다 agree upon ~에 대해 합의[동의]하다

Part 2

16.

M: Excuse me. Are you using this chair?
W: Yes, actually I'm just waiting for a friend.
M: Oh. Sorry to have disturbed you.
W: ________________________

    (a) I'll save a chair for you.
    (b) I'll just borrow another one.
    (c) Don't worry. I don't mind.
    (d) My friend has just left.

남자: 죄송하지만 이 의자 쓰시나요?

여자: 네, 사실 친구를 기다리고 있거든요.

남자: 아, 방해해서 죄송합니다.

여자: 괜찮아요. 상관없어요.

해설 다른 사람의 의자를 사용해도 되냐고 물어보는 상황이다. 의자를 쓸 사람이 있다고 하자 미안해하는 남자에게, 괜찮으니 걱정말라는 (c)가 적절한 응답이다. (a)는 의자를 맡아두겠다는 말로, save 대신 keep을 사용해도 무방하다. (b)는 남자가 했을 말로 가능하다. (d)는 의자를 사용해도 된다는 의미이므로 부적당하다.

어휘 disturb 방해하다

17.

M: I wish I had registered for the course when I had the chance.
W: I understand, but at the time, you didn't know if you could take the week off work.
M: Yeah, and now I have time off, and the course is full.
W: ________________________

    (a) I guess you'll just have to wait until next term.
    (b) I would've taken the opportunity, too.
    (c) I'm sorry that you didn't pass the test.
    (d) You should take a course during your time off.

남자: 기회가 있었을 때 그 강의를 신청했더라면 좋았을 걸 그랬어.

여자: 그래. 하지만 그때 넌 한 주 쉴 수 있는지도 몰랐잖아.

남자: 응, 지금은 시간이 있지만 그 강의는 이미 꽉 찼어.

여자: 다음 학기까지 기다려야겠네.

해설 수강 신청을 제때 못해 수업을 들을 수 없게 된 남자에게 여자가 할 수 있는 말을 고르면 된다. (b)의 opportunity는 무엇인지 알 수 없으며, test에 관한 내용이 없으므로 (c) 역시 부적절한 답변이다. (d)는 일하지 않을 때 수업을 들어야 한다는 말로 문맥에 전혀 어울리지 않는다. 다음 학기까지 기다리는 수 밖에 없다는 (a)가 가장 자연스럽다. have+시간+off는 '그 시간만큼 직장 또는 학교에 가지 않고 쉬다'라는 의미로, 매우 자주 사용되는 표현이다.

어휘 register 등록하다 time off (활동의) 잠시 중단, 휴지

18.

M: Excuse me. I'm ready to order.
W: Sure. What would you like?
M: First, can you tell me what your soup of the day is?
W: ________________________

    (a) This restaurant is rather pricey.
    (b) Cream of asparagus with parmesan, sir.
    (c) We have excellent wines here.
    (d) I'd recommend the pasta.

남자 : 실례하지만 지금 주문하고 싶은데요.
여자 : 네, 어떤 걸 원하시죠?
남자 : 우선 오늘의 수프가 뭔지 말씀해주시겠어요.
여자 : 파르마산 치즈를 곁들인 아스파라거스 크림수프입니다.

해설 식당에서 주문을 하는 상황으로 남자가 수프의 종류에 대해 묻고 있다. 수프의 종류를 구체적으로 답하는 (b)가 자연스럽다. (a)의 pricey는 '비싼'이고, (c)는 와인에 대한 내용이며, (d)의 pasta는 수프가 아니므로 동문서답이다.

어휘 rather 상당히, 꽤

19.

M: Do you have plans for dinner tonight?
W: Well, I was thinking about just staying in.
M: That doesn't sound like fun. You should come out with us!
W: ________________________

    (a) I'm not sure. I have plans tonight.
    (b) You don't mind cooking, do you?
    (c) There's no reason for me to stay late.
    (d) I really don't feel up to it tonight.

남자 : 오늘 밤에 저녁 약속 있나요?
여자 : 음, 그냥 집에 있을 생각인데요.
남자 : 그건 재미없을 것 같은데 우리와 같이 나가죠!
여자 : 오늘 밤은 정말 그러고 싶지 않네요.

해설 집에 있겠다는 여자를 남자가 저녁식사에 초대하는 상황이다. 남자가 집에 있지 말고 오라고 하자 내키지 않는다는 (d)가 적절한 답변이다. (a)는 남자의 첫 번째 질문에 어울릴 답변이며 (b)와 (c)는 문맥상 적절하지 않다.

어휘 stay in 나가지 않고 집에 있다 feel up to sth ~할 의욕이 있다

20.

M: Do you know how long a person can hold his breath?
W: I have no idea. How long?
M: Apparently, for as long as 2 minutes.
W: ________________________

    (a) I can tell you more if you'd like.
    (b) I didn't believe you about it.
    (c) Where did you hear that?
    (d) That's exactly what I said.

남자 : 사람이 숨을 얼마만큼 오랫동안 참을 수 있는지 아세요?
여자 : 모르겠는데요, 얼마인가요?
남자 : 2분 정도요.
여자 : 그걸 어디서 들었죠?

21.

M: Denise, I asked you to clean your room this weekend!	남자 : 데니스, 내가 이번 주말에 방 청소를 하라고 말했을 텐데!
W: I know, but I ended up staying out late with friends on Saturday, and on Sunday I just wanted to relax.	여자 : 알아요, 그렇지만 토요일에 친구들이랑 늦게까지 밖에 있어서 일요일에는 그냥 쉬고 싶었어요.
M: That's no excuse. I want your room to be clean before you go to sleep tonight, do you understand?	남자 : 변명하지 마. 난 오늘밤 자기 전에 방 청소를 해놓았으면 좋겠는데, 알겠니?
W: _______________________	여자 : 네, 당장 할게요.
(a) Let me have a word with you.	
(b) Let's speak in private.	
(c) Yes. I'll do it right away.	
(d) No, I'll explain it again.	

22.

M: You should give me your home phone number.	남자 : 당신 집 전화번호를 말씀해주세요.
W: Absolutely. It's 604-887-9784.	여자 : 그럼요. 604-887-9784에요.
M: Maybe I should take down your cell number as well.	남자 : 휴대 전화번호도 적어야 할 것 같아요.
W: _______________________	여자 : 그건 지난주에 알려준 것 같은데요.
(a) You already gave me your number.	
(b) I seldom check my messages.	
(c) No, you shouldn't do it like that.	
(d) I think I gave it to you last week.	

23.

W: I could hear you playing the drums last night.
M: Could you?
W: Yeah. The noise kept me up all night.
M: ______________________

    (a) That's no excuse.
    (b) Well, don't let it happen again.
    (c) I'm really sorry about that.
    (d) You should try to be quieter.

여자 : 어젯밤에 당신이 드럼 연주하는 소리를 들었어요.
남자 : 그래요?
여자 : 네, 그 소리 때문에 밤새도록 잠을 못 잤어요.
남자 : 정말 미안해요.

해설 드럼 치는 소리에 잠을 못 잤다고 불평하는 상황이다. 사과를 하고 있는 (c)가 무난한 응답이다. 여자의 불평은 변명이 아니므로 (a)는 부적절하고 (b)와 (d)는 여자가 할 수 있는 말이므로 둘 다 부적절하다. 여자의 말에서 up은 '깨어 있는'이란 의미로 쓰였다.

24.

W: How was the reception?
M: It was fine, but nothing special.
W: Why do you say that?
M: ______________________

    (a) The reception begins at 7:00 p.m.
    (b) Yes, it was very special.
    (c) That's precisely what I mean.
    (d) It was rather dull.

여자 : 환영회는 어땠나요?
남자 : 괜찮긴 했는데 특별한 건 없었어요.
여자 : 왜요?
남자 : 좀 지겨웠거든요.

해설 환영회가 왜 별것 아니었냐는 여자의 질문에 '지루했다(dull)'는 답변이 가장 적절하다. (a)는 환영회 시작 시간을 언급하고 있으므로 무관하고 (b)는 앞서 한 말과 다른 이야기가 되므로 적절하지 않다. (c)는 That's exactly what I mean.(내말이 바로 그말이야.)과 같은 의미로 질문에 답으로는 부적당하다. reception은 '접수하는 곳'이란 의미로도 사용된다.

25.

W: I'm happy to hear that you enjoyed your trip.
M: Yes, spending a week in Mexico was so relaxing.
W: What did you do about money? Did you use traveler's checks?
M: ______________________

    (a) Yes, we checked in early at the hotel.
    (b) Yes, you should check the vaccinations.
    (c) We hardly spent any money at all.
    (d) Yes, we took a few with us.

여자 : 여행이 재미있었다니 잘 됐군요.
남자 : 네, 멕시코에서 보낸 일주일은 정말 편안했어요.
여자 : 돈에 대한 것은 어떻게 했어요? 여행자 수표를 사용했어요?
남자 : 네, 몇 장을 가져갔죠.

26.

M: Did you finish painting the bedroom, Karen?	남자: 카렌, 침실에 페인트칠은 다 마쳤어?
W: No, I'm nowhere near finished.	여자: 아니. 끝날 기미도 안 보여.
M: Really? The bedroom furniture is arriving tomorrow.	남자: 그래? 침실 가구가 내일 도착하는데.
W: ___________________________	여자: 끝내려면 오늘 밤새 해야겠네.
(a) I'll have to ask for an extension.	
(b) All right. I'll help move the furniture.	
(c) I'll have to work all night to finish.	
(d) Sure. I'll paint the furniture tomorrow then.	

27.

W: Have you ever read anything written by David Gilmour?	여자: 데이비드 길모어 씨 소설 읽은 거 있어요?
M: I've read nearly all of his books.	남자: 그 사람 작품은 거의 다 읽었어요.
W: So have I. What did you think of his latest novel?	여자: 저도요. 그의 신작에 대해서 어떻게 생각했어요?
M: ___________________________	남자: 여태껏 작품 중에 최고라고 말하고 싶네요.
(a) I thought novels were losing popularity.	
(b) Well, I bought it at the shop on 4th Street.	
(c) I waited in line to get one of the first copies.	
(d) I would say it is his best work yet.	

28.

M: I spent last weekend visiting my family in Chicago.
W: That sounds nice. What did you think of the city?
M: It's such a lively city. It was full of energy.
W: _______________________

    (a) Yes, I agree. Chicago is a rather dull city.
    (b) You should visit Chicago soon.
    (c) That's nice. You will enjoy seeing your family.
    (d) That's what I've heard, but I've never been there.

남자 : 저번 주에 가족들과 시카고를 갔어요.
여자 : 좋네요. 시카고는 어땠어요?
남자 : 정말 활기찬 도시예요. 에너지로 가득 차 있었어요.
여자 : 아직 가보지는 못했지만 나도 그렇게 들었어요.

해설 시카고에 대한 느낌을 들은 후의 반응을 고르는 문제이다. (a)는 시카고에 대한 남자의 의견과 상반되는 내용임에도 Yes라고 하였으므로 적합하지 않고 (b)와 (c)는 남자가 이미 시카고에 다녀온 후이므로 어색하다. (d)는 자기가 들은 바와 같다고 말하고 있으므로 대화가 자연스럽게 연결된다.

29.

M: Hello, Ms. Lee. Have you been waiting long?
W: Not at all. I just arrived 10 minutes ago and your secretary brought me a coffee.
M: Okay, well, should we go into my office to discuss the job opening?
W: _______________________

    (a) Yes, I would like some feedback from you.
    (b) Sure, I'd be happy to do that.
    (c) Certainly. I'll wait right here.
    (d) Of course. My office is just down the hall.

남자 : 안녕하세요. 오래 기다리셨어요?
여자 : 아니요. 겨우 10분 전에 왔는데 비서 분이 커피도 주셨어요.
남자 : 네, 그럼, 제 사무실에 가서 일자리에 대해 이야기를 해볼까요?
여자 : 네, 그러죠.

해설 일자리 때문에 방문하여 기다리고 있던 여자에게 이야기를 시작하자는 남자의 말에 대한 여자의 반응을 찾아야 한다. (a)는 feedback(사후 의견)이 무관한 어휘이고 (c)는 여기서 기다리겠다는 말로, 어울리지 않는다. (d)는 여자가 자기 사무실의 위치를 설명하는 말이므로 부적절하다. (b)가 '그러면 좋겠다' 는 말로 적당한 응답이다.

30.

M: Have you completed the project proposal, Ms. Wilson?

W: Not quite yet. I'm just waiting on the numbers from the builder.

M: Okay. Can you give them a call and find out when they expect to have those sent to you?

W: _______________________

(a) Actually, I just called and left a message.
(b) I think I'll have it completed in one hour.
(c) As a matter of fact, I just finished it.
(d) I will send it to you tomorrow.

남자: 그 프로젝트건은 완결하셨나요, 윌슨 씨?

여자: 아직이요. 저는 발주업자가 보낼 수치를 기다리고 있어요.

남자: 좋아요. 그들에게 전화 해서 언제 보낼지를 알아볼래요?

여자: 벌써 전화 해서 메시지를 남겼어요.

해설 남자는 여자에게 건설회사에 전화를 하라고 부탁하고 있다. 여기에 여자의 반응으로는 이미 전화를 해서 메세지를 남겼다라는 (a)가 적합하다. (b)는 한 시간에 끝낼 것이라는 말로 대화가 이루어지지 않으며 (c)는 아직 끝내지 못했다고 먼저 얘기한 말과 모순되므로 부적합하다. (d)는 전화를 하라고 했는데 보낸다(send)는 답변도 어색하고 받는 사람도 you로서 전혀 대화가 이루어지지 않는다.

어휘 **builder** 건축업자, 건설자 **complete** 완성하다

31.

<table>
<tr><td>

W: Why are you wearing your coat?
M: I find it a bit chilly in here.
W: Do you want me to turn the heat up?
M: If you don't mind.
W: Why didn't you say something sooner?
M: I didn't want to disturb you.
W: It's no problem. I'm never too busy to talk to my students.

</td><td>

여자 : 코트를 왜 입고 있니?
남자 : 여기가 조금 추운 것 같아서요.
여자 : 히터를 틀어줄까?
남자 : 괜찮으시다면요.
여자 : 진작 말하지 그랬어?
남자 : 방해하기 싫어서요.
여자 : 괜찮아. 난 학생이 하는 말을 못들을 정도로 바쁘진 않단다.

</td></tr>
</table>

<table>
<tr><td>

Q. What is the main idea of the conversation?

(a) The woman is concerned about the boy's attire.
(b) The woman is worried that the boy has no coat.
(c) The boy is causing a disturbance in the class.
(d) The boy finds the classroom's temperature too low.

</td><td>

대화의 중심 내용은 무엇인가?

(a) 여자는 소년의 의상에 대해 걱정하고 있다.
(b) 여자는 소년이 코트가 없는 것을 걱정하고 있다.
(c) 소년은 교실에서 물의를 일으키고 있다.
(d) 소년은 교실이 너무 춥다고 생각한다.

</td></tr>
</table>

해설 남자가 여자를 방해하기 싫어서 아무 요구도 하지 않고 추운데도 실내에서 코트를 입고 있는 상황이다. (a)는 복장(attire)에 관해 걱정하고 있는 것이 아니라 실내에서 코트를 입고 있는 이유가 궁금했을 뿐이므로 부적당하고, (b)는 남자가 코트를 입고 있으므로 말이 안 된다. (c)는 남자의 마지막 대화에서 여자를 방해하고 싶지 않았다는 말 때문에 답이 되지 못한다. 교실의 온도가 낮다는 (d)가 정답이다.

어휘 chilly 쌀쌀한 disturb 방해하다

32.

<table>
<tr><td>

W: It's so dark in here!
M: Do you want me to turn on the lights?
W: Maybe, or we could just draw back the curtains.
M: That's a good idea.
W: Sure, that should let enough light in.
M: Not to mention save some energy!
W: Exactly. I prefer natural light to artificial light anyway.

</td><td>

여자 : 여긴 정말 어둡네요!
남자 : 불을 켜드릴까요?
여자 : 그러든지 아니면 커튼을 좀 걷을까요.
남자 : 그게 좋겠어요.
여자 : 그럼요, 충분한 햇빛이 들어올 수 있잖아요.
남자 : 에너지가 절약되는 것은 말할 것도 없죠!
여자 : 맞아요. 난 자연광이 인공광보다 좋더라고요.

</td></tr>
</table>

Q. What can be inferred from the conversation?

(a) The lights are broken.
(b) It is daylight outside.
(c) The curtains won't open.
(d) Using the lights saves energy.

다음 대화로 유추될 수 있는 것이 무엇인가?

(a) 전등이 고장 났다.
(b) 밖은 낮이다.
(c) 커튼이 열리지 않는다.
(d) 전등을 이용하면 에너지가 절약된다.

해설 전등을 켜자는 남자의 말에 여자가 커텐을 걷어 방을 밝게 하자는 상황에서 유추할 수 있는 것은 밖이 환하다는 사실이다. 따라서 (b)가 정답이다. (a)의 조명기기가 부서졌다는 정보는 언급되지 않았고 (c)의 커텐이 열리지 않는다는 말도 없었고 (d)는 전등을 사용하는 것이 아니라 커튼을 걷는 것이 에너지를 절약하는 거라고 했으므로 부적절하다.

어휘 not to mention 말할 필요도 없다(= needless to say)

33.

W: David, you played soccer in high school, didn't you?
M: I did, but I haven't really played much since I started working. Why do you ask?
W: Well, some friends and I are thinking about starting up a soccer team.
M: That sounds like fun.
W: Would you be interested in playing with us? It'll be really casual. We'll play once a week.
M: I would love to!

여자 : 데이빗, 고등학교에서 축구 선수였죠?
남자 : 그랬었죠, 하지만 직장 다닌 후로는 별로 축구를 해본 적이 없어요. 왜 물으세요?
여자 : 아, 제 친구들이과 함께 축구팀을 시작할까 해서요.
남자 : 재미있겠는데요.
여자 : 우리하고 같이 경기하지 않을래요? 정말 격식 없이 할 거예요. 일주일에 한 번만 경기할 거고요.
남자 : 좋지요!

Q. What is the conversation about?

(a) The types of sports the man enjoys
(b) Reasons why the man stopped playing soccer
(c) Where a soccer game is being held
(d) The organization of a soccer team

대화는 무엇에 대한 것인가?

(a) 남자가 즐기는 스포츠 종류
(b) 남자가 축구를 그만둔 이유
(c) 축구 경기가 어디에서 열리는가
(d) 축구팀 결성

해설 축구팀을 조직하자는 여자의 말에 남자가 찬성하는 상황이다. 따라서 이 대화의 주제는 축구 팀 조직이며 정답은 (d)이다. 남자가 즐기는 운동 종류와 남자가 왜 축구를 그만두었는지, 어디서 축구 경기가 열리는지에 대해서는 언급된 바 없으므로 (a)와 (b), (c) 모두 적당하지 않다.

34.

W: Excuse me. Can I ask you where you're from?	여자: 실례지만, 어디서 오신 분이세요?
M: I grew up in Canada, but now I live in the US.	남자: 캐나다에서 자랐지만 지금은 미국에 살아요.
W: What are your thoughts on Americans?	여자: 미국인들에 대해서는 어떻게 생각하세요?
M: Well, I think they are interesting and well educated people.	남자: 음, 제 생각에 미국인들은 재미있고 교양 있는 사람들 같아요.
W: Is there anything you dislike about living in the US?	여자: 혹시 미국에 살면서 싫은 점이 있다면요?
M: Not at all. I'm happy to be here and I find the people to be very open and accommodating.	남자: 전혀 없어요. 여기 사는 게 좋아요. 사람들도 개방적이고 친절해요.

Q. What kind of person is the man?	남자는 어떤 성향을 가진 사람인가?
(a) Radical	(a) 급진적인
(b) Stubborn	(b) 고집센
(c) Negative	(c) 부정적인
(d) Positive	(d) 긍정적인

해설 캐나다인이 미국에 살면서 느낀 점에 대한 대화이다. 남자가 미국인들에 대해 흥미롭고(interesting) 잘 교육 받았으며(well educated), 개방적이고(open) 친절하다(accommodating)라고 묘사하는 것으로 보아 매우 긍정적(positive)인 평가를 하고 있음을 알 수 있다. 따라서 (d)가 정답이다.

어휘 radical 근본적, 혁신적, 급진적인 stubborn 고집이 센 negative 부정적인

35.

M: Are you prepared for your performance review?	남자: 당신의 업무 수행 평가가 준비 되었습니까?
W: I am. Here is my self-evaluation.	여자: 네, 여기 저의 자기 평가서입니다.
M: Great, thank you for completing that. Shall we get started?	남자: 좋아요. 완성해와서 고마워요. 시작할까요?
W: Sure.	여자: 네.
M: To begin with, I have been very happy with your work these past few months.	남자: 먼저, 지난 몇 달간 당신의 업무 수행에 굉장히 만족하고 있어요.
W: Thank you, I am very hard working.	여자: 감사합니다. 열심히 일하고 있습니다.
M: You certainly are. There have been no customer complaints.	남자: 그럼요. 고객 불만이 한 건도 없었어요.
W: That's very good to hear.	여자: 정말 기쁜 일이군요.

Q. What is the relationship between the man and the woman?	남자와 여자는 어떤 관계인가?
(a) Professor and student	(a) 교수와 학생
(b) Employer and employee	(b) 고용주와 피고용인
(c) Interviewer and applicant	(c) 면접관과 지원자
(d) Salesperson and customer	(d) 영업사원과 고객

해설 여자는 업무 평가서를 제출하고 남자는 여자의 근무 실적이 좋다고 칭찬하고 있는 상황이다. 따라서 남자와 여자의 관계는 고용주와 고용인의 관계 또는 상관과 부하직원 정도로 파악할 수 있다. 고용인과 피고용인이라고 제시한 (b)가 정답이다.

어휘 **review** 평론, 검토, 시찰 **self-evaluation** 자기 평가서 **complete** 완성하다 **complaint** 불만

36.

W: You have a big smile on this morning. What's going on?	여자: 오늘 아침에 미소가 환하군요. 무슨 일이에요?
M: I've had a wonderful day. My boss gave me a promotion!	남자: 오늘은 굉장한 날이에요. 상사가 저를 승진시켜 주었거든요.
W: That's wonderful! Will you be making more money?	여자: 축하해요! 급여도 오르는 것인가요?
M: Yes, there will be a $5,000/year salary increase.	남자: 네, 연봉이 5,000달러가 오를 거예요.
W: We should go celebrate!	여자: 우리 축하하러 나가야겠어요!
M: Absolutely. Why don't we go out for a dinner?	남자: 그럼요. 저녁식사 하러 갈래요?

Q. Why is the man happy?	남자가 기분 좋은 이유는?
(a) He was just hired at a new company.	(a) 그는 막 새로운 회사에 입사했다.
(b) He won $5,000 in an office lottery.	(b) 그는 사무실 복권에서 5,000달러의 상금을 탔다.
(c) He has been invited out for dinner.	(c) 그는 저녁식사에 초대되었다.
(d) He was offered a higher-level job.	(d) 그는 더 높은 직위를 제안받았다.

해설 promotion(승진)이 주요 정보이다. 남자와 여자는 남자의 승진을 기념하여 축하 저녁식사를 계획하고 있는 상황. 남자가 기뻐하는 이유로서 높은 자리를 얻었다(a higher-level job)는 말로 promotion을 바꾸어 표현한 (d)가 정답이다. (a)의 hired는 employ와 동의어로, 대화에서 언급되지 않았고 (b) 복권(lottery)도 언급되지 않았다. 여자가 축하하는 뜻으로 저녁식사를 제안하여 남자가 승낙하기는 했지만 그것이 남자가 기뻐하는 이유는 아니므로 (c)도 부적합하다. 참고로 '봉급 인상'은 a raise, '부서 이동'은 a transfer로 표현한다.

어휘 **promotion** 승진 **celebrate** 축하하다

37.

M: Hello, Mrs. Turner. Can I speak with you for a moment?
W: Certainly. What is it?
M: Well, I'm sorry to have to say this, but⋯.
W: Go on.
M: Well, I've been unhappy these last three months at work, and I don't feel that my salary reflects the long hours that I work.
W: Are you asking for a raise?
M: Actually, I was hoping to be moved to another department altogether.
W: Well, let me discuss it with the head of the human resources department.

남자: 터너 씨, 안녕하세요. 잠시 얘기 좀 나눌 수 있을까요?
여자: 네. 무슨 일이세요?
남자: 음. 이런 말 하기 곤란하지만⋯
여자: 말씀하세요.
남자: 지난 석 달 동안 일한 것에 대해서 불만이 좀 있거든요. 제 월급에 초과근무 한 시간이 반영된 것 같지 않습니다.
여자: 그렇다면 급여 인상을 원하세요?
남자: 그냥 다른 부서로 옮기고 싶습니다.
여자: 음, 우선 인사부장님과 이야기를 해봐야겠네요.

Q: What does the man mainly want?

  (a) An increase in salary
  (b) A transfer within the company
  (c) A new position as head of HR
  (d) A three-month paid vacation

남자가 원하는 것은 무엇인가?

  (a) 급여 인상
  (b) 회사 내에서의 이동
  (c) 인사부장으로서의 새 직위
  (d) 3달 간의 유급 휴가

해설 남자는 근무 시간에 비해 적은 임금에 만족하지 못하고 있고 또한 다른 부서로의 이동을 희망하고 있는 상황이다. 주의할 것은 여자가 봉급 인상을 원하는 것이냐고 묻자 사실은 부서 이동을 원한다는 남자의 말이다. 따라서 (a)는 함정이다. be moved to another department를 a transfer within the company로 바꿔 표현한 (b)가 정답이다. (c)와 같이 HR 부서장 자리를 원한다고 말하지 않았으며 (d)의 유급 휴가도 무관한 이야기이다.

어휘 reflect 반영하다 transfer 이전, 이동

38.

M: Hi, I'd like to travel to Copenhagen by air.
W: Certainly sir. What are your travel dates?
M: At this point I'd just like a one-way ticket, leaving London on the 18th of August.
W: OK, let me see.... I can get you a seat on the 18th in the morning for $79.00.
M: That's perfect. How can I pay for that?
W: Cash or credit will be fine.

남자: 코펜하겐 행 비행기표를 좀 사려고요.
여자: 네, 여행 일자가 언제입니까?
남자: 음, 우선 8월 18일 런던발 편도 탑승권으로 주세요.
여자: 네, 잠시만요⋯ 18일 아침 탑승권이 79달러입니다.
남자: 좋아요. 결제는 어떻게 하죠?
여자: 현금이나 신용카드로 하시면 됩니다.

<table>
<tr><td>

Q: What is the man mainly doing in the conversation?

  (a) He is traveling to Copenhagen.
  (b) He is checking the airline schedule.
  (c) He is purchasing a plane ticket.
  (d) He is waiting for an airplane.

</td><td>

대화에서 남자는 무엇을 하고 있는가?

  (a) 코펜하겐으로 여행을 가는 중이다.
  (b) 비행 시간표를 점검하고 있다.
  (c) 비행기 탑승권을 구매하고 있다.
  (d) 비행기를 기다리고 있다.

</td></tr>
</table>

해설 by air(항공편으로), travel dates(여행 일자), one-way ticket(편도 표) 등의 정보로 보아 비행기표를 예약하고 있는 상황이다. 따라서 남자가 하고 있는 일은 (c)가 정답. 코펜하겐에 가는 날은 8월 18일의 일이므로 (a)는 정답이 아니고 비행편을 검토하고 있는 사람은 여자이므로 (b)도 부적합하다. (d)는 전혀 무관한 내용이다. 참고로 '왕복 티켓'은 a round trip ticket이라고 하며 영국에서는 '편도 티켓'은 a single (ticket), '왕복 티켓'은 a return (ticket)이라고 한다.

39.

<table>
<tr><td>

M: I've been thinking about quitting my job and starting up my own business.
W: Seriously? Why would you want to do that?
M: Well, I've been working at the same company for 15 years and it's becoming mundane.
W: Well, you might wish you hadn't quit so suddenly if your business doesn't do well right away.
M: I know, but that's a risk that I'm willing to take.
W: Okay, but I still want you to really think this through.

</td><td>

남자: 난 지금 직장을 그만 두고 내 사업을 시작할 생각이에요.
여자: 정말이요? 왜 그러고 싶어요?
남자: 음, 같은 회사에서 15년을 일했고 점점 지루해져서요.
여자: 음, 만약 사업이 잘 되지 않으면 직장을 그렇게 갑자기 그만둔 걸 후회할 수도 있을 텐데요.
남자: 알아요, 그렇지만 그런 위험은 기꺼이 감수할 거예요.
여자: 좋아요, 그래도 이건 잘 생각해보기를 바라요.

</td></tr>
</table>

<table>
<tr><td>

Q: Which statement is correct according to the conversation?

  (a) The man wants the woman to quit her job.
  (b) The man thinks he should retire now.
  (c) The woman thinks the man might regret his decision.
  (d) The woman wants the man to take a risk.

</td><td>

대화의 내용에 맞는 말은 무엇인가?

  (a) 남자는 여자가 직장을 그만두기를 원한다.
  (b) 남자는 지금 은퇴해야 한다고 생각한다.
  (c) 여자는 남자가 그의 결정을 후회할 수도 있다고 생각한다.
  (d) 여자는 남자가 위험을 감수하기를 원한다.

</td></tr>
</table>

해설 남자는 지루한 직장 생활을 그만두려고 하고 여자는 만류하는 상황이다. 두 번째 여자의 말은 사업이 잘 안되면 갑자기 직장을 그만둔 것을 후회할지도 모른다는 내용이므로 (c)가 대화 내용에 부합한다. (a)는 전혀 무관한 말이고 (b)의 retire(정년 퇴직하다)는 resign(사직하다)과 다른 개념이므로 적절치 못하고 여자는 남자를 만류하는 상황이므로 (d)도 옳지 않다.

어휘 quit 그만두다   mundane 세속적인, 평범한   be willing to부정사 기꺼이 ~하다

40.

W: Hello. Can I help you with something?
M: I'm looking for a hotel room for the night.
W: Well, we currently have one available with one double bed for $120.
M: Actually, I'm traveling with my brother. Do you have a room with 2 beds?
W: We do, but it's more expensive.
M: How much is it?
W: It is the deluxe suite, with 2 beds, a kitchen, and a living room for $240.
M: That's too expensive!
W: I'm sorry, sir. Those are your options.

여자 : 안녕하세요, 무엇을 도와드릴까요?
남자 : 오늘 밤 호텔 방 하나를 찾는데요.
여자 : 네, 현재 120달러에 더블 베드가 있는 방이 하나 있습니다.
남자 : 아, 남동생이랑 여행 중이라서요. 침대가 두 개 있는 방은 없나요?
여자 : 있습니다만 좀 더 비쌉니다.
남자 : 얼마인데요?
여자 : 침대 둘에 주방 하나, 거실 하나가 있는 디럭스 스위트룸이고, 240달러입니다.
남자 : 너무 비싸네요!
여자 : 죄송하지만, 이 둘 말고는 없습니다.

Q: Which is correct about the hotel?

(a) There are a number of rooms available for the time the man requested.
(b) The hotel can accommodate the man for a higher price.
(c) Currently single rooms are being offered for a discounted price.
(d) There are no rooms available for the time the man requested.

이 호텔에 대해 바르게 말한 것은 무엇인가?

(a) 남자가 요청할 때 호텔에는 이용 가능한 객실이 많았다.
(b) 남자는 더 높은 가격으로 호텔에 묵을 수 있다.
(c) 현재 싱글룸이 할인된 가격으로 제시되고 있다.
(d) 남자가 요청할 때 이용할 수 있는 방은 전혀 없다.

해설 남자가 묵을 방을 구하면서 나누는 대화이다. (a)와 (d)는 여자의 두 번째 말에서 방이 하나뿐이라고 했으므로 잘못되었고 (c)는 언급되지 않았다. 남자는 침대 두 개가 있는 방은 비싸다고 했으나 원하면 묵을 수도 있는 것이므로 (b)가 대화에 부합된다. 참고로 double bed는 두 사람이 쓸 만큼 큰 침대이며 single bed는 한 사람이 쓰는 침대, twin beds는 single bed가 두 개 놓여져 있는 것이다.

41.

W: I heard the highway conditions were bad on the drive out to the cottage.
M: Yeah, we got caught in the middle of a snowstorm.
W: Really? Why didn't you just head back to the city?
M: Well, the highway wasn't any better in that direction, so we just stopped for a while on the side of the road.
W: So what happened in the end?
M: We waited about 20 minutes for the worst of the storm to pass.
W: Well, I'm just happy that you made it here safely.
M: Yeah, we probably should have checked the weather forecast before we left the house.

여자: 지금 시골집으로 가는 고속도로 상황이 안좋다고 들었어요.
남자: 네, 우린 눈보라 속에 갇혔거든요.
여자: 그래요? 왜 시내로 돌아오지 않았어요?
남자: 음, 그 방향의 고속도로 상황도 전혀 좋지 않았어요. 그래서 갓길에 잠시 멈춰서 쉬었어요.
여자: 그래서 어떻게 됐어요?
남자: 우리는 최고조의 폭풍이 지나가길 20분 동안 기다렸어요.
여자: 어쨌거나 여기 안전하게 도착해서 다행이에요.
남자: 네, 출발하기 전에 일기예보를 점검했어야 했는데요.

Q: Why did the man have trouble driving on the highway?

(a) The car broke down.
(b) There was a rainstorm.
(c) It was snowing heavily.
(d) Highway construction slowed traffic.

남자가 고속도로 주행 중에 어려움을 겪은 이유는?

(a) 차가 고장났다.
(b) 비바람이 몰아쳤다.
(c) 눈보라가 몰아치고 있었다.
(d) 고속도로 건설이 교통정체를 일으켰다.

해설 시골집(cottage)까지 오는 길에 눈보라 때문에 겪은 교통체증 등 어려움에 대한 대화이다. 따라서 남자가 고속도로에서 어려움을 겪은 것은 많은 눈 때문으로 생각할 수 있다. (c)가 정답이다. (a), (b), (d)의 자동차 고장과 폭풍우 그리고 고속도로 건설 등은 언급된 바 없다. 여자의 마지막 말에서 'make it to+장소'는 '그 장소에 가까스로 당도하다'라는 표현으로 매우 자주 쓰이니 꼭 알아두자.

어휘 **cottage** 시골집, 작은 별장 **weather forecast** 일기예보

42.

M: Do you have any experience working with children?
W: Yes, I worked at a summer camp for the past 4 summers.
M: What was your position at the camp?
W: I was a senior counselor.
M: And you have a degree in early childhood development, is that correct?
W: Yes it is. I graduated in 2006.
M: Could you tell me about a challenge that you've had to overcome?

남자: 아이들하고 일해본 경험이 있습니까?
여자: 네, 저는 지난 4년 동안 여름 캠프에서 일했습니다.
남자: 캠프에서 무슨 일을 하셨습니까?
여자: 저는 수석 상담자였습니다.
남자: 유아기 발달에 대한 학사 학위가 있으시죠? 맞습니까?
여자: 네, 2006년에 졸업했습니다.
남자: 당신이 극복해야만 했던 어려움에 대해서 말씀해주시겠어요?

Q: Which of the following statements is correct according to the conversation?

    (a) The man used to work at a summer camp.
    (b) The woman has never worked with children.
    (c) The woman is being interviewed for a job.
    (d) The woman has a two-year diploma.

대화에 따르면 바르게 말한 문장은?

(a) 남자는 예전에 여름 캠프에서 일했다.
(b) 여자는 아이들과 일해본 경험이 전혀 없다.
(c) 여자는 구직 면접을 보고 있다.
(d) 여자는 2년제 대학의 학위가 있다.

해설 과거 근무 경력에 대해 남자가 묻고 여자가 답하는 것으로 보아 직장 면접으로 보인다. 따라서 (c)를 정답으로 생각할 수 있다. (a)는 남자가 아니라 여자의 이야기이고 (b)는 사실이 아니며 (d)의 2년제 학위는 언급된 바 없다.

어휘 counselor 상담역, 카운슬러　diploma 졸업증서

43.

W: Do you mind if I ask you a couple of questions?
M: Not at all. Go ahead.
W: I'm writing an article for the National Post about the tsunami that hit Asia in 2005. What was your reaction to that?
M: I thought it was absolutely devastating.
W: Did you think that America should have done more to help the victims?
M: Well, I'm not sure, but I think we gave a lot of money.

여자: 몇 가지 질문을 해도 될까요?
남자: 그럼요, 말씀하세요.
여자: 2005년 아시아를 강타한 해일에 대해서 내셔널 포스트 지에 기사를 쓰려고 합니다. 그것에 대한 느낌은 어떠하였습니까?
남자: 너무도 끔찍했습니다.
여자: 당신은 미국이 피해자들에게 좀 더 많은 도움을 줬어야 한다고 생각하셨나요?
남자: 글쎄요, 잘은 모르지만 우리나라가 재정적인 원조를 많이 했다고 생각해요.

Q: Which of the following is correct according to the conversation?

    (a) The woman was a victim of a tsunami.
    (b) The woman is a journalist for a newspaper.
    (c) The woman thought the tsunami was devastating.
    (d) The man thinks that America should have donated more funds.

대화의 내용에 맞는 것은?

(a) 여자는 쓰나미의 피해자였다.
(b) 여자는 신문기자이다.
(c) 여자는 쓰나미가 끔찍하다고 생각했다.
(d) 남자는 미국이 재정 원조를 더 했어야 한다고 생각한다.

해설 2005년 일어났던 해일에 대한 기억과 그 피해에 대한 미국의 역할을 여자가 질문하고 남자가 답하는 상황으로 볼 때, 여자가 아니라 남자가 피해자이므로 (a)는 부적당하고 (c)는 남자의 생각이며, 마지막 남자의 말을 보면 미국이 이미 돈을 많이 주었다는 언급에서 (d)는 틀렸음을 알 수 있다. 여자의 직업은 신문사 기자라는 (b)가 가장 적합하다.

어휘 devastating 파괴적인, 압도적인　victim 희생자

44.

W: When was the last time you cleaned out the fridge?	여자: 냉장고 청소 마지막으로 언제 했었니?
M: I have no idea. Six months ago, maybe.	남자: 잘 모르겠는데. 대략 6개월 전쯤인 것 같아.
W: There are rotten vegetables in here!	여자: 이 안에 썩은 야채가 있잖니!
M: Yeah, I usually just push that stuff to the back.	남자: 어, 난 그런 거는 보통 그냥 뒤로 밀어 넣거든.
W: Doesn't it bother you?	여자: 너는 이게 아무렇지도 않아?
M: No, I really don't cook much at home anyway.	남자: 전혀. 어차피 집에서 요리도 잘 안하는데.

Q: What can be inferred from the conversation?	대화에서 짐작할 수 있는 것은 무엇인가?
(a) The woman is disgusted by the contents of the fridge.	(a) 여자는 냉장고 안에 있는 것들 때문에 메스꺼워하고 있다.
(b) The woman usually cleans the man's fridge.	(b) 여자는 보통 남자의 냉장고를 청소해준다.
(c) The man likes to clean every six weeks.	(c) 남자는 6주마다 청소하기를 좋아한다.
(d) The man enjoys eating home-cooked meals.	(d) 남자는 집에서 요리해서 식사하는 것을 즐긴다.

해설 지저분한 냉장고에 대해 여자가 불평하고 남자가 응답하는 대화이다. 썩은 야채에 대해 언급하고 있고 남자에게 더러운 냉장고가 거슬리지 않느냐고 묻는 것으로 보아 여자는 냉장고 안에 상당한 불쾌감을 느끼고 있을 것으로 추측된다. 따라서 (a)가 적합하다. (b)는 언급된 바 없고 (c)는 마지막 냉장고 청소한 것이 6개월 전이라고 했으므로 틀렸고 (d)는 남자의 마지막 말로 볼 때 맞는 내용이 아니다.

어휘 rotten 섞은, 상한 disgust 역겹게 하다, 넌더리가 나게 하다

45.

M: Hi there. Would you mind if we asked you a few questions about your friend, Jonathan?	남자: 안녕하세요. 당신의 친구 조나단에 대해서 물어볼 게 있어서요.
W: Okay, officer. I'd be happy to answer anything, but I really didn't know Jonathan that well.	여자: 네, 경관님. 얼마든지요, 그런데 사실 조나단에 대해서 썩 잘 알지는 못해요.
M: That's okay. Just answer whatever you know.	남자: 괜찮아요. 그냥 아는 대로만 대답하세요.
W: Sure.	여자: 네.
M: When was the last time you saw him, and where was that?	남자: 당신이 조나단을 마지막으로 본 게 언제, 어디서죠?
W: I saw him after class last Friday, outside of the chemistry lab.	여자: 지난 금요일에 수업 마친 후에, 화학실습실 밖에서 봤어요.

> **Q:** What can be inferred from the conversation?
>
> (a) The officer is suspicious of the woman.
> (b) The man is a friend of Jonathan's.
> (c) The woman has not seen Jonathan since last Friday.
> (d) The woman has never met Jonathan.

대화에서 유추할 수 있는 것은?

(a) 경찰관은 여자를 의심하고 있다.
(b) 남자는 조나단의 친구이다.
(c) 여자는 조나단을 지난 금요일 이후로 못 봤다.
(d) 여자는 조나단을 만난 적이 없다.

해설 경관이 조나단(Jonathan)이라는 남자에 대해 여자에게 질문하고 있다. 경관이 조나단을 마지막으로 본 것이 언제인지 묻는 것만으로는 여자를 의심하고 있다고 볼 수 없으므로 (a)는 정답이 아니다. 조나단은 여자의 친구이므로 (b)도 오답. 여자는 지난 금요일에 조나단을 마지막으로 봤다고 했으므로 (c)가 정답이고 (d)는 잘못된 정보이다.

어휘 infer from ~로부터 추론하다 suspicious 의심하는, 의심스러운

46.

I would like to begin by welcoming everyone to our 14th annual Teddy's Bear's picnic. As many of you know, the Teddy's Bear's picnic is a fundraising event for children suffering from heart problems. All of the money raised will go directly to the children's hospital. In the past 13 years, we have raised over 4 million dollars. It is so nice to see so many come out to the event, and we hope to raise at least $500,000 this year. Please have a wonderful day, and enjoy yourselves.

14년째인 테디베어 야유회에 오신 여러분 대단히 환영합니다. 아시다시피, 테디베어 야유회는 심장질환으로 고통 받는 어린이들을 위한 모금 행사입니다. 모금된 모든 기금은 아동 병원에 바로 전달될 것입니다. 지난 13년간 저희는 4백만 달러 이상을 모금했습니다. 이 행사에 이렇게 많은 분들이 오신 것을 보니 기쁘며 올해에는 적어도 50만 달러는 모이기를 희망합니다. 좋은 하루 보내시고 마음껏 즐기십시오.

Q: What is the talk about?

(a) Money raised this year at the Teddy's Bear's Picnic
(b) The work done at the children's hospital
(c) An introduction of an event that raises funds for sick children
(d) Buying Teddy's Bears for children with heart problems

이 담화는 무엇에 대한 것인가?

(a) 올해의 테디베어 야유회에서 모금된 돈
(b) 아동 병원에서 이룬 업적
(c) 아픈 어린이들을 위한 모금 행사의 소개
(d) 심장질환이 있는 어린이들을 위해 테디베어를 구입하는 것

해설 글의 줄거리를 파악하는 문제이다. 심장질환으로 고생하는 아이들을 위한 기금 조성 행사라는 내용에서 (c)가 정답임을 알 수 있다. 행사는 이제 시작이므로 (a)의 마련된 기금은 틀린 내용이고 (b)의 children's hospital은 기금이 전해질 병원 이름이며 Teddy's Bear's picnic은 행사의 이름일 뿐이므로 (d)역시 오답이다.

어휘 **fundraising event** 기금 마련 행사 **suffer from** ~ 때문에 고생하다, 괴로워하다 **raise** 모금하다, 조달하다

47.

Public speaking is many people's greatest fear. Often people become extremely flustered and nervous in front of a crowd of people. For politicians, it is critical to be able to speak clearly, and to effectively deliver a message. An ineffective speaker will not go very far with a career in politics. It is possibly one of the most important skills for a politician to possess. Otherwise, he will be unable to present his policies.

많은 사람들이 대중 연설을 가장 두려워한다. 사람들은 많은 사람들 앞에서는 자주 극도로 당황하고 초조하게 된다. 정치가들에 있어서는 명료하게 얘기하고 전달하고자 하는 바를 효율적으로 전달하는 것은 매우 중요하다. 비효율적으로 말하는 사람은 정치 생명이 오래 가지 못한다. 아마 정치가라면 가져야 할 가장 중요한 기술 중의 하나일 것이다. 그렇지 않으면 그의 정책을 제시할 수 없을 것이다.

Q: What is the talk about?

(a) How to speak like a politician
(b) How to ineffectively deliver a message
(c) Why public speaking is a critical skill in politics
(d) Why public speaking is many people's greatest fear

무엇에 관한 내용인가?

(a) 어떻게 정치가와 같이 말하는가
(b) 어떻게 비효율적으로 의사를 전달하는가
(c) 왜 대중 연설은 정치에 있어서 중요한 기술인가
(d) 왜 대중 연설이 많은 이들에게 가장 두려운 것인가

해설 말을 잘 하는 것이 정치가에게 있어 매우 중요하고 그렇지 못하면 어떻게 된다는 것이 전체 글의 요지이므로 (c)가 정답이다. critical은 important와 동의어이다. (a), (b)는 언급된 바 없고 (d)는 글의 도입에 이용하였을 뿐 글의 요지는 아니다.

어휘 fluster 떠들썩하게 하다, 어리둥절하게 하다   politician 정치인   ineffective 무효의, 효과가 없는
possess 소유하다, 손에 넣다

48.

As summer is quickly approaching, it's time to get out of the house and spend some time outside. Often as winter comes to an end, people find themselves in a routine of staying home and watching television. On average, people gain 5-7 pounds over the winter months. Spring is the perfect time to drag your bicycle out of the garage and go for a little ride around the neighborhood. Better yet, leave the car at home and bike to work!

여름이 빠르게 다가오고 있으며 이제 집 밖에서 여가를 즐길 시간입니다. 대개는 겨울이 막바지에 접어들면서 사람들은 집에 머물면서 텔레비전 보는 일상에 빠져 있다는 것을 발견하게 됩니다. 평균적으로 겨울 동안에 5~7파운드의 살이 찌게 되죠. 봄은 여러분의 자전거를 끌고 나와서 동네 한 바퀴를 돌기에 완벽한 계절입니다. 더 좋은 것은 차는 집에 두고 자전거로 출근하는 것입니다!

Q: What is the talk about?

(a) How to lose weight over the winter
(b) How to exercise at home in front of the TV
(c) How to get out of a lethargic winter routine
(d) How to save money by cycling to work

무엇에 대한 내용인가?

(a) 겨울에 찐 살을 빼는 방법
(b) TV 앞에서 운동하는 방법
(c) 무기력한 겨울의 일상을 벗어나는 방법
(d) 자전거로 출근함으로써 돈을 절약하는 방법

해설 봄이 오고, 여름이 다가옴에 따라 겨우내 집에 틀어박혀 있던 일상을 탈피하는 방법을 소개하는 글이다. 본문 중 겨우내 살이 5-7파운드 찐다고 했지만 살을 빼는 구체적인 방법을 설명했다고 보기에는 설명이 부족하다. 따라서 (a)는 틀렸고 (b)는 본문이 자전거를 이용하는 옥외 활동을 강조하고 있으므로 답이 될 수 없다. (d)의 돈 절약에 관한 것은 언급된 바 없다. (c)가 정답. lethargic은 '무기력하고 의욕이 없는'이다.

어휘 approach 접근하다, 다가가다   routine 판에 박힌 일, 일상적인 일   on average 평균하여, 대략

49.

Hi, Kathleen. This is Scarlet calling. I wish you were home because I have some very exciting news. I found out this morning that I'll be receiving $35,000 in funding for my masters degree. It is far more than I ever expected. I wasn't sure about continuing my studies, but I think this offer is too good to turn down. Anyway, I'm trying to get a few people together tonight to celebrate. We'll be meeting at the Purple Onion on 4th Street at 7:00 p.m. Hope to see you there!

캐슬린, 안녕. 스칼렛이야. 집에 있으면 좋을 텐데, 왜냐하면 굉장히 신나는 소식이 있거든. 나 오늘 아침에 알았는데, 내 석사 공부에 필요한 학자금 3만 5천 달러를 받을 거야. 내가 예상했던 것보다 훨씬 더 많아. 내가 공부를 계속할지 확실치 않았지만, 그래도 이 제안은 너무 좋아서 거절을 못하겠어. 어쨌든 오늘 밤에 사람들이랑 같이 축하하려고 해. 오늘 저녁 7시에 4번가의 퍼플 오니언에서 만날 거야. 거기서 보자!

Q: What is the message mainly about?

   (a) The topic of Scarlet's master's thesis
   (b) Why Scarlet is turning down the offer
   (c) The importance of continued studies
   (d) The speaker's funding offer

주로 무엇에 관한 내용인가?

   (a) 스칼렛의 석사 논문 주제
   (b) 스칼렛이 제의를 거절한 이유
   (c) 계속된 공부의 중요성
   (d) 화자에게 온 학자금 제의

해설 석사 과정에 대한 학자금 지원을 예상 외로 많이 받게 되어 축하하는 자리를 마련하기 위해 전화에 음성 메세지를 남긴 것이다. 따라서 (d)가 정답이다. (a)는 석사 논문 제목이 언급되지 않았고, (b)는 학자금 지원이 너무 좋아서 거절을 못하겠다는 말로 보아 답이 될 수 없다. (c)는 언급되지 않았다.

어휘 turn down 거절하다 too ~ to부정사 너무 ~ 해서 …할 수 없다 celebrate 축하하다

50.

As of January 17, 2007, all Canadians traveling to the United States by air will be required to present a valid passport. In the past a birth certificate was sufficient, but in response to terrorist attacks, further identification is now required. Canadians crossing the border by car will not need to hold passports until July 1, 2007. Please be sure that you have all of the necessary documentation ready well in advance of your travel plans.

2007년 1월 17일부터 미국행 항공편을 이용하는 모든 캐나다인들은 만료되지 않은 여권을 지참해야 합니다. 과거에는 출생 증명서만으로도 충분했지만 테러리스트들의 공격에 대응하기 위해 이제는 추가적인 신원 확인이 필요합니다. 차로 국경을 통과하는 캐나다인들은 2007년 7월 1일 이전까지는 여권을 소지할 필요가 없습니다. 여행 계획을 세우시기 전에 반드시 모든 구비서류를 준비하십시오.

Q. What is the announcement about?

(a) The convenience of air travel over traveling by car

(b) Required documents for Canadians traveling to the US

(c) Costs of passports effective January 17, 2007

(d) The dangers of air travel to the United States

이 공고는 무엇에 대한 것인가?

(a) 차량 여행보다 항공 여행이 더 편리한 점

(b) 미국으로 여행가는 캐나다인에게 필요한 서류들

(c) 2007년 1월 17일부터 여권에 드는 비용

(d) 미국으로 항공 여행하는 위험

해설 테러에 대비하여 비행기와 자동차로 미국에 입국하는 캐나다인들에 대하여 강화된 입국 요건에 대한 내용이다. 따라서 (b)가 글의 개요로서 정답이다. 비행기와 자동차 여행의 편의를 언급한 (a)와 여권 비용을 언급한 (c), 미국 비행기 여행의 위험성을 제시한 (d)는 모두 지문에서 언급된 바 없다.

어휘 valid 유효한 certificate 증명서 sufficient 충분한 attack 공격 documentation 서류

51.

Professor Daniel Thomson will be delivering a lecture on Refugee Law entitled "Landless People." Professor Thomson has been working in New Delhi, India for the United Nations High Commission for Refugees. His current research is focused on Canada's changing policy toward refugee claims. Following the lecture, there will be a question and answer period in which you will have the opportunity to direct questions to the professor.

다니엘 톰슨 교수님께서 '땅이 없는 사람들'이라는 제목으로 망명자법에 대한 강의를 하시겠습니다. 톰슨 교수님은 인도의 뉴델리에 있는 UN 고등 난민 위원회에서 일해오셨습니다. 현재 교수님께서는 망명 요구에 대한 캐나다의 정책 변화를 중점으로 연구하고 계십니다. 강의가 끝난 후, 질의 응답 시간이 있을 예정이며 교수님께 직접 질문하실 기회를 드립니다.

Q. What will the lecture mainly be about?

(a) Professor Thomson's travels in India

(b) Canada's policies toward refugees

(c) How people come to be seen as refugees

(d) The speaker's attitude toward refugees

강의는 주로 무엇에 대한 것인가?

(a) 톰슨 교수의 인도 여행

(b) 망명자들에 대한 캐나다의 정책

(c) 사람들에게 망명자들이 어떻게 보여지는가

(d) 망명자들에 대한 화자의 자세

해설 본문 중간 부분에 교수의 연구가 망명 요구에 대해 변화하고 있는 캐나다의 정책이라고 직접적으로 표현하고 있으므로 (b)가 정답이다. 인도는 교수의 근무지이므로 (a)는 틀렸고, (c)의 난민들이 어떻게 여겨지게 되는가는 무관한 내용이며, (d)는 언급된 바 없다.

어휘 deliver 배달하다, 넘겨주다, 전하다 refugee 피난자, 망명자 focus on ~에 집중하다

52.

Recent studies on caffeine intake suggest that drinking one cup of coffee a day can effectively reduce your chances of getting heart disease. For years, caffeine has been presented in the media as harmful, and something to remove from your diet. While too much caffeine can still be harmful, small doses have been proven to have a positive effect. So, you can now drink your morning cup of coffee without any guilt.

카페인 섭취에 대한 최근의 연구에 의하면 하루에 커피 한 잔은 심장 질환에 걸릴 위험을 효과적으로 감소시킨다고 합니다. 여러 해 동안 매체에서 카페인은 해로우며, 섭취해서는 안 되는 것으로 알려졌습니다. 너무 많은 양의 카페인은 해로울 수도 있으나 소량 섭취는 긍정적인 효과가 있는 것으로 판명되었습니다. 그러므로 이제 아무런 죄책감 없이 당신의 모닝 커피 한 잔을 즐기길 바랍니다.

Q. What is the topic of the lecture?

(a) The benefits of ingesting some caffeine
(b) The causes of heart disease in adults
(c) Scientific research into dieting
(d) Misrepresentations in the media

이 강의의 주제는 무엇인가?

(a) 소량으로 섭취하는 카페인의 이점
(b) 성인에게 일어나는 심장질환의 원인
(c) 식사 조절에 대한 과학적 연구
(d) 매체에서의 곡해

해설 기존의 카페인은 해롭다는 견해와는 달리, 소량의 카페인은 심장질환에 이롭다는 내용이다. 따라서 글의 주제는 카페인 섭취의 이점인 (a)가 적당하다. (b)의 심장질환의 원인은 다루지 않았으며 (c)의 dieting은 '살빼기'라서 부적합하다. 미디어에서 카페인을 무조건 해롭다고 하긴 했지만 그것이 본문의 주제는 아니므로 (d)도 부적합하다.

어휘 **reduce** 줄이다, 감소하다 **harmful** 해로운 **remove** 제거하다 **positive effect** 긍정적인 효과 **ingest** 섭취하다

53.

May I have your attention please? Flight 867 with service to Moncton, New Brunswick will be boarding in just a few minutes. We ask that you have your tickets ready to present to an airline attendant. As well, you are required to show one piece of photo ID. Please have both your ticket and your ID ready for presentation. We will now begin pre-boarding. Anyone traveling with small children, or requiring a little extra time, is invited to come up to the boarding area at this time.

주목해주십시오. 뉴브런즈윅 멍크턴 행 867편 비행기의 탑승이 곧 이루어질 것입니다. 여러분께서는 승무원에게 제시할 탑승권을 준비하시길 바랍니다. 또한 사진이 붙은 신분증도 한 장 준비하십시오. 반드시 탑승권과 신분증을 모두 제시할 준비를 하십시오. 이제 선탑승을 시작하겠습니다. 유아들을 데리고 계시거나, 시간이 좀 더 필요하신 분들은 탑승장으로 지금 나오시기 바랍니다.

Q. What is the announcement about?

(a) Flight times to New Brunswick
(b) Information for flight boarding
(c) A delayed flight arriving from Moncton
(d) Types of identification required

이 공고는 무엇에 대한 것인가?

(a) 뉴브런즈윅으로 가는 항공편 시간
(b) 항공기 탑승에 대한 정보
(c) 멍크턴 발 비행기의 연착
(d) 필요한 신분증의 종류

해설 비행기표와 신분증을 준비하여 승무원에게 제시하라, 아이가 있으면 지금 탑승 구역으로 오라는 등의 내용으로 보아 비행기 탑승을 안내하는 방송이다. 그러므로 (b)가 정답. (a)의 비행편 시간과 (c)의 연착에 대한 내용은 언급되지 않았고 (d)의 필요한 신분증의 종류에 대한 것은 언급이 있었으나 본문의 요지는 아니다.

어휘 **board** 탑승하다 **present** 제시하다, 제출하다

54.

Children between the ages of 6 to 14 years old spend approximately 25 hours a week watching television. While there are many education programs on television these days, 25 hours a week strikes me as far too much time spent being inactive. Children should be outdoors, playing games and taking part in group sports. It is important that parents monitor both the programs their children are watching, as well as the length of time spent glued to the TV.

6세부터 14세까지의 어린이들은 한 주에 약 25시간 텔레비전을 시청하며 보낸다. 요즈음은 텔레비전에 교육적인 프로그램도 많지만, 일주일에 25시간이라는 것은 너무 많은 시간을 비활동적으로 보낸다는 사실 때문에 충격적이다. 어린이들은 바깥에서 놀이를 하며 그룹으로 운동하여야 한다. 어린이들이 어떤 프로그램을 보는지, 그리고 TV를 얼마나 많이 보는지 모두 부모가 관리하는 것이 매우 중요하다.

Q. What is the speaker's view of television?

(a) Parents should not allow children to watch it.
(b) Innately inactive children tend to watch it more than active children.
(c) Watching it an average of 25 hours a week is an acceptable amount.
(d) It can be educational, but should be watched in moderation.

텔레비전에 대한 화자의 견해는 무엇인가?

(a) 부모는 아이들이 TV 시청을 못하도록 해야 한다.
(b) 천성적으로 비활동적인 아이들은 활동적인 아이들보다 TV를 더 많이 보는 경향이 있다.
(c) 일주에 평균 25시간을 보는 정도는 무난하다.
(d) 교육적일 수는 있으나 적당히 봐야 한다.

해설 TV 시청에 너무 많은 시간을 소비하고 있는 어린이들에 대한 내용이다. TV에 대한 화자의 시각을 묻는 문제. TV를 보지 못하게 하여야 한다고는 언급하지 않았으므로 (a)는 부적당하고, (b) 역시 선천적으로 비활동적인 아이들에 대한 언급이 없었으므로 부적당하다. 주에 25시간의 TV 시청 시간은 너무 많다고 본문에 언급하였으므로 (c)는 옳지 못하다. TV는 적당하게(in moderation) 시청하여야 한다고 한 (d)가 정답.

어휘 **approximately** 대략 **inactive** 활동하지 않는, 정지한 **monitor** 감독하다 **glue to** ~에서 눈을 떼지 않다, ~에 집중하다

55.

I'm going to begin with an overview of the course. To begin, this is Art History 300: Artists of the Northwest Coast. We will focus for most of the first term on Bill Reid, one of the most influential contemporary Haida artists. Anyone who has traveled through the Vancouver airport will be familiar with his work. There are 5 large Bill Reid art pieces on display there. In the second term, we will compare Bill Reid's work with more traditional native art.

우선 이 강좌의 개요를 말씀 드리겠습니다. 먼저, 이것은 '미술 역사 300, 노스웨스트 코스트의 미술가들'입니다. 우리는 첫 학기의 대부분은 현재 가장 영향력 있는 하이다 예술가들 중 한 명인 빌 레이드에 중점을 둘 것입니다. 혹시라도 밴쿠버 공항을 통해 여행하신 분들은 그의 작품이 낯익을 것입니다. 그 곳에는 빌 레이드의 큰 작품 다섯 개가 전시되어 있습니다. 두 번째 학기에는 빌 레이드의 작품과 더 전통적인 토착 예술품과의 비교가 있겠습니다.

Q. What is the talk about?

(a) Preserving Native artwork
(b) An overview of a course
(c) Travel to the Vancouver airport
(d) The importance of artist Bill Reid

무엇에 관한 이야기인가?

(a) 토착 예술품의 보존
(b) 강좌의 개요
(c) 밴쿠버 공항으로의 여행
(d) 예술가 빌 레이드의 중요성

해설 무엇에 관한 내용인지 묻고 있다. 첫 부분에서 수업의 개요(an overview of the course)라고 직접 명시하였으므로 (b)가 정답이다. (a)는 언급되지 않았고 밴쿠버 공항은 작품이 위치한 곳으로 설명되었으므로 (c)는 전혀 무관하며 (d)는 빌 레이드가 영향력 있는 작가라고는 했으나 본문이 그것에 대한 것이라고 할 수는 없다.

어휘 **overview** 개요, 개략 **influential** 영향력 있는, 유력한 **contemporary** 현대의 **display** 전시하다; 전시

56.

This is an announcement that applies to all public schools in the city. Please listen carefully. Due to a heavy snowstorm last night, school is cancelled for the day. It looks like the snow is going to continue to fall throughout the day, making road travel both slow and dangerous. The city will do its best to have the roads cleared as soon as possible. Please check back later in the day for any updates.

이것은 도시 내의 모든 공립학교에 해당되는 사항입니다. 잘 들어주십시오. 지난 밤의 맹렬한 눈보라 때문에 오늘 임시 휴교입니다. 오늘 하루 종일 눈이 계속 내릴 예정이라서 도로 상황은 느리고 위험할 것입니다. 시는 최대한 빨리 도로의 제설 작업을 위해 최선을 다할 것입니다. 나중에 오늘 최신 일기 예보를 다시 확인하십시오.

Q. Which is correct according to the announcement?

(a) Inclement weather has left roads dangerous for travel.
(b) The city cleared the roads of snow last night.
(c) Public schools are closed for the week.
(d) A rainstorm has caused school closings.

공고와 일치하는 내용은?

(a) 악천후 때문에 도로 교통 상황이 위험해졌다.
(b) 도시는 지난 밤에 도로의 제설 작업을 마쳤다.
(c) 공립 학교는 일주일간 휴교이다.
(d) 비바람 때문에 휴교했다.

57.

An increasing number of children in North America are being diagnosed with Attention Deficit Disorder (ADD). Once diagnosed, these children are heavily medicated. The medication calms them down considerably. One concern, though, is that ADD is being over-diagnosed. It seems conceivable that some children are simply overactive, and their behavior will naturally improve as they grow up.

북미 지역의 어린이들 중에 집중력 장애(ADD) 진단을 받는 아이들이 점점 늘고 있습니다. 일단 진단 받으면 이 어린이들은 엄격하게 치료를 받습니다. 약물은 그들을 상당히 안정시켜 줍니다. 그럼에도 불구하고 한 가지 우려는 ADD는 너무 빈번히 진단된다는 것입니다. 일부 어린이들이 단순히 과도하게 활동적이라면 성장하면서 그들의 행동이 자연스럽게 나아지리라고 생각해볼 수 있습니다.

Q. Which is true about Attention Deficit Disorder (ADD)?

(a) It is commonly diagnosed in North America.
(b) There is no medication for ADD.
(c) It causes children to be overly calm and inactive.
(d) All overactive children have ADD.

ADD에 대해 옳은 것은?

(a) 북미 지역에서 흔히 진단된다.
(b) ADD에는 약이 없다.
(c) ADD는 아이들을 지나치게 조용하고 비활동적으로 만든다.
(d) 모든 과잉 활동 아동들은 ADD가 있다.

58.

University of London registration began this week, and the Student Union Building was brimming with energy as students rushed to register for next term's courses. A second year engineering student, Brian Malone, said that he arrived late for registration, and was disappointed to discover that many of the courses he had intended to take had already filled up. Other students were lined up outside of the building at 7 a.m. waiting for the doors to open.

런던 대학 수강 신청은 이번 주에 시작합니다. 학생회 건물은 다음 학기 강좌 등록을 위해서 몰려드는 학생들의 열기로 가득했습니다. 공대 2학년인 브레인 말론은 그가 등록에 늦었고, 그가 원했던 강좌들은 이미 만석임을 알고 실망했다고 말했습니다. 다른 학생들은 오전 7시에 입구가 열리길 기다리며 빌딩 밖에서 줄을 서서 기다렸습니다.

Q: Which expression best summarizes the talk?

(a) The early bird catches the worm.
(b) Don't count your chickens before they have hatched.
(c) A bird in the hand is worth two in the bush.
(d) Let bygones be bygones.

이야기를 가장 잘 요약한 표현은?

(a) 일찍 일어나는 새가 벌레를 잡는다.
(b) 부화되기도 전에 병아리를 세지 마라.
(c) 손에 있는 한 마리 새가 숲 안의 두 마리보다 낫다.
(d) 지난 일은 지난 것으로 해라.

해설 런던 대학(University of London)의 수강 신청 풍경에 대한 내용이다. 일례로 브레인 말론이라는 학생은 수강 신청에 늦어서 들으려던 수업을 못 듣게 되었다는 얘기가 있으므로 (a)가 가장 적당하다. (b)는 성급하게 판단하지 말라는 내용이고 (c)는 내 수중에 있어서 바로 쓸 수 있지 않으면 소용없다는 뜻. (d)는 지난 일은 지나간 것으로 여기고 미련을 버리라는 뜻이므로 모두 부적당하다.

어휘 brim 가득 붓다, 넘치려 하다 rush to ~로 돌진하다, 쇄도하다 be disappointed 실망하다 be lined up 늘어서다, 줄서다

59.

All Sport Mart and Sport Check retail stores will be participating in the 'Walk for Care,' a fundraising event raising money for cancer research. When you make a purchase at any of the participating stores, you will have the opportunity to add $1.00 to your total purchase as a donation to the event. Each store will sponsor one team to take part in the event, walking 10km. The event will take place on June 24th. We would like to thank you in advance for your generous support.

모든 스포츠 마트와 스포츠 체크 소매점들은 암 연구에 필요한 기금 마련 이벤트인 '치료를 위한 걷기'에 참여할 것입니다. 이벤트 참여 점포에서 어떤 것이라도 구매하셨으면, 여러분의 총 구매 금액에 1달러를 더하여 이 이벤트에 기부하실 기회를 갖게 됩니다. 각 점포들은 10킬로미터를 걷는 이 이벤트에 참여하는 한 팀을 각자 후원할 것입니다. 이 이벤트는 6월 24일에 열립니다. 여러분의 아낌없는 후원에 미리 감사드립니다.

Q: Which statement is true according to the announcement?

(a) The event has already taken place, and they are thanking the sponsors.
(b) $1.00 will automatically be added to all purchases at participating stores.
(c) Each participating store will sponsor a team to do the walk.
(d) The walk will take place on June 10th, and will be a 24km walk.

공고와 일치하는 말은 무엇인가?

(a) 이벤트는 이미 열렸고, 이들은 후원자들에게 감사하고 있다.
(b) 참여 점포에서의 모든 구매품에 자동으로 1달러가 적립된다.
(c) 참여 점포는 각각 걷기를 하는 팀을 후원할 것이다.
(d) 이 걷기는 6월 10일에 열리고, 거리는 24킬로미터가 될 것이다.

해설 암연구에 기증할 기금 마련 행사에 대한 안내로서, 부합하는 내용을 고르는 문제. 행사는 사용된 시제로 볼 때 미래의 일이므로 (a)는 오답이다. (b)는 1달러를 기증할 기회가 주어진다고 했으므로 automatically가 잘못되었으며 (d)의 정보는 모두 잘못되었다. 본문 뒷부분에 각 점포가 걷기를 하는 팀의 스폰서가 된다고 했으므로 (c)가 정답이다.

어휘 participate in ~에 참석하다 purchase 구매 sponsor 후원하다, 지원하다

60.

I am saddened to report the worst accident ever to take place on an oil platform just off the Eastern coast of the United States. A fire broke out early Sunday morning, and quickly spread to encompass much of the platform. Evacuation teams were quick to respond, and rescue efforts were begun as soon as possible. Still, 27 people were injured in the fire, and 22 are in critical condition. A spokeswoman for the drilling company was asked to comment on how the fire began, and refused to do so. We will be following this story as it progresses.

저는 미국의 동부 해안선 근처 석유 굴착용 플랫폼에서 최악의 사고가 발생했음을 알려드리게 되어 슬픕니다. 화재가 일요일 아침 일찍기 발생하여 빠른 속도로 번져나가 플랫폼의 상당 부분을 에워싸게 되었습니다. 구조팀은 재빨리 출동했고, 최대한 빨리 구조 작업을 시작했습니다. 그러나 화재 속에서 27명이 부상당했고, 22명은 중상에 빠져 있습니다. 시추회사 대변인은 화재 발생 경위에 대해서 질문을 받았으나 언급을 거절하였습니다. 저희들이 진행 사항을 계속해서 알려드리겠습니다.

Q: What is true according to the passage?

(a) Sunday's accident led to evacuations at other oil platforms.

(b) Other accidents of the same degree of severity have been reported.

(c) A number of people were injured in the accident.

(d) The fire began from a broken piece of machinery leaking oil.

본문에 따르면 사실인 것은?

(a) 일요일의 사고로 다른 석유 굴착용 플랫폼에서 철수하게 되었다.

(b) 동일 수위의 다른 끔찍한 사고들이 보도되었다.

(c) 많은 사람들이 사고에서 부상당했다.

(d) 화재는 부서진 기계 조각에서 유출된 기름으로 시작되었다.

해설 해저 석유 시추소에서 있었던 화재에 대한 내용으로 맞는 내용을 찾는 문제이다. (a)의 다른 석유 시추소에 대한 내용과 (b)의 다른 사고들에 대한 것은 언급된 바 없다. 화재가 어떻게 발생하였는가에 대한 정보도 없으므로 (d) 역시 사실이 아니다. 27명이 다쳤고 22명이 중태라는 정보에서 (c)가 정답임을 알 수 있다.

어휘 be saddened to 부정사 ~하다니 슬프다   encompass 포위하다, 둘러싸다, 완수하다   rescue 구조하다   critical 중대한

GRAMMAR

Part 1

1.

A: Have you ever heard of a street ____________ Dunaway St.?
B: It sounds familiar, but I'm not sure.

(a) name
(b) to name
(c) named
(d) naming

A : 더너웨이 라는 거리에 대해서 들어보셨어요?
B : 귀에 좀 익지만 잘은 모르겠어요.

해설 현재분사와 마찬가지로 과거분사 역시 명사를 뒤에서 수식할 수 있는데 수식을 당하는 명사 street는 Dunaway St.로 '이름지어져'야 하는 수동의 의미가 필요하므로 과거분사 named가 올바르다. A의 말을 of a street (that is) named Dunaway St.로 바꾸고 보면 쉽게 이해할 수 있다.

어휘 familiar 익숙한, 잘 아는

2.

A: Are you enjoying your new job?
B: Well, the hours are longer, but the ____________ is much higher.

(a) pay
(b) pays
(c) paid
(d) paying

A : 새 직장 재미있으세요?
B : 음, 근무 시간이 더 길지만 임금은 훨씬 많아요.

해설 접속사는 문장과 문장을 연결하므로 but 뒤에는 주어와 동사가 있어야 한다. be동사 앞이 빈칸인 것으로 보아 주어가 필요한데 주어는 명사의 역할이므로 '임금, 봉급'의 의미로 사용하는 명사 pay가 정답이다. paying은 '지불하다'는 동사를 '지불하기'의 동명사 형태로 바꾼 것뿐이므로 혼동하지 않도록 한다.

3.

A: Is something the matter?
B: I think the stereo is broken because this CD ____________ play.

(a) shouldn't
(b) don't
(c) won't
(d) hasn't

A : 무슨 문제 있어요?
B : 이 CD 재생이 안 되는 것을 보니 스테레오가 고장 난 것 같아요.

해설 My car won't sart(내 차가 시동이 안 걸려.)에서와 같이 won't에는 '아무래도 ~하지 않는다'라는 고집과 거절의 의미가 있어서 스테레오가 어떻게 해도 작동을 않는다는 의미를 만들 수 있다. 따라서 (c)가 정답. 이 의미의 won't의 과거형은 wouldn't 이다.

4.

A: Can I talk to you for a second?
B: Maybe just for a second, but then I have to get _____________ to work.

(a) gone
(b) go
(c) went
(d) going

A : 잠깐 얘기 좀 할까요?
B : 잠깐이라면요. 그 후에 제가 일하러 가야 해서요.

해설 get 동사의 용법에 관한 문제. get –ing는 '~을 시작하다'라는 의미로 사용할 수 있으므로 (d)가 정답. (b), (c)와 같은 용법은 없으며 get p.p(~ 하게 되다)는 사용할 수 있지만 문맥에 전혀 어울리지 않는다. get은 그 용법과 의미가 이루 말할 수 없이 다양하고 워낙 빈번히 사용되는 동사이므로 사전을 잘 참조하여 완벽하게 학습해두어야 한다.

5.

A: Do you have a date for the dance tomorrow?
B: I thought I _____________, but Spencer just called to cancel.

(a) am
(b) was
(c) do
(d) did

A : 내일 댄스 파티에 상대가 있어요?
B : 그런 줄로 알았는데 스펜서가 방금 전화해서 취소했어요.

해설 시제 일치 문제. 데이트 상대가 있는 줄 알았으나 지금은 취소된 상태이므로 have a date를 현재형으로 대신하는 do는 사용할 수 없게 된다. 데이트 상대가 있던 것은 과거의 일이 되어버렸으므로 과거형 did로 동사 have를 대신하여야 한다.

6.

A: Laurie told me that she got 100% on the quiz.
B: I wonder _____________ she really did.

(a) if
(b) so
(c) as
(d) that

A : 로리가 퀴즈에서 100점을 받았다고 말해주더군요.
B : 그녀가 정말로 그랬는지 궁금하네요.

해설 명사절을 이끄는 접속사는 that, if/whether, 의문사 등이 있다. that은 뒤의 문장이 사실일 때, if/whether는 '~인지 아닌지'의 뜻으로, 의문사는 각각의 의문사의 의미가 필요할 때 사용한다. B의 이야기는 그녀가 정말 100점을 받았는지 아닌지 궁금하다는 뜻이므로 (a)가 정답. if를 whether로 바꾸어 써도 무방하다.

7.

A: Did you call the airline to book our tickets?
B: I called yesterday and tried to get through but I
___________.

  (a) wouldn't
  (b) couldn't
  (c) shouldn't
  (d) didn't

A: 탑승권 예약하러 항공사에 전화 하셨어
    요?
B: 어제 전화 해서 통화를 시도했는데 못했어
    요.

해설 적절한 조동사를 찾는 문제. 항공사에 전화를 하려했으나 통화할 수가 없었다는 내용이므로 '~할 수 없다'는 의미인 can't의 과거
형 couldn't가 적합하다.

8.

A: What sort of games do you enjoy playing?
B: I'm absolutely addicted to ___________.

  (a) crossword puzzle
  (b) a crossword puzzle
  (c) crossword puzzles
  (d) the crossword puzzle

A: 어떤 게임을 좋아하세요?
B: 저는 가로세로 낱말 맞추기에 완전히 중독
    됐어요.

해설 특정 명사를 가리키는 것이 아니라 일반적으로 통칭하는 경우, 셀 수 있는 명사는 관사 없이 복수 형태로 사용하고 셀 수 없는 명사
는 관사 없이 그대로 사용한다. B가 중독되어 있는 게임은 특정한 낱말 맞추기가 아니라 '낱말 맞추기'라는 것을 통틀어 일컫고 있
고 puzzle은 셀 수 있는 명사이므로 crossword puzzle의 복수형 crossword puzzles가 정답.

9.

A: Thank you for all of your help with the assignment.
B: I'm happy to help. If you have any further questions,
don't hesitate ___________.

  (a) to let me know
  (b) letting me to know
  (c) knowing me to let
  (d) to me let know

A: 이 과제를 도와주셔서 고맙습니다.
B: 도움이 되었다니 다행이네요. 질문이 더
    있으면 망설이지 말고 알려주세요.

해설 hesitate의 용법에 관한 문제. hesitate는 to부정사를 목적어로 취하여 '~하는 것을 주저하다'로 사용한다. 따라서 (a)가 정답.
참고로 let은 'let+목적어+동사원형'의 구조로 사용하여 '목적어로 하여금 (동사원형)하게 해주다'의 의미를 나타낸다.

어휘 **hesitate** 망설이다, 주저하다

10.

> A: Have you ever worked with children with disabilities?
> B: Actually no, I have very ___________ experience in that area.
>
> (a) many
> (b) little
> (c) lots of
> (d) fee

> A : 장애가 있는 어린이들과 일해본 적이 있습니까?
> B : 아니요, 그 분야에 대해서는 경험이 거의 없습니다.

해설 셀 수 없는 명사에 사용하는 양사에 관한 문제. experience는 일반적으로 셀 수 없는 명사로 사용한다. 따라서 셀 수 없는 명사 앞에 거의 없다는 뜻으로 사용하는 little이 적당하다. lots of는 셀 수 없는 명사 앞에도 사용할 수 있지만 앞에 있는 very의 수식을 받지 못하므로 적당하지 않다. 참고로 '겪었던 일들'의 의미로 복수형 experiences를 사용하는 경우가 종종 있으니 유의하도록 한다.

11.

> A: Have you found a new secretary yet?
> B: Yes, just yesterday I found ___________.
>
> (a) that
> (b) some
> (c) one
> (d) it

> A : 새 비서를 이제 구했나요?
> B : 네, 어제 한 명 구했어요.

해설 대명사 문제. B가 빈칸에서 가리키고자 하는 것은 a new secretary로 사람이지만 남자인지 여자인지 명확하지 않으므로 one으로 지칭하는 수밖에 없다. 이 때의 one은 a secretary를 가리킨다. one은 복수형도 있고 the와 함께 쓰일 수도 있으며 앞에 형용사가 위치할 수도 있음에 유의한다.

12.

> A: Do you have any idea where I can ___________.
> B: There's an inexpensive camera shop just across from the hotel.
>
> (a) have to develop these photos
> (b) have developed these photos
> (c) have these photos developed
> (d) have these photos to develop

> A : 혹시 이 사진들을 현상할 수 있는 곳을 아세요?
> B : 호텔 바로 맞은 편에 저렴한 카메라 가게가 있어요.

해설 have의 용법을 묻는 문제. have는 'have+목적어+형용사류'의 구조로 빈번히 사용된다. 이때의 형용사류에는 과거분사, 현재분사, 전치사구도 포함되는 광범위한 구조이다. 목적어 photo(사진)은 '현상되는 것'으로, 수동형의 의미를 가지는 과거분사를 뒤에 사용해주어야 한다. 따라서 (c)가 정답. 이 구조는 have 이외에도 get, keep 등도 가능하고, 자주 사용되므로 꼭 알아두어야 한다. 또, have가 'have+목적어+동사원형'의 구조로 사용되면 '목적어가 (동사원형)하도록 시키다'라는 의미가 된다.

어휘 develop (사진을) 인화하다, 현상하다

13.

> A: My daughter is three years old and she'd like to attend music classes here.
>
> B: Actually, the music classes are only for ___________
>
> (a) six-year-old
> (b) six-year-olds
> (c) six-years-old
> (d) six-years-olds

A : 제 딸이 세 살인데, 여기에서 음악 수업을 듣고 싶어해요.

B : 사실, 음악 수업은 6세로 한정되어 있습니다.

해설 음악 교습의 대상은 명사로 '여섯 살박이들'이어야 하므로 형용사는 빈칸에 올 수 없다. 하이픈으로 단어들을 이어 명사로 만들면 전체가 하나의 명사가 되므로 복수는 맨 뒤에만 붙게 된다. 따라서 (b)가 정답. 참고로 (a)와 같이 하이픈으로 단어들을 조합하여 형용사가 될 때는 –s를 붙인 복수형을 사용하지 않는 것에 유의한다. 형용사에는 수가 존재하지 않기 때문이다.

14.

> A: Have you seen a tall woman ___________ around here?
>
> B: No, sir. I haven't.
>
> (a) with sunglasses on
> (b) on sunglasses with
> (c) with sunglass on
> (d) with on sunglass

A : 혹시 이 근처에서 선글라스 낀 키 큰 여자 분 보셨어요?

B : 아니요. 못 봤는데요.

해설 'with+신발/안경/모자 등+on'은 '신발을 신고, 안경/모자를 쓰고'라는 표현이다. 전치사는 종종 생략되기도 한다. sunglasses(선글라스)는 안경, 바지, 가위 등과 마찬가지로 항상 복수로만 쓰이는 명사이다. 따라서 (a)가 정답이다.

15.

> A: He has decided to donate 10% of his salary to ___________ in need.
>
> B: That's wonderful. I wish I could be so generous.
>
> (a) peoples who are
> (b) people who are
> (c) people who is
> (d) peoples who is

A : 그가 도움이 필요한 사람들에게 월급 중 10%를 기부하기로 결심했대요.

B : 대단하네요. 저도 그렇게 너그러우면 좋겠어요.

해설 명사의 수와 관계대명사의 용법을 묻는 문제. people은 '민족, 종족'의 뜻으로 쓰이면 복수 형태가 가능하기도 하지만 여기서는 일반적인 '사람들'이므로 people 그 자체로 복수 취급하는 명사이다. 따라서 (a), (d)는 적절치 않고 관계대명사절의 동사의 수는 선행사의 수에 일치하므로 (b)가 정답. police도 항상 복수 취급하는 것에 유의한다.

어휘 **donate** 기부하다 **generous** 관대한, 너그러운

16.

A: It's so nice of you ___________ me to borrow your new car.

B: Well, just be really careful with it.

(a) for allow
(b) to allow
(c) to be allowed
(d) to allowing

A: 새 차를 빌려줘서 정말 고마워.

B: 음, 그냥 조심해서 타기나 해.

해설 가주어 진주어 구문. 'It+be동사+형용사+to부정사'는 '(to부정사)하는 것이 (형용사)하다'라는 뜻으로 사용하는 매우 중요한 구문이다. 따라서 빈칸은 to부정사가 쓰인 (b)가 정답. 참고로, 이 구조에서 to부정사의 행위를 하는 주체를 표시할 때 형용사가 사람의 품성을 표현하는 어휘라면 문제와 같이 of를, 그렇지 않은 경우는 for를 쓴다.

17.

A: Why did Jeffrey stop by Jessica's place this afternoon?

B: He wanted to drop off some CDs ___________ to her.

(a) belong
(b) belongs
(c) belonged
(d) belonging

A: 제프리가 오늘 오후에 제시카 집에는 왜 들렀죠?

B: 그녀의 CD 몇 장을 건네주려구요.

해설 현재분사와 과거분사는 형용사처럼 명사를 앞, 뒤에서 자유롭게 수식할 수 있는데 보통 수식하는 분사 바로 뒤에 그 분사에 연결되는 어구가 있을 때는 분리시키는 것이 어색하므로 일반적으로 뒤에서 수식한다. 빈칸 뒤의 to는 belong과 함께 쓰이는 말이기 때문에 CDs를 뒤에서 수식하여 같이 위치시켰다. CD는 직접 그녀의 소유물이 되기 때문에 능동형 현재분사 belonging으로 수식한 (d)가 정답.

18.

A: Why did you drop the eggs on the kitchen floor?

B: It was a mistake. I didn't ___________.

(a) mean
(b) mean to
(c) mean it to
(d) mean to it

A: 주방 바닥에 달걀을 왜 떨어뜨렸어?

B: 실수였어. 그러려고 한 게 아니야.

해설 동사의 대치어에 관한 문제. mean은 뒤에 to부정사를 목적어로 취하는 동사 중 하나다. 따라서 B의 말은 원래 I didn't mean to drop the eggs.였으나 동사와 목적어 등이 반복되므로 이런 경우 to까지만 표현하는 것이 일반적이다. 혹은 달걀을 바닥에 떨어뜨린 일 전체를 it으로 받아 I didn't mean it.으로 써도 무방하나 선택지에서 발견할 수 없으므로 (b)가 정답.

19.

A: Is it critical that the report is in by Tuesday?
B: Yes. I cannot emphasize it ___________.

(a) that much
(b) too many
(c) so
(d) enough

A: 그 보고 자료는 반드시 화요일까지 받아야 하나요?
B: 네, 아무리 강조해도 모자라요.

해설 can not ~ enough는 '아무리 ~해도 지나치지 않다'는 표현이다. 따라서 (d)가 정답이다. (a)를 넣게 되면 '그만큼은 강조할 수 없다'는 말이 되고 (b)는 빈칸에 넣을 수조차 없으며 (c)는 '그것을 그런 식으로 강조할 수는 없다'가 되어 어색하다.

어휘 emphasize 강조하다

20.

A: What are you planning to do this summer after graduation?
B: Well, my mom ___________ at the law firm.

(a) wants her to work with me
(b) wants my working with her
(c) wants me to work with her
(d) wants me work her with

A: 졸업하고 이번 여름에 무엇을 하려고 계획 중이세요?
B: 글쎄요, 엄마가 법률회사에서 같이 일하기를 원하세요.

해설 want의 용법에 관한 문제. want는 동사를 목적어를 취할 때 to부정사의 형태로 취하지만 'want+목적어+to부정사' 구조로, '목적어가 (to부정사)하는 것을 원하다'의 의미로도 사용할 수 있다. 따라서 (c)가 정확한 어순. want, need, teach, tell, ask, persuade, adivise, recommend 등의 동사는 'V+목적어+to부정사' 구조를 취하며, 이 구조는 동사의 용법에 있어 매우 중요하므로 잘 학습해두자.

Part 2

21.

> Street protests ___________ commonplace across
> Western Europe.
>
> (a) become
> (b) has become
> (c) have become
> (d) becoming

거리 시위가 서유럽에서는 평범한 일이 되어
버렸다.

해설 시제 문제이다. 분사는 본동사가 될 수 없으므로 (d)는 제외된다. (b)는 수일치가 안 되어 있으므로 제외. (a)는 동사원형으로 '평
소'의 시간 배경을 의미하게 되므로 내용이 어색해진다. 따라서 현재완료의 (c)가 정답이다.

어휘 commonplace 평범한 일[것]

22.

> This was ___________ outdoor pool built in the city of
> Fredericton.
>
> (a) first
> (b) the first
> (c) of the first
> (d) firstly

이것은 프레드릭턴 시에서 처음 지어진 실외
수영장이었다.

해설 순서를 나타내는 서수는 개념상 유일한 것에 해당하고 주어진 상황에서 이미 정해져 있는 것이므로 보통 정관사 the와 함께 사용한
다. 의미상으로도 '첫 번째 옥외 수영장'이 되어야 자연스럽다. (c)의 of는 불필요. (d)는 항목을 나열할 때 사용한다.

23.

> All of ___________ suggests that Mr. Kellerman stole the
> diamond necklace.
>
> (a) evidence
> (b) an evidence
> (c) the evidence
> (d) evidences

모든 증거들이 켈러맨 씨가 다이아몬드 목걸
이를 훔쳤다는 것을 보여준다.

해설 한정사는 둘을 연이어서 사용하지 않는다. 특히 양을 표시하는 양사와 특정 명사임을 표시하는 한정사들(the, this/these,
that/those, 소유격 등)이 충돌할 때는 of로 분리시키는 규칙이 있다. 따라서 (c)가 정답. 그러나 all, both, half는 of를 사용할
수도 있고 생략할 수도 있다는 점에 주의한다. 무관사 명사의 양을 표시할 때는 of가 필요없게 되므로 (a)는 틀렸다.

24.

> The cure to this disease lies ___________ understanding the research that is currently being done.
>
> (a) in
> (b) on
> (c) from
> (d) at

이 병에 대한 치료는 현재 진행되고 있는 연구의 이해에 있다.

해설 동사와 전치사의 연결 관계를 묻는 문제. lie in은 '~안에 있다, 존재한다'의 뜻을 가졌으며 이때의 lie는 be동사의 의미와 크게 다를 것이 없다. (a)가 정답. 전치사는 각각 다른 의미를 가지고 사용되지만 같이 쓰이는 명사, 형용사, 동사 등이 거의 항상 정해져 있으므로 그때그때 학습하는 습관이 중요하다.

25.

> Before you begin cooking, you should wash your hands well with ___________ and water.
>
> (a) a soap
> (b) the soap
> (c) soap
> (d) soapy

요리하기 전에 손을 비누와 물로 잘 씻어야 한다.

해설 영어의 비누는 물질을 가리키는 말로 셀 수 없는 명사에 해당한다. 따라서 a를 사용한 (a)는 불가능한 표현이고, 전치사는 명사를 취하므로 형용사를 사용한 (d)도 적절하지 않다. (b)는 정관사를 사용하고 있는 것으로 보아 우리가 아는 특정 비누라는 의미가 내포되어 있으므로 전체적 문맥에 어울리지 않는다. 일반적인 의미의 비누와 물이란 의미로 (c)가 정답. 참고로 비누를 세는 단위로 보통 bar가 사용된다.

26.

> A news report released this morning suggested that the power outage ___________ continue for at least the next 2 days.
>
> (a) must
> (b) will
> (c) can
> (d) to be

오늘 아침 신문 보도에서 정전이 적어도 이틀간 지속될 것이라고 했다.

해설 문장의 끝에 for at least the next 2 days를 볼 때 미래 이야기임을 쉽게 알 수 있다. 문맥상 단순히 '~하게 될 것'이라는 의미만 필요하므로 (b)의 will이 정답. must는 의무나 강한 추측에 사용하고 can 역시 능력을 뜻하므로 여기서는 어색하다.

어휘 **release** 개봉하다, 발매하다, 발표하다 **outage** 사용 불능, 정전

27.

This is _____________ a clear case of identity theft.

(a) what seems to
(b) that seems
(c) that seems to be
(d) what seems to be

이것은 명백한 신분 위장 절도처럼 보이는 사건이다.

해설 be동사의 보어 자리가 빈칸이므로 명사 또는 형용사가 오면 된다. what은 자신이 이끄는 절에서 주어, 목적어 역할을 하면서 명사절을 구성하므로 뒤에 불완전한 절이 오지만, that은 뒤에 주어와 동사를 갖춘 완벽한 문장을 이끌며 명사절을 만들게 되므로 that절은 seem의 주어 역할을 할 수 없어서 (b)와 (c)는 오답이다. 또 seem은 to부정사를 취하므로 뒤에 be까지 잘 갖춘 (d)가 정답이다.

어휘 identity 본인 임, 신원

28.

The rain and subsequent flooding did _____________ to houses along the river.

(a) many damage
(b) lots of damage
(c) many damages
(d) lots of damages

비와 그에 따른 범람은 강변의 가옥에 큰 피해를 가져다 주었다.

해설 '피해'로 사용하는 damage는 셀 수 없는 명사이다. 따라서 복수형이 없으므로 (c), (d)는 오답이다. (a)의 many 역시 셀 수 있는 명사의 양을 표현하므로 부적합하다. (b)가 정답이다. damages는 복수일 때 '손해 보상금'의 뜻으로서 문제와 관련없는 의미이다.

어휘 subsequent 다음의, 그 후의, 수반하는 flooding 홍수, 범람

29.

The accountant _____________ to have stolen $10,000 from the government in unpaid taxes.

(a) alleged
(b) was alleged
(c) had alleged
(d) has alleged

회계원은 정부의 미납 세금에서 10,000달러를 훔쳤다고 알려졌다.

해설 회계사가 직접 allege(~라고 말하다, 전하다)하는 것이 아니고 문맥상 사람들이 그렇게 얘기한다는 내용이므로 회계사가 주어인 본문에서는 수동태로 써야만 한다. 따라서 유일한 수동태인 (b)가 정답이다.

어휘 unpaid 지불되지 않은 allege ~라고 말하다

30.

If the country ___________ any more populated, where would people live?

(a) become
(b) were to become
(c) has become
(d) have had become

만약 그 나라의 인구가 더 많아진다면, 사람들은 어디서 살아야 할까?

해설 'if+S+were to부정사'로 가정하면 별로 가능성 없는 일을 가정하는 모양이 된다. 따라서 주절은 보통 would나 could가 사용된다. (a)는 시제가 맞지 않으며 만약 became이면 가정법 과거의 형태에 따라 정답이 될 수 있다. (c)는 주절과의 가정법 모양이 어울리지 않고, (d)는 불가능한 모양이다.

31.

Kate is ___________ you the opportunity to work at her hair salon.

(a) offer
(b) offers
(c) offering
(d) offered

케이트는 당신이 그녀의 미용실에서 일할 기회를 주고 있다.

해설 offer의 용법은 S+offer+A+B(A에게 B를 제공하다)이다. 따라서 간접목적어 A가 주어가 되어 수동태가 되면 A is offered B(A는 B를 제공받다)가 가능하고 직접목적어 B가 주어가 되어 수동태가 되면 B is offered to A(B는 A에게 제공되다)가 되어 전치사 to가 필요한 것에 유의한다. 문제는 간접목적어와 직접목적어가 모두 있으므로 결국 offer는 능동이어야 하며 be동사 is가 이미 있으므로 진행형으로 만드는 수 밖에 없다. 따라서 (c)가 정답이다.

32.

If you ___________ on working for that company any longer, you will find yourself losing interest quickly.

(a) going
(b) has gone
(c) went
(d) go

만약 그 회사에서 더 이상 일을 계속한다면, 빨리 흥미를 잃어가는 자신을 발견하게 될 것이다.

해설 가정법 현재는 'If+S+현재형동사, S+will+동사원형'이다. 주절에 will이 사용된 것으로 보아 빈칸은 현재형 동사가 사용되어야 하고 주어가 you이므로 동사원형을 사용하면 된다. (d)가 정답이다.

33.

___________ book did you want me to order in, the first or the second edition?

(a) Which of
(b) Which
(c) That
(d) Of which

어떤 책을 제가 주문해 드리기를 원하셨습니까? 첫 번째 개정판입니까, 아니면 두 번째입니까?

해설 문장 뒷부분의 선택의 or가 있는 것으로 보아 의문사는 which이므로 (c)는 부적합. 빈칸 뒤의 book 앞에 아무 것도 붙지 않았으므로 한정사 충돌을 막기 위한 of도 불필요하므로 (a)도 옳지 않다. (b)가 정답이다. (d)는 관계대명사로서의 which에 전치사 of가 붙어 있는 모양이다.

34.

One ___________ be too careful when it comes to children's safety.

(a) should not
(b) shall not
(c) would not
(d) cannot

아이들의 안전에 대한 일이라면 아무리 조심해도 지나치지 않다.

해설 can't ~ too ...는 '아무리 …해도 지나치지 않다'로서 can't ~ enough ...와 같은 의미로 사용할 수 있다. 따라서 (d)가 정답. one은 일반인을 가리키는 대명사이고 people 또는 we, you로 바꾸어도 무방하다. 'when it comes to+명사'는 '~에 관해 이야기하자면'이다.

35.

___________ by the newspaper article, Kurt immediately called his mother to discuss it.

(a) Surprise
(b) Surprising
(c) Surprised
(d) Having surprised

신문 기사를 읽고 놀라서 커트는 그것에 대해 얘기하려고 즉시 그의 엄마에게 전화 했다.

해설 분사구문에 대한 문제. 분사구문은 흔히 -ing 구문만을 생각하기 쉬운데 그렇지 않다. 과거분사로 시작하는 분사구문도 얼마든지 가능하다. 다만 주절의 주어 입장에서 볼때 '당하는 일'이 되어야 과거분사 분사구문을 사용할 수 있다. 수식을 받는 말이 직접 감정을 느끼는 것을 나타낼 때는 과거분사를 써야 하므로 surprised를 쓴다. 또 빈칸 뒤에 by가 있어서 수동형임을 쉽게 알 수 있다. (c)가 정답이다.

36.

Those ___________ have suffered from malaria never fully recover.

(a) what
(b) who
(c) that
(d) whose

말라리아로 고생한 사람들은 절대 완치되지 못한다.

해설 '~하는 사람들'은 those who S+V로 표현한다. 사람을 받는 관계대명사는 that도 가능하지만 이 표현에서 만큼은 that을 쓸 수 없고 또 these who라고도 쓰지 않는다. 문법 사항이라기보다 관용표현이므로 기억해두는 수밖에 없다.

어휘 **fully** 완전히 **recover** 회복하다

37.

The monkeys ___________ excited by the children at the zoo and began jumping around.

(a) got
(b) get
(c) are getting
(c) have gotten

동물원의 원숭이들은 아이들 아이들을 보고 흥분하여 주위를 뛰어다니기 시작했다.

해설 문장 전체는 단순히 지나간 사건들에 대해 이야기하고 있다. 또, and로 이어진 뒷 문장의 시제로 볼 때 앞 문장도 과거시제가 되어야 순서대로 사건이 진행되므로 문맥이 자연스럽다. 따라서 (a)가 정답. (d)를 사용하게 되면 원숭이들이 지금 흥분되어 있다는 당장의 얘기가 되므로 and 뒤의 시제와 어울리지 않게 되므로 부적합하다.

38.

___________ for the taxi to arrive, Susan saw her friend Chris on the street.

(a) She was waiting
(b) Having waited
(c) Waiting
(d) As was waiting

수잔은 택시를 기다리다가 길에서 친구 크리스를 보았다.

해설 분사구문 문제. 분사구문은 일단 주절의 주어와 분사의 주체가 일치하는 경우에 주로 사용하게 된다. 택시를 기다리는 주체가 주절의 수잔(Susan)이고 수잔이 능동적으로 택시를 기다리므로 현재분사형 waiting을 사용하면 된다. (c)가 정답. (b)를 사용하면 기다리는 일을 마치고 주절의 사건이 발생하게 되므로 문장이 전체적으로 어색하게 된다.

39.

I would like you to write a paper on the person who you believe to be ___________ songwriter of all time.

(a) greatest
(b) the greatest
(c) greater
(d) the greater

나는 네가 이제껏 가장 훌륭한 작곡가라고 믿는 사람에 대한 글을 쓰기를 바란다.

해설 최상급은 습관적으로 시간 또는 장소의 범위를 정해주는 말과 같이 쓰이게 되는데 빈칸 뒤의 of all time(모든 시대를 통틀어)은 최상급과 자주 어울려 쓰이는 시간 범위 표현이다. 따라서 빈칸은 최상급이 필요하며 최상급과 같이 쓰이는 명사는 개념상 일반적인 의미가 될 수 없으므로 정관사 the를 붙여 사용한다. (b)가 정답이다.

40.

I would not recommend that you ___________ any Hollywood movies that are rated 'R.'

(a) let watch your children
(b) children let watch
(c) let your children watch
(d) watch your children

나는 R 등급으로 매겨진 헐리웃 영화는 절대로 아이들이 보지 못하게 하도록 권장하고 싶다.

해설 빈칸 앞에 that절의 주어 you가 있는 것으로 보아 동사가 빈칸에 필요하므로 (b)는 불가능. let은 'let+목적어+동사원형' 구조로 사용하여 '목적어로 하여금 (동사원형)하게 해주다'로 사용한다. 같은 구조로 사용하는 동사에 make가 있다. 따라서 (c)가 정답.

41.

> (a) A: Have you seen the new Brad Pitt film?
> (b) B: I have seen it just last week.
> (c) A: What did you think?
> (d) B: I thought it was excellent!

> (a) A: 브래드 피트의 새 영화 봤어요?
> (b) B: 바로 저번 주에 봤어요.
> (c) A: 어땠어요?
> (d) B: 정말 재미있었어요!

해설 과거가 명백하면 현재완료를 사용할 수 없다. (b)의 말 중에는 last week라는 확실한 과거를 나타내는 시간 표현이 있으므로 과거 시제로 써야 한다.

정답 (b) I have seen it → I saw it

42.

> (a) A: Do you have Christine's address?
> (b) B: I should have it in the kitchen.
> (c) A: Don't worry about it. I'll just call information.
> (d) B: Wait, I get it. Just a minute.

> (a) A: 크리스틴 주소 있어?
> (b) B: 주방에 있을 거야.
> (c) A: 됐어. 내가 안내원에게 전화 해볼게.
> (d) B: 기다려, 내가 가져올게. 잠시만.

해설 말하는 순간에 결정한 의지를 표시할 때는 will을 사용한다. B는 A가 전화를 하려 하자 그때 비로서 자기가 크리스틴(Christine) 의 주소를 직접 가져오겠다는 결정을 하고 있으므로 will을 사용하여 가져온다고 얘기하여야 옳다. 반면 이미 결정하여 계획 중이던 미래는 'am/are/is going to부정사'를 사용하는 것이 일반적이다.

정답 (d) I get it. → I'll get it.

43.

> (a) A: Do you recycle at home?
> (b) B: Well, I try to do it at least once a week.
> (c) A: Recycle is the key to cutting down on waste.
> (d) B: I agree. I really should be more diligent about it.

> (a) A: 집에서 재활용을 하세요?
> (b) B: 음, 적어도 일주일에 한 번은 하려고 노력해요.
> (c) A: 재활용이 쓰레기를 줄이는 열쇠에요.
> (d) B: 맞아요. 좀더 부지런히 애써야겠어요.

해설 recycle은 타동사로 '재활용하다'이다. (c)의 말에서 be동사 is의 앞은 주어 자리여서 명사가 있어야 하므로 동사 recycle이 아닌 recycling이 들어가야 한다. 동사를 명사 형태로 만드는 방법은 동명사와 to부정사가 있으나 주어로는 동명사를 주로 사용한다.

정답 (c) Recycle → Recycling

44.

(a) A: I feel terrible today.	(a) A: 오늘 몸이 정말 안좋아요.
(b) B: What the matter, John?	(b) B: 왜 그러세요, 존?
(c) A: I was cycling yesterday and now my muscles are sore.	(c) A: 어제 자전거를 탔는데 지금 근육이 쑤셔요.
(d) B: You should take three painkiller twice a day.	(d) B: 하루 두 번 진통제 세 알을 복용하세요.

해설   명사의 수에 관한 문제. 셀 수 있는 명사는 몇몇 예외를 제외하고는 명사 뒤에 -s나 -es를 붙여 복수형을 만든다. painkiller는 셀 수 있는 명사이고 따라서 (d)의 painkiller는 앞에 three라는 숫자가 있으므로 복수로 쓰여야 옳다. 셀 수 있는 명사, 셀 수 없는 명사를 명확하게 구분하는 규칙은 없다. 각각의 명사 용법을 그때 그때 학습해두는 것이 최선의 방법이다.

정답   (d) painkiller → painkillers

45.

(a) A: Hi, Karen. The garden looks wonderful!	(a) A: 카렌, 안녕하세요. 정원 근사한데요!
(b) B: Thank you. I just put in some new flowers for the spring.	(b) B: 고마워요. 봄이라서 꽃을 새로 좀 심었어요.
(c) A: Well, it looks lovely. You know how I like daisies much.	(c) A: 와, 너무 예쁘네요. 내가 데이지꽃을 얼마나 좋아하는지 아는군요.
(d) B: I'm glad you like it, but I won't tell you what I spent on the flowers.	(d) B: 좋아하신다니 기쁘군요. 그렇지만 꽃에 얼마를 썼는지는 말 안 하겠어요.

해설   의문사 how는 뒤에 형용사, 부사를 붙여서 다양한 의문사를 다시 만들 수 있으므로 우리말의 '얼마나 많이', '얼마만큼'은 how much로 표현할 수 있다. 따라서 how와 much를 따로 떼어놓은 (c)가 잘못되었다. how 외에, which way, what color 등과 같이 which나 what은 뒤에 명사를 붙여 또 다른 의문사를 만들 수 있다는 것도 알아두자. 또한 how much는 금액을 표현하는 데도 사용한다.

정답   (c) how I like daisies much → how much I like daisies

46.

(a) It is nearly impossible to be in the workforce these day without at least a basic understanding of computer systems. (b) Nearly every industry relies on computers in some form. (c) It is increasingly important that job seekers have a solid foundation in computer programming. (d) Those lacking this knowledge should look into courses offered through colleges and libraries.

(a) 요즘은 컴퓨터에 대한 기초 지식조차 없이는 직장 구하기가 거의 불가능하다. (b) 거의 모든 산업은 어떤 형태로든 컴퓨터에 의존한다. (c) 구직자들이 컴퓨터 프로그래밍에 대해 확실한 기초를 가지고 있어야 된다는 점은 더욱 중요해지고 있다. (d) 이런 지식이 없는 사람들은 대학이나 도서관을 통해 제공되는 강좌를 잘 살펴보아야 한다.

해설 these는 this의 복수형이다. 따라서 these 뒤에는 복수명사가 오는 것이 당연한데 (a)에서 단수명사 these day가 사용된 것을 쉽게 알 수 있다. 꼭 문법을 생각하지 않더라도 these days는 '요즘'이란 뜻으로 회화에서도 매우 자주 사용하는 시간 표현이다. 우리말은 수개념이 영어만큼 확실하지 않아서 혼동스럽긴 하지만 주의를 기울이면 이 문제와 같이 수 관련 문제도 대단히 어렵지만은 않다.

정답 (a) these day → these days

어휘 workforce 노동력, 노동 인구 foundation 토대, 기초 look into 조사하다, 연구하다

47.

(a) It is astounding how much information can be gained these days through the Internet. (b) Many newspapers are losing subscribers as more and more people are getting their news on Internet. (c) It has essentially changed the way in which we interact not only with one another, but also with the surrounding world. (d) Twenty years ago, who could have foreseen this change?

(a) 오늘날 인터넷을 통해 얻을 수 있는 정보의 양은 매우 놀랍다. (b) 점점 더 많은 사람들이 인터넷에서 뉴스를 얻기 때문에 많은 신문들은 구독자를 잃고 있다. (c) 이는 단 한 사람이 아니라 세계의 어떤 사람과도 우리가 상호 작용을 하는 방법을 본질적으로 변화시켰다. (d) 20년 전만 해도 누가 이런 변화를 예상할 수 있었겠는가?

해설 telephone 등과 같은 과학 발명품, guitar와 같은 악기는 일반적인 의미로 사용할 때 the를 붙여 사용한다. Internet은 갯수로 구분할 수 없고 Internet이라는 시스템은 유일하며 우리 모두가 알고 있는 '그' 인터넷이므로 the를 붙여 쓴다. 또한 Internet은 전치사를 in이 아닌 on을 사용한다는 것에도 주의해야 한다. 따라서 (b)가 틀렸다.

정답 (b) on Internet → on the Internet

어휘 interact 상호 작용하다, 서로 영향을 끼치다 surrounding 주변, 주위, 환경 foresee 예견하다, 미리보다

48.

(a) I'd like to thank all of those who took part in organizing this conference. (b) Not only I enjoyed all of the presentations, but I feel that I am walking away with so much new knowledge. (c) Overall, I would say this has been a great success. (d) I can only hope that next year's conference will have the same turnout as this one.

(a) 저는 이번 학회를 조직하기 위해 참여해 주신 모든 분께 감사를 드리고 싶습니다. (b) 저는 여러분들의 발표를 즐겁게 들었을 뿐만 아니라, 너무 많은 새로운 정보를 많이 얻어 가는 기분입니다. (c) 저는 전반적으로 이번 학회는 대단히 성공적이었다고 말씀 드리고 싶습니다. (d) 저는 내년 학회에서도 참석자 수가 올해 만큼만 되었으면 하는 바람을 할 따름입니다.

해설 부정 도치에 관한 문제. 부정어가 문두에 위치하면 도치가 발생하는데 본동사가 be동사인 경우는 be동사가, 주어 앞으로 이동하고, 본동사가 일반동사인 경우는 시제와 주어에 따라 do/does/did가, 완료시제인 경우는 시제와 주어에 맞추어 have/has/had가, 조동사가 사용된 경우에는 조동사가 주어 앞으로 이동하게 된다. (b)는 not only로 시작하였으므로 I enjoyed는 도치되어야 한다.

정답 (b) Not only I enjoyed → Not only did I enjoy

어휘 take part in 참여하다   conference 회의   turnout 출석자(수)

49.

(a) The city of Detroit has recently proposed a curbside recycling program. (b) Currently, recycling is only done at local drop off centers, and they are unable to accept any plastic products. (c) Further, only about half of how they accept actually makes it to the recycling plant. (d) As pick-up is seldom, many items end up scattered along the road and end up as garbage.

(a) 디트로이트 시는 최근 길가 재활용 프로그램을 제안했다. (b) 현재, 재활용은 지역 재활용품 수거장에서만 이루어지는데, 거기서는 플라스틱 제품은 하나도 받을 수가 없다. (c) 더욱이 그들이 받아들이는 것의 겨우 절반 정도만 실제 재활용 시설로 간다. (d) 자주 수거하지 않기 때문에, 많은 것들이 길에 흩어져서, 결국 쓰레기 신세가 된다.

해설 주어나 목적어가 빠진 불완전한 문장을 이끌고 명사절을 구성할 수 있는 접속사는 what뿐이다. 이 때는 what이 바로 그 빠진 주어나 목적어를 나타내게 된다. (c)에서 전치사 of 뒤에 명사절이 사용되어야 하는데 또한 how로 만든 명사절에서 타동사 accept의 목적어가 없는 것을 볼 수 있다. 따라서 how 대신 what을 사용하여 목적어 역할을 하면서 명사절을 만들어야 '그들이 받아들인 반 정도만이'로 문맥이 자연스러워진다.

정답 (c) half of how they → half of what they

어휘 recently 최근   curbside 보도[차도]의 연석 쪽   accept 받아들이다, 수용하다   scatter 흩뿌리다, 흩어지다

50.

<table>
<tr>
<td>

(a) The National Spelling Bee will be held in Jacksonville on July 16th. (b) All junior school student's are invited to attend. (c) The contest will take place from 12:00 p.m.–4:00 p.m. in the main banquet hall of the Hilton Hotel. (d) Seating is limited, so please arrive early.

</td>
<td>

(a) 전국 철자 맞추기 대회가 7월 16일 잭슨빌에서 열릴 것입니다. (b) 모든 중학교 학생들이 참여하시길 바랍니다. (c) 대회는 힐튼 호텔의 주 연회실에서 오후 12시 ~ 4시까지 열릴 것입니다. (d) 좌석이 제한되어 있으므로 빨리 오십시오.

</td>
</tr>
</table>

해설 동사 앞은 주어이고 주어는 명사 고유의 역할이다. (b)에서 be동사 are의 앞에 소유격이 쓰이고 명사가 뒤따르지 않아 결국 주어 역할을 할 명사가 빠져 있다. 따라서 문맥상 소유격으로 사용된 student's를 복수명사 students로 바꾸면 문장이 자연스럽다.

정답 (b) junior school student's → junior school students

어휘 take place 일어나다, 발행하다 limit 제한하다

VOCABULARY

Part 1

1.

A: Why did you throw away your computer?
B: It kept shutting down and I was ___________ and tired of dealing with it.

(a) ill
(b) down
(c) sick
(d) fed

A: 컴퓨터를 왜 버렸어요?
B: 자꾸 죽어버려서 그걸 처리하는 게 지긋지긋했거든요.

해설 '~에 넌덜머리가 나다'는 표현으로 sick and tired of가 있다. 이런 표현들은 단어들이 모여 하나의 표현으로 사용되므로 통째로 기억해두지 않으면 정답을 고르기가 어렵다. 그러나 외우고만 있다면 간단하게 맞출 수 있는 문제이기도 하다. 정답은 (c)

2.

A: Can I help you find something sir?
B: Yes, I'm looking for a three-piece ___________.

(a) coat
(b) dress
(c) vest
(d) suit

A: 찾으시는 것을 도와드릴까요?
B: 네, 스리피스로 된 양복을 찾고 있어요.

해설 B의 말에서 three-piece로 보아 coat와 조끼인 vest는 일단 상식적으로 답이 될 수 없다. dress 또한 보통은 여성용으로 위에서 아래까지 이어진 긴 옷을 뜻하므로 웃옷과 바지, 조끼로 구성된 three-piece의 수식을 받기 어렵다. 따라서 (d)가 정답. 참고로 three-piece는 본래 suit와 잘 어울려 사용되는 형용사이다.

3.

A: What time does Jimmy go to bed?
B: I usually ___________ him in around 9:00 p.m., but sometimes he stays awake a bit later with us.

(a) send
(b) pack
(c) tuck
(d) put

A: 지미는 몇 시에 자나요?
B: 나는 보통 저녁 9시쯤에 재우는데요, 가끔은 우리랑 같이 있을 때는 약간 더 늦게까지 깨어 있기도 해요.

 A가 지미(Jimmy)는 몇시에 자냐고 묻자 B가 Jimmy를 목적어로 쓴 것으로 보아 B가 지미(Jimmy)를 재워주는 것을 알 수 있다. 따라서 '재우다'로 사용할 수 있는 어휘가 필요하다. 동사 tuck은 원래 '가지런히 하다'라는 타동사로서 in과 같이 사용하여 사람을 목적어로 쓰면 '잠자리에 눕혀 재우다'라는 뜻으로 쓴다. 또한 '삐져 나온 옷 등을 집어 넣어 잘 추스려 입다'라는 의미로도 사용할 수 있다. 답은 (c).

어휘 tuck 자다, 재우다(= go to bed, sleep)

4.

A: I really can't ___________ working here any longer!
B: I'm surprised to hear that.

  (a) break
  (b) allow
  (c) stand
  (d) believe

A : 난 정말 더 이상은 여기서 일을 못 하겠어!
B : 놀래라, 그런 말을 하다니.

해설 can't stand -ing는 '~하는 것을 참을 수 없다'라는 표현으로 매우 빈번히 사용된다. 이 표현은 특히 의미상 긍정형으로 잘 사용되지 않는 것도 기억하여야 한다. 비슷한 구조의 표현으로 can't resist -ing '참지 못하고 (-ing)하다', can't help -ing '(-ing)하지 않을 수 없다'도 있다. 이런 표현들은 외우고 있으면 간단히 맞출 수 있으므로 평소에 많은 표현을 접해두도록 한다. 정답은 (c).

5.

A: Do you enjoy working as a firefighter?
B: I do, but as I get older I think I would prefer something less ___________.

  (a) strenuous
  (b) robust
  (c) muscular
  (d) sturdy

A : 소방관으로 일하는 것이 재미있나요?
B : 네, 하지만 나이가 드니까 힘이 덜 드는 일을 하고 싶어요.

해설 빈칸은 직업으로서의 일 대신에 쓰인 something을 수식하는 말이 들어가야 한다. B의 말 중에 '나이가 들어감에 따라'에서 착안하면 힘이 덜 드는 일을 하고 싶다는 내용임을 간단히 유추할 수 있다. '강한 힘을 요구하는'의 (a)가 정답. (b)와 (d)는 '견고한', (c)는 '근육질의'이므로 모두 일을 수식하는 형용사로는 적합하지 않다.

6.

A: I'd like to buy a dozen muffins.
B: Certainly. Would you like all the same ___________?

  (a) one
  (b) kind
  (c) sorts
  (d) types

A : 머핀 12개 주세요.
B : 그러시죠. 모두 같은 종류를 원하세요?

 muffin(빵의 종류)을 여러 개 사려고 하자, 모두 같은 종류로 사려는가를 묻고 있다. 모두 같은 종류는 '한 가지 종류'라는 이야기이므로 종류를 나타내는 kind, sort, type 중에 단수로 사용된 것을 골라야 한다. 단수로 쓰인 (b)의 kind가 정답. (a)의 one은 muffin을 가리키므로 복수 ones로 써야 사용할 수 있다.

7.

A: I'm not sure which is my team shirt, and which is yours.
B: I know, they look so ___________.

(a) familiar
(b) similar
(c) same
(d) different

A : 어떤 게 우리 팀 셔츠이고 어떤게 당신 팀 셔츠인지 잘 모르겠어요.
B : 맞아요, 둘이 정말 비슷해 보여요.

 어떤 셔츠가 누구 것인지 알 수 없다고 하는 A의 말에 I know로 B 역시 동의하고 있으므로 셔츠들이 비슷하다는 내용을 만들어야 자연스럽다. 따라서 (b)가 정답. familiar는 '낯설지 않고 익숙한'이다.

8.

A: How did Douglas react to the news about the accident?
B: Not well. He just ___________ pale and was speechless.

(a) made
(b) took
(c) came
(d) went

A : 그 사고에 대한 뉴스를 듣고 더글라스 씨는 어떻게 반응했어요?
B : 좋진 않았어요. 그냥 창백해져서 말을 못 하더라고요.

 be동사와 같이 뒤에 형용사를 취할 수 있는 일반동사들에는 get, become, stay, remain, look, keep, sound, smell, taste, feel, seem, go, turn, grow 등이 있다. 이때 go는 색이나 질의 변화를 표현하는데 주로 사용한다. 따라서 색깔을 나타내는 형용사 pale과 사용하기 위해서는 (d)가 적합하다.

9.

A: Is the government at fault for not planning for the mudslide that destroyed those homes?
B: Partially, but they can only be so prepared for a natural ___________.

(a) disaster
(b) condition
(c) situation
(d) phenomenon

A : 그 집들을 붕괴시킨 진흙 사태의 대비 계획을 세우지 않은 것은 정부의 잘못인가요?
B : 부분적으로는 그렇지만 그들은 자연재해에 대해서는 그런 식으로 대비할 수 밖에 없어요.

10.

A: I ___________ the most amazing dream last night.
B: Tell me all about it.

   (a) had
   (b) saw
   (c) made
   (d) got

A: 나는 지난 밤에 아주 놀라운 꿈을 꿨어.
B: 그것에 대해 말해봐.

11.

A: Where can I find a watch repair shop?
B: I'm not sure. You can ___________ at the mall information booth.

   (a) question
   (b) inquire
   (c) demand
   (d) asking

A: 시계 수리점을 어디서 찾을 수 있죠?
B: 잘 모르겠는데요. 상점 안내박스에 물어보
시면 돼요.

12.

A: I have the greatest recipe for oatmeal raisin cookies that I'll give you.
B: Sure, if you think the recipe is that good, then I'll ___________ it a try.

   (a) get
   (b) have
   (c) make
   (d) give

A: 당신에게 줄 최고로 멋진 오트밀 건포도
쿠키 요리법을 알고 있어요.
B: 그러세요. 그 요리법이 그렇게 좋다고 생
각하면 나도 한번 해보죠.

 '시도해보다'는 have a try, make a try 등도 가능하지만 빈칸 뒤를 유심히 보면 간접목적어 it이 있고 직접목적어 a try가 있는 것이 보인다. 따라서 빈칸은 목적어를 둘 취할 수 있는 동사인 (d) give가 적당하다. 참고로 '시도하다, 한번 시험삼아 해보다'는 a try 대신 a go를 사용하여 have a go라고 표현하기도 한다. 이런 문제는, give it a try 전체가 하나의 표현이므로 다양한 표현 위주 학습이 되어야 정복할 수 있다.

13.

A: Does the battery charger ___________ with the camera?
B: Absolutely. It's included in the price.

   (a) have
   (b) come
   (c) accompany
   (d) attach

A : 배터리 충전기는 카메라를 살 때 딸려오나요?
B : 네, 가격에 포함되어 있습니다.

 충전기와 카메라의 관계와 가격에 포함된 것이라는 B의 말로 볼 때 충전기가 카메라에 딸린 것이냐를 묻는 질문이다. 동사 come은 뒤에 전치사 in을 쓰면 '물건이 (in 뒤의) 모양, 색깔 등으로 구입 가능하다'는 의미고 전치사 with를 사용하면 '~가 딸려 있다'는 의미가 된다. 따라서 정답은 (b)이다. accompany와 attach는 타동사이므로 전치사가 따로 필요치 않고 의미상으로도 부적합하다.

14.

A: Do you know how to water-ski?
B: I haven't tried since I was young, so I might be a little ___________.

   (a) old
   (b) lazy
   (c) rusty
   (d) lost

A : 수상스키 탈 줄 아세요?
B : 어릴 때 이후로 시도를 안 해봐서 실력이 좀 녹슬었을지도 몰라요.

 수상 스키를 탈 줄 아느냐는 질문에 어렸을 때 이후로 타지 않았다는 B의 대답으로 보아 실력이 그때와 같지 않다고 답하고 있다는 것을 알 수 있다. 영어도 우리말과 마찬가지로 무엇인가 오래 하지 않아 실력이 전같지 않을 때 '녹슬다'라는 형용사를 이용하여 표현한다. 따라서 (c)의 rusty가 정답이다.

15.

A: I don't want to bake with those old, brown bananas.
B: Oh, don't be so ___________. They'll be fine.

   (a) reasonable
   (b) frugal
   (c) picky
   (d) suggestive

A : 저렇게 오래된 갈색 바나나를 넣어 빵을 굽기는 싫어요.
B : 아, 너무 까다롭게 굴지 마세요. 괜찮을 거예요.

 A가 바나나가 오래되었기 때문에 사용하지 않겠다고 하자 B가 괜찮다고 하는 상황에서, B가 A의 태도를 묘사하는 빈칸에 '까다로운'이라는 형용사가 가장 잘 어울린다. 정답은 (c)이다. (a), (b)는 긍정적인 의미이므로 부적합하고 (d)는 전혀 어울리지 않는다.

16.

A: I'm not sure that I can ___________ his behavior much longer.
B: You need to talk to him.

  (a) put up with
  (b) get along with
  (c) come up with
  (d) fed up with

A: 그의 행동을 더 이상 참아줄 수 있을지 모르겠어요.
B: 그에게 가서 말을 좀 해보세요.

 A의 말에서 목적어인 '그의 행실'에 대해 더 이상 ~할 수 있는지 없는지 모르겠다'고 했으므로 (a)의 '참다(=bear)'가 가장 잘 어울린다. (b)는 '잘 지내다', (c)는 '떠올리다'로 의미가 통하지 않고 (d)는 '질리는(=sick of)'로서 의미상으로도 적절치 않고 형용사이므로 빈칸에 적당하지 않다.

17.

A: Is there anything else I can do?
B: No, but thank you for your help. I'll ___________ the favor soon.

  (a) send
  (b) give
  (c) return
  (d) bring

A: 내가 할 일이 다른 게 또 있나요?
B: 아니요, 도와줘서 고마워요. 곧 신세를 갚을게요.

 A의 도움에 감사하면서 곧 은혜를 갚겠다는 B의 말이 이어진다. '은혜를 갚다, 호의에 보답하다'는 return the favor를 사용한다. 받은 것을 되돌려준다는 의미가 들어 있으므로 동사 return을 쉽게 짐작해낼 수 있다. 정답은 (c). 이외에 favor와 같이 쓸 수 있는 표현으로 do A a favor가 있는데 'A의 부탁을 들어주다'도 함께 기억해야 한다.

18.

A: I heard that you weren't given the promotion at work.
B: No, but, to be honest, I'm not _______ upset about it.

  (a) willingly
  (b) terribly
  (c) sincerely
  (d) individually

A: 당신이 직장에서 승진을 못했다고 들었어요.
B: 네, 그렇지만 솔직히 굉장히 속상하진 않아요.

 승진이 되지 못했다는 A의 말에 '하지만'이라며 덧붙이는 말에는 '대단히' 못마땅하지는 않다는 답변이 적당하다. 본래 형용사 terrible은 '형편없는'의 뜻이지만 부사 terribly는 단순히, '굉장히, 지독하게'의 강조하는 의미로 사용한다. 정답은 (b). terribly는 또한 sorry와 잘 어울려 '대단히 미안하다'로 자주 사용된다. (a)는 '기꺼이', (c)는 '충심으로', (d)는 '개별적으로'이므로 모두 부적당하다.

19.

A: How was the wedding ceremony?

B: It was so ___________ that I nearly fell asleep!

   (a) boring
   (b) convincing
   (c) exciting
   (d) outstanding

A : 결혼식은 어땠어요?

B : 너무 지겨워서 거의 잘 뻔 했어요!

해설 B의 말 뒷부분에 거의 잠들 뻔했다는 것으로 보아 결혼식은 재미가 없었을 것이다. 따라서 '지루한'이라는 (a) boring이 적합하다. B의 말에 so ~ that S+V(너무 ~하여 (주어)가 (동사)하다)가 사용되었음에 유의한다.

20.

A: I thought that their presentation was quite thorough.

B: Yes, they really ___________ a lot of ground.

   (a) manipulated
   (b) searched
   (c) listed
   (d) covered

A : 나는 그들의 발표가 상당히 완벽하다고 생각했어요.

B : 네, 그들은 정말 다양한 분야를 다 다뤘어요.

해설 ground는 셀 수 없는 명사로 쓰이면 '지적 분야, 화제' 등의 의미가 있다. 이때의 ground는 거의 앞에 형용사가 위치하게 되며 동사로는 cover, go over 정도와 함께 쓰여 '~ 분야를 다루다'로 사용된다. 이렇게 별 이유 없이 ground는 특정 동사 cover를 유독 사용하게 되는데 이러한 경우를 colocation이라고 하고, 이것을 다룬 문제는 매우 높은 수준의 문제이므로 사전 등의 예문, 표현을 통하여 익혀두는 수 밖에 없다. 정답은 (d)이다.

21.

A: Your wife told me all about your trip to Mexico this winter.

B: I imagine that little ___________ to be told then.

   (a) remains
   (b) leaves
   (c) maintains
   (d) keeps

A : 당신 부인이 이번 겨울 멕시코 여행 계획에 대해 다 말해줬어요.

B : 그러면 내가 말할 게 거의 없겠네요.

해설 B의 아내가 멕시코 여행에 대한 모든 것을 A에게 말했으므로 B가 A에게 할 말은 그리 많지 않은 것으로 짐작된다. 동사 remain은 자동사로서 much/nothing/little remains to be p.p의 형태로 자주 사용되어 주어에 따라 각각, '(p.p)될 것이 많이 남아 있다/없다/거의 없다'의 의미를 가진다. (b), (c), (d)는 모두 타동사로서 뒤에 to부정사를 목적어로 취하지 않으므로 적당하지 않다.

22.

> A: That phone company ____________ bankrupt when the CEO resigned.
> B: I know. My cousin Harold used to work there.
>
> (a) hit
> (b) crashed
> (c) came
> (d) went

> A: 최고 경영자가 사직하고는 그 전화 회사는 망했어.
> B: 알아. 내 사촌 헤럴드가 거기서 일했었거든.

해설 빈칸 뒤의 형용사 bankrupt는 동사로써 be동사 아니면 거의 go, become을 사용하여 표현한다. go는 be동사류의 일반동사로서 go off(상하다), go mad(미치다), go bald(대머리가 되다) 등에서 보듯이 주로 좋지 않은 방향으로의 변화를 나타내는 데 사용한다. 정답은 (d)이다. 이런 문제는 동사의 의미만 알아서는 정답을 찾기가 불가능하므로 bankrupt라는 어휘를 학습할 때 같이 사용되는 동사까지 파악하는 학습법이 권장된다.

23.

> A: Do you mind if I borrow your ipod. Mine is dead.
> B: Did you forget to ____________ your battery again?
>
> (a) hold
> (b) charge
> (c) save
> (d) take

> A: 네 아이파드 좀 빌려도 될까? 내 건 작동이 안되어서.
> B: 배터리 충전하는 거 또 잊은 거야?

해설 ipod라는 기기가 작동하지 않는다(dead)는 말로 보아 건전지가 다 했음을 알 수 있다. 건전지를 충전한다는 뜻의 동사로는 charge를 사용한다. recharge는 '재충전하다'의 의미로 주로 사용하며 charge 자체에도 '충전하다'의 의미가 있다. 참고로 '건전지가 다 되어 작동않다'는 표현은 dead, run down 등을 사용할 수 있다.

24.

> A: Are you sure you can leave work 30 minutes early on Friday?
> B: It should be fine. People leave early all the time, so I don't really have any ____________ about it.
>
> (a) qualms
> (b) debates
> (c) lies
> (d) troubles

> A: 진짜로 금요일에 30분 더 일찍 퇴근할 수 있나요?
> B: 괜찮을 거예요. 다른 사람들이 항상 일찍 퇴근하기 때문에, 나는 전혀 불안한 마음이 없어요.

해설 A가 30분 일찍 퇴근하는 것에 대해 확실하냐고 묻는 질문으로 보아 B의 말은 그것의 확실성에 대한 내용이어야 대화가 자연스럽다. '제대로 하는 것인지 확실하지 않아 불안한 마음'은 명사 qualm을 사용하며 주로 복수로 쓴다. 따라서 정답은 (a).

25.

A: Have you noticed that Jacob seems rather
___________ of me?

B: Well, you did get the job that he had applied for.

    (a) content
    (b) resentful
    (c) fearful
    (d) disagreeable

A : 제이콥이 나한테 약간 화가 난 거 눈치챘어요?

B : 음, 그가 지원했던 일을 당신이 맡게 되었으니까요.

해설 B의 말 중 A가 제이콥이 지원한 일자리를 차지했다는 말로 보아 빈칸에 적당한 제이콥의 감정은 좋지 않은 것이 자연스럽다. 따라서 (b) resentful '분개한'이 좋다. (a) content는 happy와 같고 (c) fearful은 문맥과 어울리지 않으며 (d) disagreeable은 '마음에 들지 않는'이라는 의미로서, 주어가 그렇다는 용도로 사용하므로 빈칸에는 맞지 않다.

Part 2

26.

Apparently these cold and flu pills ___________ for up to 8 hours.

(a) feel
(b) last
(c) go
(d) do

이 감기와 독감약은 확실히 8시간 동안 효과가 지속됩니다.

해설 뒤에 시간 표현과 더불어 '~ 동안 지속되다'의 의미를 가진 동사는 last이다. 뒤의 전치사 for는 있어도 되고 없어도 무방하다. 이런 유형의 문제는 간단하므로 놓치지 않도록 한다. up to는 정도를 '~까지'로 표현한다.

27.

This is by no means a ___________ list; it just outlines a few of the possibilities.

(a) consecutive
(b) simultaneous
(c) comprehensive
(d) particular

이것은 전혀 포괄적인 목록이 아니다. 단지 몇 가지 가능성에 대한 개요일 따름이다.

해설 문장 뒷부분에 단지 몇 가지(a few)의 개요(outlines)일 뿐이라고 말하고 있으므로 빈칸은 '완전하다거나 포괄적'이라는 의미 등의 형용사가 들어가야, never와 같은 의미의 by no means와 함께 매끈한 문장이 된다. 따라서 '포괄적인, 광범위한'의 (c)가 정답. (a)는 '연속적인', (b)는 '동시의', (d)는 '특정한'으로 모두 빈칸에 부적합하다.

28.

Once you have reached your final ___________, your baggage will be available at terminal B.

(a) decision
(b) destination
(c) environment
(d) purpose

일단 최종 목적지에 도착하면, 수하물은 B 터미널에서 찾으실 수 있습니다.

해설 상식적으로 짐을 찾는 것은 최종 '목적지'에 도착해서의 일이다. 따라서 빈칸은 (b)의 destination이 정답. (d)는 장소가 아닌 '목적' 자체이므로 의미가 통하지 않는다. once는 접속사로서 '일단 ~하면'으로 쓰이고 있다.

29.

The strong police presence in the downtown core is mostly intended to ___________ criminals rather than to respond to crimes.

(a) deter
(b) commit
(c) criticize
(d) penalize

시내 중심에서의 강경한 경찰 주둔은 범죄에 대응하기 위해서라기보다 범죄를 방지하기 위한 것이다.

해설 경찰이 있으면 범죄를 예방하는 효과도 생각해볼 수 있다. 본문에서도 경찰이 시내에 있는 것이 범죄에 대응하는 것이 아닌 범죄를 예방하는 차원이라는 의미이므로 빈칸은 '~의 발생을 억제[저해]하다'의 deter가 적당하다. deter는 또한 deter A from B 또는 deter A from -ing의 형태로 사용할 수 있다는 것도 알아두어야 한다.

30.

Both oranges and spinach ___________ large amounts of iron.

(a) make
(b) keep
(c) use
(d) contain

오렌지와 시금치는 둘 다 철분을 다량 함유하고 있다.

해설 오렌지와 시금치에 '들어 있는' 철분에 관한 문장이다. 빈칸은 기본적으로 have의 의미를 가진 동사이면 된다. contain이 '함유하다'로서 적절하다. 정답은 (d). 문제에 사용된 both A and B의 용법에도 유의한다.

31.

Living in a senior's complex provides a lot of ___________ for older people.

(a) associate
(b) company
(c) colleague
(d) companion

노인 주거 단지에 거주하는 것은 노인들이 많은 친구를 사귈 수 있게 해준다.

해설 senior는 '노인'을 가리킨다. 노인들이 모여 사는 것 자체가 다른 이들과 섞여 있게 되는 것이므로 (b) company가 적당하다. company는 '다른 사람들과 같이 있는 상태'를 나타내므로 셀 수 없는 명사이다. 우리말로는 이해가 어려운 개념의 단어이므로 자주 접해서 익숙해져야 한다. collegue는 보통 '직장 동료'이며 셀 수 있는 명사라서 a lot of 뒤에서는 복수이어야 한다. (d) companion(동무)은 의미상 빈칸에 가능하나 역시 셀 수 있는 명사라서 복수 형태가 되어야 a lot of 뒤에 쓰일 수 있다.

32.

> The hero in the film is supposedly ___________ after the writer himself.
>
> (a) folded
> (b) mocked
> (c) sorted
> (d) modeled

그 영화의 주인공은 작가 자신을 모델로 한 것이라고들 한다.

해설 본문에서 주어진 영화 속 주연과 작가 자신의 관계는 작가 자신을 본보기로 하여 영화 주인공으로 만들었다는 내용일 때 가장 자연스럽다. 따라서 (d) modeled가 정답. 이런 경우의 전치사 after는 '~을[에] 따라'로서 동사 name(이름 붙이다)과도 같이 잘 사용된다. (a)는 '접다', (b)는 '흉내내다', (c)는 '정렬하다'로 모두 어색하다.

33.

> Many people in lower income brackets spend beyond their ___________.
>
> (a) reasons
> (b) methods
> (c) ways
> (d) means

많은 저소득층 사람들이 그들의 소득수준을 넘어 소비한다.

해설 본문에 쓰인 incom(수입), 빈칸과 함께 쓰인 spend(지출하다)로 볼 때 문맥상 빈칸은 금전과 관계 있는 어휘임에 틀림없다. (d)의 means는 복수로 사용되면 문맥에 따라 '지출 가능한 돈'이라는 의미를 가지므로 정답이다. means는 또한 '수단'이라는 의미도 있어 (b), (c)와 같은 의미로도 쓰일 수 있는 복잡한 단어이다. (b)는 (c)와 동의어이므로 둘 다 정답이 될 수 없다.

어휘 **low/high income bracket** 저/고 소득층

34.

> As you can see, the ___________ in Northern Canada is extremely rocky, with very little vegetation and no trees whatsoever.
>
> (a) region
> (b) territory
> (c) terrain
> (d) country

보다시피, 캐나다 북부의 지형은 바위가 매우 많고, 초목이 거의 없으며, 나무 같은 것들이 아예 없다.

해설 지형적 특성의 개념에서 area의 의미로는 (c)의 terrain을 사용한다. 본문에 암석이 많고 수목은 적다는 말로 보아 확실히 지형적 특성을 얘기하고 있음을 쉽게 알 수 있다.

35.

I imagine that before they can reach a decision, the group will need to spend a long time in ___________.

(a) delegation
(b) deliberation
(c) incarnation
(d) supposition

나는 그 단체가 결정을 내리기 전에 시간을 오랜 시간을 두고 깊이 생각할 필요가 있을 것이라고 생각한다.

해설 결정을 내리기 전에 오래 시간을 소비한다는 말로 보아 '심사숙고하여' 또는 '신중히' 정도의 표현이 오면 문장이 자연스러워지는 것을 알 수 있다. (a)는 '대리, 위임', (b) '신중함, 심사숙고', (c) '화신, 전생', (d) '억측, 가정'이므로 (b)의 in deliberation(신중히)가 정답.

36.

The wind was so strong yesterday that it picked up my purse and ___________ its contents all over the sidewalk.

(a) dispersed
(b) grabbed
(c) took
(d) claimed

어제 바람이 너무 강해서 그 바람이 내 손가방을 낚아채 내용물을 길가에 다 흐트러뜨렸다.

해설 문장 맨 뒤의 all over는 '여기 저기 모든 곳에'라는 표현이므로 여성용 손가방의 내용물(contents)을 '분산시키다, 흩뜨리다'라는 동사가 가장 잘 어울린다. 따라서 정답은 (a). 유사한 의미로 사용하는 동사에는 scatter가 있다.

37.

A weekly newspaper subscription ___________ about 45% less than buying the paper every day at the news stand.

(a) costs
(b) buys
(c) pays
(d) makes

주간 신문을 구독하시면 매일 신문 가판대에서 사는 것보다 45%나 비용이 적게 듭니다.

해설 빈칸 뒤의 금액과 관련하여 사용할 수 있는 동사는 cost와 pay가 있는데 pay는 '돈을 내다'라는 의미이므로 사람이 주어인 경우가 보통이다. 본문의 주어는 주간 신문 구독이므로 S+cost(+A)+B(주어가 (A로 하여금) B의 비용이 들게 하다)의 구조로 사용하는 cost가 적합하다.

38.

One of your duties, along with performing patient physicals, will be dressing minor ___________.

(a) injuries
(b) wounds
(c) breaks
(d) scars

당신의 업무 중 하나는, 환자의 건강 검진을 하는 것과 더불어 경미한 상처를 소독하는 일이 될 것입니다.

해설 본문은 환자 치료에 대한 내용이고 dress(소독, 약 바르고 붕대를 감는 치료를 하다)의 목적어로 쓰이는 빈칸의 명사는 보통 무기나 기구에 의해 입은 '자상, 화상, 찰과상' 등의 부위를 뜻하는 (b)의 wounds가 적당하다.

39.

It is all too common to see musicians dying of a(n) ___________ of prescription pills.

(a) affluence
(b) deficiency
(c) supplement
(d) overdose

처방약의 과다 복용으로 죽어가는 음악가들을 보는 것은 너무 흔한 일이다.

해설 음악가들이 죽는다는 내용으로 미루어 보아 빈칸은 약물의 '과용(overdose)' 또는 '남용(abuse)' 둘 중 하나로 간단히 추측할 수 있다. 따라서 (d)의 overdose가 정답. (a)는 '부유함', (b)는 '부족, 결핍', (c)는 '보충물'이므로 모두 적당하지 않다.

40.

In the event that this cleaning product comes into contact with eyes, or is accidentally ___________, please contact Poison Control immediately.

(a) swallowed
(b) dropped
(c) dispensed
(d) cleaned

이 세척제가 눈에 들어갔을 경우 혹은 우연히 삼켰을 경우, 즉시 독극물 관리소에 연락하십시오.

해설 세척제가 들어갔을 때와 더불어 세척제와 관련하여 Poison Control(독극물 관리소)에 바로 연락해야 하는 경우로서는 (a)의 '마셨을 때'라고 보는 것이 가장 합당하다. (b)를 넣어 '떨어뜨렸을 때' Poison Control(독극물 관리소)에 연락한다고 보기는 어려우며 (c)의 '나누어줬을 때', (d)의 '소지되었을 때' 모두 자연스럽지 못하다.

41.

> Many people in Europe are lazy, and will opt for the elevator instead of ____________ the stairs.
>
> (a) stepping
> (b) taking
> (c) pacing
> (d) rising

유럽의 많은 사람들은 게을러서 계단으로 걷기보다는 엘리베이터를 선택할 것이다.

해설 게으른 유럽인들이 엘리베이터를 선택하는 것은 계단을 택하는 것에 대신하는 것이라는 내용이다. 동사 take는 선택 상황에서 '택하다'의 의미가 있으므로 빈칸에 가장 적절하다. opt for(선택하다)는 choose, select와 같은 의미로 사용한다. (a)는 단독으로 the stairs와 쓰지 못하고 up/down과 같이 쓰여야 하며 (c)는 의미가 통하지 않고 (d)는 의미도 통하지 않을 뿐더러 목적어를 취할 수 없는 자동사이다.

42.

> I feel as though we have looked at this problem from every ____________ angle.
>
> (a) concerned
> (b) conclusive
> (c) conceivable
> (d) concise

나는 우리가 이 문제를 생각할 수 있는 모든 각도에서 조사했던 것처럼 느낀다.

해설 '모든 각도에서 관찰하다'에서의 명사 '각도(angle)'를 수식할 만한 형용사로서, (a) '걱정하는', (b) '결정적인, 확정적인' (d) '간결한'은 모두 거리가 멀다. (c)의 '생각해낼 수 있는'이 정답이다. 대신 possible을 써도 무방하겠다.

43.

> Many of the ____________ through the National Park on which vehicles travel are creating a hindrance to animal migration patterns.
>
> (a) paths
> (b) roads
> (c) walkways
> (d) tunnels

국립공원을 통과하여 자동차가 다니는 많은 길이 동물의 이동 패턴에 방해가 되고 있다.

해설 본문에서 차량(vehicles)이 빈칸의 명사 위를 통행한다는 것을 알 수 있다. 차량이 다니는 도로는 (b) roads가 적합하다. walkways는 '보도'를 뜻한다.

44.

We are continually trying to ___________ the services that we offer our customers, especially in such a competitive business environment.

(a) challenge
(b) affect
(c) improve
(d) invoke

우리는 특히 이런 경쟁적인 사업 환경에서, 고객에게 제공하는 서비스를 개선하기 위해서 지속적으로 노력하고 있다.

해설　경쟁이 치열한 사업 환경에서 서비스 제공업자 입장에서 할 일은, 고객들에게 제공하는 서비스를 '개선하다'라는 의미가 되는 것이 적절하다. improve의 대용어로 enhance가 자주 사용된다. (d)의 invoke는 '~의 힘을 빌다'이므로 빈칸에 어울리지 않는다.

45.

This particular model of air conditioning unit is only ___________ in the Unites States.

(a) accessible
(b) available
(c) affordable
(d) suitable

이 특정한 에어컨 모델은 미국에서만 구입 가능하다.

해설　특정 에어컨을 미국 내에서만 살 수 있다는 내용으로 '물건, 제품 등을 구입하여 이용할 수 있는'의 형용사는 available이다. accecible도 비유적인 의미로 '이용할 수 있는'의 의미가 있으나 '구매'의 개념이 희박하기 때문에 available만큼 좋은 답이 되지 못한다. affordable은 '비싸지 않아 살 만한'이고 suitable은 '알맞은'이므로 모두 빈칸에 부적당하다.

46.

___________ your very own condominium for 0% down!

(a) Offer
(b) Own
(c) Show
(d) Leave

보증금 없이 당신만의 아파트를 소유하세요!

해설　for 0% down의 down은 down payment로서 보증금(선수금)을 뜻한다. 따라서 주어진 문장은 보증금 없이 자신만의(own) 콘도미니엄을 가지라는 광고 문구가 된다. 따라서 빈칸은 '소유하다'의 own이 가장 적당하다. Own your own ~은 상당히 흔한 광고 문구라는 것도 알아두자.

47.

If you'll be out of town for more than 2 days you'll need to ___________ for someone to water the plants.

(a) turn
(b) call
(c) have
(d) arrange

만약 당신이 이틀 이상 외출하실 예정이면, 누군가에게 화초에 물을 주도록 부탁해야 할 거예요.

해설 빈칸 뒤의 전치사 for 뒤에 목적어가 있고 to부정사를 사용하고 있는 구조를 파악할 수 있어야 한다. arrange가 'arrange for+목적어+to부정사'로 '(to부정사)할 수 있도록 목적어를 준비시키다'로 사용된다. 동사는 의미 외에 용법을 꼭 기억하지 않으면 아무 문제도 풀 수 없으므로 주의한다. 형태만 생각하면 (b)의 call도 뒤에 전치사 for를 붙여 need의 뜻으로 쓰긴 하지만 문제에서는 의미가 통하지 않는다.

48.

As much as he tried, he couldn't ___________ the officer that he didn't take the wallet intentionally.

(a) escape
(b) convince
(c) inform
(d) notify

그는 노력했지만, 그 지갑을 일부러 가져간 것이 아니라는 것을 경찰관에게 납득시킬 수 없었다.

해설 앞부분의 아무리 노력해도(as much as he tried)라는 정보로 볼 때 경찰관을 '설득' 또는 '납득'시킬 수 없었다는 내용임을 알 수 있다. 따라서 '납득시키다'의 (b)가 정답. (c)와 (d)는 '알리다'는 유사한 의미이므로 둘 다 정답에서 제외시키고 문제를 풀면 간단해진다.

49.

When addressing an envelope, you only need to use the postal ___________. For example, California can be written CA.

(a) synopses
(b) abbreviations
(c) contractions
(d) reductions

봉투에 주소를 적을 때 당신은 우편용 약어만 쓰면 된다. 예를 들면, 캘리포니아는 CA로 쓸 수 있다.

해설 문장 뒷부분에 California가 CA가 되는 예나, Mister를 Mr.로 사용하듯이 단어 또는 단어들의 모임을 줄여 표현하는 것을 abbreviation이라고 부른다. (b)가 정답.

50.

In India, there is a very extreme ___________ between the upper and lower classes of people.

(a) complaint
(b) consensus
(c) disparity
(d) discussion

인도에서는, 상위층과 하위층 사람들 사이에 극단적인 차이가 있다.

해설 상위층 사람들과 하위층 사이에는 '격차'가 존재하기 마련이고 인도에서는 그것이 심하다는 내용이다. 불공평하다는 어감이 깔려 있는 '격차, 차이'는 disparity로 표현한다. 참고로 discrepancy는 '같아야 하는 것에서 목격되는 차이점'을 뜻한다. 모두 기본적으로 difference라는 공통점을 가지고 있는 고급 어휘들이다.

READING COMPREHENSION

Part 1

1.

To remove a wax stain from a carpet or a bedspread, one of the best and easiest tools is a simple household iron. Simply place a sheet of paper between the iron and the wax, and iron over the paper. The iron should be _____________ as to avoid burning the surface below. Once you iron over the paper a few times, the wax will melt and stick to the paper.

(a) on a low setting
(b) a common household one
(c) placed on top of the stain
(d) set at the highest temperature

카펫이나 침대보의 왁스 자국을 지우기 위해서, 가장 쉽고 좋은 도구는 단순한 가정용 다리미이다. 간단하게 다리미와 왁스 사이에 종이 한 장을 놓고, 종이 위에서 다리미질을 하라. 다리미는 아래에 있는 표면이 타지 않도록 낮은 온도로 맞춰주어야 한다. 일단 종이 위에서 몇 번 다림질을 하면, 왁스는 녹아서 종이 위에 붙어버릴 것이다.

(a) 낮은 온도로 맞추어
(b) 일반적인 가정용 하나
(c) 얼룩의 위에 두어
(d) 가장 높은 온도로 맞춰

해설 다리미가 표면을 태우는 것을 방지하기 위해서는 다리미의 온도를 낮게 설정하여야 하는 것이 당연하다. 따라서 (a)가 적당하다. 또한 '불빛, 열 등의 강도를 낮게/높게'는 간단히 on low/high라고도 표현한다. (b)는 전혀 말이 안 되고, (c) 얼룩 바로 위에 다리미를 놓거나 (d) 온도를 가장 높게 설정하는 것은 태움을 방지하기 위해서라고 할 수 없다.

어휘 stain 얼룩, 때, 오점, 흠 household 가족의, 가족용의 stick 고정시키다, 찔러넣다

2.

A new antismoking campaign has begun across Canada. The aim is to discourage new smokers from taking up the habit, especially teenagers. One of the main focuses of the campaign is to limit the amount of advertising to which teenagers are exposed. Effective January 01, 2008, stores selling cigarettes will have to keep displays covered behind a curtain. While not _____________, the new regulations aim to at least discourage young people from being tempted by the sight of tobacco for sale.

(a) prohibiting the sale of cigarettes
(b) deterring the purchase of tobacco
(c) barring police from arresting minors for smoking
(d) allowing youngsters to smoke

캐나다 전역에 새로운 금연 캠페인이 시작되었다. 목표는 흡연을 시작하는 사람들, 특히 청소년들이 흡연 습관을 들이지 못하게 하는 것이다. 가장 중점 사항 중의 하나는 10대들에게 노출되는 광고의 양을 제한하자는 것이다. 2008년 1월 1일부터, 담배를 파는 상점들은 커튼 뒤에 진열을 해야 할 것이다. 담배의 판매는 금지하지 않으면서, 새로운 법률은 젊은이들이 적어도 시야에 들어온 판매 담배로부터 유혹당하지 않게 하려는 것을 목표로 하고 있다.

(a) 담배 판매를 금지하며
(b) 담배 구매를 못하게 하며
(c) 경찰이 흡연으로 미성년자를 구속하는 것을 금지하며
(d) 젊은이들이 담배 피는 것을 허용하며

 상점에서는 담배를 팔되, 담배를 전시하지 못하게 하여 전시 효과로 인한 새로운 흡연자 양산을 막고자 하는 캐나다의 새로운 캠페인에 대한 내용이다. 따라서 새롭게 흡연을 시작하는 사람들이 생기는 것을 막는 데 초점이 있으므로 판매 자체를 금지하지는 않는다는 문맥을 만드는 (a)가 가장 적합하다. (b)는 소비자의 구매를 막지 않는다는 의미가 되므로 내용에 반하고 (c)는 언급된 바 없으며, 담배를 피우도록 허락하느냐 마느냐의 문제가 아닌, 담배 광고에의 노출 차단이 캠페인의 목표이므로 (d)도 거리가 멀다.

어휘 **discourage** 방해하다, 훼방놓다, ~의 용기를 잃게 하다 **effective** 유효한, 효과적인, 효력있는 **regulation** 규정, 규칙, 법규

3.

In every industry, accidents can happen. Oftentimes they are minor, but it is important that employees are skilled in ___________ measures. Whether it's a cut hand or a choking victim, the difference between having skilled personnel on hand and waiting for emergency services can save a person's life. If your company does not currently provide such training, please contact the American Red Cross for a free pamphlet on courses offered in your area.

(a) immediate rescue
(b) first aid
(c) operation
(d) intensive medical care

모든 산업에서, 사고는 일어날 수 있습니다. 종종은 경미하지만, 근로자들이 응급처치법을 익히는 것이 중요합니다. 그것이 손을 베는 사고든 숨이 막힌 사람이든, 숙련된 사람이 가까이에 있는 것과 긴급 구조반이 오기를 기다리는 것의 차이가 한 사람의 생명을 살릴 수도 있습니다. 만약 당신의 회사가 현재 그런 훈련을 제공하지 않는다면, 반드시 지역의 미국 적십자에 연락해서 무료 팸플릿을 받으세요.

(a) 즉시 구조
(b) 응급처치
(c) 수술
(d) 집중적인 의료 관리

해설 산업 현장에서 사고가 발생한 경우 무엇이 중요한가와 그것에 대한 교육 지원에 관한 내용이다. 응급 서비스를 기다리는 것과의 비교 대상으로 빈칸에 대해 '가까이 숙련된 인원이 있음(having skilled person on hand)'을 들고 있으므로 (b)의 '응급처치'가 가장 적절하다. (a)는 구조(recue)가 어울리지 않으며, (c) '수술'은 사고 현장에서 불가능하고 (d) '집중 의료 관리' 역시 문맥에 타당하지 않다.

어휘 **choking** 숨막히는 **currently** 일반적으로, 널리

4.

As people become more environmentally aware, they are turning to local farmers to provide organic food crops. Currently, the demand for organic produce far exceeds the supply. Many large grocery stores do not supply organic produce, and people are looking instead at small-scale farmers' markets. Those keen on organic produce are often discouraged by the higher prices. For the time being, so long as the government continues ___________ non-organic food production, the prices for organic fruits and vegetables will remain higher.

(a) to subsidize
(b) to decrease
(c) to restrict
(d) to disallow

사람들이 환경 문제에 대해 더욱 의식하게 됨에 따라 그들은 유기농 농작물을 공급하는 지방 농부들에게 의존하고 있다. 현재, 유기농 제품에 대한 수요는 공급을 훨씬 넘어선다. 다수의 대량 식료품점에서는 유기농 제품을 공급하지 않아서 사람들은 소규모의 농산물 시장을 찾고 있다. 유기농 제품에 관심 있는 사람들은 종종 더 비싼 가격때문에 낙담한다. 당분간 정부가 유기농이 아닌 제품에 보조금 지급을 계속하는 한, 유기농 과일과 채소의 가격은 계속 높은 상태로 유지될 것이다.

(a) 보조금을 지급하다
(b) 감축하다
(c) 제한하다
(d) 불허하다

해설 본문 맨 마지막 부분을 보면 유기농 식품의 가격이 높은 것과, 비유기 농식품에 대해 정부가 하는 일의 상관 관계가 빈칸에 들어갈 동사를 알 수 있는 열쇠이다. 결국 유기농 식품에 대해 유리한 행동일리가 없다. 따라서 비유기농 식품을 금전적으로 보조한다는 뜻의 (a) to subsidize가 적당하다. 유기농 식품이 아닌 비유기농 식품만 보조하기 때문에 유기농 식품의 가격이 떨어질리 없는 것이다.

어휘 environmental 환경의, 주위의 organic 유기체의, 생물의 grocery 식료 잡화점 subsidize 보조금을 지급하다

5.

The American Civil War was essentially a battle between the people of the North and the South over the issue of slavery. Those living in the North did not agree with the idea of slavery, and fought to ___________ it. While this war is long over, the ramifications of a long history of slavery can still be felt throughout the United States. Traveling through the Southern States, the tensions are still apparent.

(a) support
(b) abet
(c) baffle
(d) abolish

미국 남북전쟁은 기본적으로 노예 제도에 대한 남쪽 사람들과 북쪽 사람들 간의 전투였다. 북부지방에 사는 사람들은 노예 제도에 반대했고 그것을 폐지하기 위해서 싸웠다. 이 전쟁이 끝난 지는 오래되었지만, 오랜 역사를 가진 노예제도의 여파는 여전히 전 미국에서 느낄 수 있다. 남부 지역을 여행하면서 느껴지는 긴장감은 여전히 뚜렷했다.

(a) 지지하다
(b) 부추기다
(c) 당황하게 하다
(d) 폐지하다

해설 북부 미국인들은 노예제에 반대해왔고 빈칸 뒤의 it은 노예제(slavery)를 가리키고 있으므로 빈칸은 '반대한다'거나 '없앤다'는 뜻의 동사가 와야 한다. (d)의 abolish가 '폐지하다'로서 적당하다. (a)는 내용에 반하고 (b) '교사하다, 선동하다' 역시 내용에 반하며 (c) '어안이 벙벙하게 하다'도 적당하지 못하다.

어휘 ramification 가지, 분기, 지류 tension 긴장, 불안

6.

The Indian Ministry of Finance and the Economy (MOFE) has just released a report outlining the growth of the economy over the past 10 years. In 1997, India had an external debt of $1.1 billion. As industry grew, this debt ____________ over the next 10 years, down to $30 million. The report will be available to the general public as of April 01, 2007. It can be downloaded from the website: www.GovIndia.MOFE.com/economicreport, or picked up at a Government office for a cost of 300 rupees.

(a) dropped consistently
(b) fluctuated largely
(c) soared
(d) remained the same

인도 재정경제부는 지난 10년 간의 경제 성장세를 공개했다. 1997년에 인도는 11억 달러의 외채가 있었다. 산업이 발전함에 따라, 이 외채는 지난 10년간 꾸준히 감소했고, 300만 달러까지 떨어졌다. 이 보고서는 2007년 4월 1일 부로 일반 대중이 열람 가능할 것이다. 이 자료는 웹사이트 www.GovIndia.MOFE.com/economicreport에서 다운로드 받거나 정부 기관에서 300루피의 돈을 내고 수령할 수 있다.

(a) 지속적으로 떨어졌다
(b) 대체적으로 오르내렸다
(c) 솟구쳤다
(d) 같은 상태를 유지했다

해설 down은 하향(下向)을 의미하므로 빈칸 바로 뒤의 정보 down to만 보아도 부채액이 감소했음을 눈치 챌 수 있다. 따라서 (b) '대체적으로 불안정했다', (c) '치솟았다', (d) '같은 수준을 유지했다'는 모두 문맥에 맞지 않고 (a) '꾸준히 떨어졌다'가 정답이다. '가격, 양 등이 급작스럽게 오르다'라는 의미로 rocket 등의 동사가 자주 쓰이고 반대로 '급격하게 하락하다'라는 의미의 동사로는 plummet, plunge 등이 자주 사용된다.

어휘 external 외부의, 대외적인 available 이용할 수 있는, 소용되는 consistent 일관된 fluctuate 변동하다, 오르내리다 soar 높이 치솟다, 솟구치다

7.

Dallas Green is quickly becoming a music sensation across Europe. The lead singer for the band, AlexisonFire, Dallas Green has taken a year off from the band to pursue a solo project. Going by the name 'City&Colour,' taken from his first and last name, Dallas Green has been playing acoustic shows to sold-out venues across Europe. While he is ____________, Dallas has a very humble attitude toward his music. At every show, he is simply grateful that people have come out to listen to him sing.

(a) criticized by his supporters
(b) struggling with ticket sales
(c) in disagreement with musicians
(d) adored by his fans

달라스 그린은 유럽 전 지역에서 음악적인 센세이션을 급속도로 불러일으키고 있다. 알렉시슨파이어 밴드의 리드 싱어인 달라스 그린은 단독 프로젝트를 추진하기 위해 밴드에서 나와 1년간 솔로로 활동하였다. 그의 성과 이름을 따서 '시티 앤 컬러'라는 이름으로, 달라스 그린은 전 유럽의 공연장에서 매진을 기록하며 어쿠스틱 연주를 보여주었다. 팬들로부터 열광적으로 사랑받으면서도, 달라스 그린은 그의 음악에 대해 아주 겸손한 태도를 보여주었다. 모든 쇼에서 그는 사람들이 그의 노래를 들으러 와주었다는 것에 대해서 아주 고마워했다.

(a) 그의 후원자들로부터 비난받는
(b) 표를 팔기 위해 발버둥치며
(c) 음악가들 사이에서의 불화에 놓인
(d) 그의 팬들에게 열광적으로 사랑받은

해설　접속사 while에 의해 빈칸의 내용과 바로 뒷문장의 내용은 서로 일치하지 않아야 하므로, 팬들로부터 사랑받고 있지만 겸손하다는 문맥이 적합하다. 또 본문의 앞부분에 달라스 그린이라는 가수가 유럽을 강타하고 있다는 내용만 보아도 팬들의 사랑을 받고 있다는 것을 쉽게 가늠할 수 있다. 따라서 (d)가 정답이다.

어휘　pursue 추구하다　humble 겸손한, 겸허한, 소박한　struggle 발버둥 치다, 몸부림치다　adore 숭배하다, 받들다

8.

Environment Minister Mori Nakayama painted a disastrous picture of the economy last Thursday if Japan were to meet its Sydney promises on reducing greenhouse gas emissions. Appearing before the opposition party, Mori Nakayama said that a bill calling for the government to honor Japan's commitment under the Sydney treaty is a 'reckless scheme.' He suggested that it would result in a loss of 250,000 jobs by 2008. The opposition party ___________ to comment on Mori Nakayama's presentation.

(a) has stood up for
(b) has been reluctant
(c) has resulted
(d) has been responsible

환경부 장관 모리 나카야마는 지난 주 목요일에 만약 일본이 온실 가스 배출을 줄이자는 시드니 협약에 부응한다면 경제에 재앙이 닥칠 것이라는 의견을 밝혔다. 야당에 앞서, 모리 나카야마는 정부가 시드니 협약을 존중할 것을 요구하는 법안은 '무모한 계책'이라고 말했다. 그는 이것이 2008년까지 25만 개의 일자리를 잃는 결과를 낳을 것이라고 말했다. 야당은 모리 나카야마의 발언에 대해 언급하기를 꺼려했다.

(a) 주장했다
(b) 꺼려했다
(c) 결과가 생겼다
(d) 책임을 졌다

해설　빈칸 뒤의 to부정사(to comment)를 눈여겨볼 필요가 있다. (a)는 전치사 for가 사용되었으므로 뒤에 동명사나 일반 명사가 쓰여야 하므로 부적합. (c)의 result는 전치사 in과 쓰여 '결과로서 ~이 되다', from과 쓰여 '~의 결과로 발생하다'로 사용된다. (d)의 responsible은 전치사 for가 보통 사용되므로 빈칸에 적당하지 않고 의미상으로도 부적합하다. (b)의 reluctant는 to부정사와 사용하여 '~하기를 주저하다'가 되므로 내용에 적합하다.

어휘　disastrous 비참한, 피해가 막심한　greenhouse 온실　emission 방사, 방출　commitment 위탁, 위임
reckless 앞뒤를 가리지 않는, 무모한　scheme 계획, 안　reluctant 내키지 않는, 달갑지 않은

9.

The ESL (English as a Second Language) industry across China has been booming for the past 15 years. As China develops at an unprecedented rate, parents are flocking to English schools to enroll their children. Mrs. Lily Chan, a mother of two living in Beijing, said that "it is imperative that our children learn to speak English. If they want to enter the business world, they will need to communicate in both Mandarin and English." Enrollment in English schools has nearly doubled over the past year in Beijing, as more and more students study English as a second language to reap the benefits of ___________.

(a) economical power
(b) bilingualism
(c) their mother tongue
(d) business skills

중국에서의 ESL(제2언어로서의 영어) 산업은 지난 15년간 급격히 증가해오고 있다. 중국이 전례 없는 속도로 발달함에 따라, 부모들은 영어 학교로 자녀들을 입학시키기 위해 몰려들고 있다. 베이징에 사는 두 아이의 엄마인 릴리 찬 씨는 "아이들이 영어로 말하기를 배우는 것은 필수에요. 만약 경제계에 뛰어든다면 그들은 중국어와 영어 둘 다로 의사소통을 할 줄 알아야 할 거예요." 점점 더 많은 학생들이 2개 언어 능통의 혜택을 누리기 위해 영어를 제2언어로 공부하고 있기 때문에, 베이징에서 영어 학교 등록은 작년 대비 거의 두 배 이상이 되었다.

(a) 경제력
(b) 2개 언어 구사
(c) 그들의 모국어
(d) 사업상 기술

해설 중국에서의 영어 학습 열풍에 대한 것이 주요 내용이다. 영어와 중국어를 동시에 구사할 줄 아는 혜택을 거두려고 더욱 더 많은 학생들이 영어를 공부한다는 내용으로 보아 빈칸은 (b) 중국어와 영어의 '2개 국어 구사'가 가장 잘 어울린다.

어휘 unprecedented 전례가 없는, 전에 없던 enroll 입학시키다 imperative 피할 수 없는, 긴급한
reap 베어내다, 수확하다 bilingualism 2개 국어 상용

10.

In the English language, there are a number of expressions or idioms that are often used in everyday speech. Idioms are sayings or expressions that do not translate literally, making them extremely difficult for non-native speakers to learn and to use in the correct context. One example is an expression that means it is raining heavily, which is "it's raining cats and dogs." Another English idiom that refers to being clumsy or poorly coordinated is "___________."

(a) The early bird catches the worm
(b) I'm all thumbs
(c) The cat's got my tongue
(d) Too many cooks spoil the broth

영어에는 매일 사용되는 표현이나 관용어구들이 많다. 관용어구는 문자 그대로 풀이할 수 없는 속담이나 표현이라서, 비원어민들이 배워서 문맥에 맞게 사용하기가 매우 어렵다. 비가 아주 많이 온다는 의미의 표현인, '비가 고양이와 개처럼 온다.'가 그 한 예이다. 일이 서툴거나 아주 어설프다는 뜻의 '난 모두 엄지손가락이다.'라는 표현도 있다.

(a) 일찍 일어나는 새가 벌레를 잡는다.
(b) 나는 모두 엄지손가락이다.
(c) 고양이가 내 혀를 물었다.
(d) 너무 많은 요리사가 수프를 망친다.

해설 어휘 자체의 뜻만으로 이해할 수 없는 idiom(이디엄)에 관한 내용이다. 빈칸에 들어갈 idiom에 해당하는 '능숙하지 못하고 어설픈'이란 의미를 가진 것은 (b)의 all thumbs이다. idiom은 글자 그대로의 의미를 전달하지 않으므로 속에 담긴 뜻을 이해하는 정도로 학습한다. (a)는 '부지런해야 한다'는 뜻, (c)는 '할 말이 없다'는 뜻, (d)는 '사공이 많으면 배가 산으로 간다'는 뜻이다.

어휘 translate 번역하다, 옮기다 clumsy 어색한, 서투른 poorly 가난하게, 서툴게 coordinate 동등한, 동격의

11.

A press released from the Apple Corporation has revealed the newest Apple product will be on the market just before Christmas 2008. The product is "Apple TV," and it might just revolutionize the way you watch television. Essentially, it is a small white box that connects your ipod to your television screen. Television programs and movies can be downloaded onto the ipod, and then viewed on the television screen. Apple TV will cost just over $200 USD. Over 100,000 Apple TV devices have already been preordered, which suggests a very ____________ future for the company.

(a) bright
(b) bleak
(c) flamboyant
(d) unclear

애플 사의 출간물에서 애플 사의 최신 제품이 2008년 크리스마스 직전에 시판될 것임을 밝혔다. 이 제품은 '애플 TV'인데, 이것은 텔레비전 시청 방법에 혁명을 일으킬 수 있을 것이다. 기본적으로 이것은 아이팟을 텔레비전 화면에 연결하는 작고 하얀 박스이다. 텔레비전 프로그램과 영화를 아이팟에 다운 받으면, 이것을 텔레비전 화면에서 볼 수 있다. 애플 TV는 미화로 200달러를 조금 넘을 것이다. 10만개 이상의 애플 TV 수상기는 이미 선주문되어 있고, 이것은 회사에 아주 밝은 미래를 약속한다.

(a) 밝은
(b) 희망적이지 못한
(c) 현란한
(d) 불확실한

해설 Apple의 신상품이 발매되자마자 많은 선주문이 이루어졌다는 내용으로 보아 Apple TV의 미래는 매우 '밝은' 것으로 보인다. 따라서 정답은 (a). (b) bleak는 '희망적이지 못한'이고 (c) flamboyant는 '(태도가) 자신만만한' 또는 '현란한'이므로 문맥에 어울리지 않는다.

어휘 reveale 드러내다, 적발하다 device 장치, 고안품 bleak 황량한, 처량한 flamboyant 타는 듯한, 현란한

12.

Auto theft in Britain has been soaring over the last 5 years. Police are working with new schemes to deter potential thieves. Up to this point, anyone caught in the act of stealing a car faced a large fine and minor prison time. The problem with simply punishing the criminal is that it ____________. Studies have shown that the severity of punishment of criminals in no way decreases the total numbers of such crimes. It is estimated that nearly 80,000 cars are stolen every year in London.

(a) creates a dilemma not to be satisfactorily disposed of
(b) encourages him or her to commit other serious criminal offences
(c) does not deter others from committing the same crime
(d) hinders law-abiding citizens from having a right to protection

영국의 자동차 절도는 지난 5년 사이에 크게 늘었다. 경찰은 절도 발생을 막기 위해서 새로운 계획으로 근무하고 있다. 지금까지, 차를 훔치는 도중에 걸린 모든 사람은 고액의 벌금을 물지만, 단기 복역만 하면 되었다. 범죄를 단순히 처벌하는 것의 문제점은 이것이 동일 범죄를 저지르려고 하는 다른 사람들을 막지 못한다는 것이다. 범죄에 대한 가혹한 벌이 동일 범죄의 발생 수를 전혀 감소시키지 못한다는 것이 연구에서 밝혀졌다. 런던에서 매년 거의 8만 대의 차들이 도난 당하는 것으로 집계되었다.

(a) 만족하게 처리하지 못할 딜레마를 만들어 낸다.
(b) 다른 강력 범죄를 저지르는 것을 조장한다.
(c) 동일 범죄를 저지르려고 하는 사람들을 막지 못한다.
(d) 준법 시민들의 보호받을 권리를 저해한다.

 지난 5년간 영국에서의 차량 절도가 증가했으며 그에 대한 벌금도 무거웠다는 정보와 본문 뒷부분에 형벌의 중함은 범죄 건수를 감소시키지 못한다는 정보를 종합해보면 단지 형벌을 가하는 것은, (c) 새로운 사람들이 차량 절도를 저지르는 것을 저해하지는 못한다는 내용이 글의 흐름에 적합하다.

어휘 **deter** 그만두게 하다, 단념시키다 **punish** 벌하다, 응징하다, 처벌하다 **severity** 격렬, 혹독, 엄격
dispose 배치하다, 배열하다 **offence** 위반, 반칙, 위법행위 **hinder** 방해하다, 저지하다 **law-abiding** 준법의, 법을 지키는

13.

Jason Hershberg's new book "Building Design of the 21st century" has been on the New York Times' Best Sellers list for the last 20 weeks. Mr. Hershberg has traveled widely, both photographing and studying design and structure around the world. This is his 2nd publication, following 3 years of living in India. Mt. Hersberg's aim was to examine the East Indian culture, and its ______________. Jason Hershberg spent over a year looking for a publisher, finally finding one based out of the United States. The book is available at all major retailers, for a cost of $55.00 CDN.

(a) adhesion to world culture
(b) influence on modern architecture
(c) incorporation of international humanistic ideals
(d) synthesis of arts, science and technology

제이슨 허시버그의 새 책 '21세기의 건물 디자인'은 지난 20주간 뉴욕 타임즈의 베스트셀러 목록에 올라와 있었다. 허시버그 씨는 사진도 찍고 디자인과 건축 공부도 하면서 세계를 광범위하게 여행했다. 이것은 그가 인도에서 3년을 생활한 후의 두 번째 출간이다. 제이슨 허시버그 씨의 목표는 동인도의 문화와 그것이 현대 건축에 끼친 영향을 조사하는 것이다. 허시버그는 출판사를 찾느라고 1년 이상을 보냈고, 마침내 미국에 있는 회사 하나를 찾았다. 이 책은 모든 주요 소매점에서, 캐나다화 55달러에 살 수 있다.

(a) 세계 문화에의 유착
(b) 현대 건축에 준 영향
(c) 국제적인 인류주의 이상의 혼입
(d) 예술, 과학, 기술의 종합

해설 책의 제목 'Building Design of the 21st century'를 생각해볼 필요가 있다. 또, 제이슨이 여행하며 한 일은 사진을 찍고 디자인과 건물(structure)을 공부하는 것이었으므로 인도에서의 거주 목적 역시 건축에 관련된 것을 고르는 것이 합리적이다. 따라서 (b)의 '현대 건축에의 영향'이 적합하다. (a), (c), (d) 모두 책의 주제와 어긋난 것들이라서 답이 되기 어렵다.

어휘 **publication** 발표, 출판, 발행 **retailer** 소매상인 **adhesion** 부착, 응착 **incorporation** 법인, 결합, 혼합

14.

In looking back on the first year of marriage, one of the challenges that many couples recall is dealing with their new ______________. Dealing with one's own family is challenging enough, without having to please someone else's. At the same time, it can be said that 'you don't just marry the man, you marry his family.' One tip to newlyweds is to be patient with one another's parents, and recognize that they are now a part of your life.

(a) elders
(b) relatives
(c) in-laws
(d) friends

결혼한 첫 해를 되돌아봤을 때, 많은 부부들이 생각하는 가장 큰 도전은 혼인 관계로 생기는 새로운 친지 관계에 대처하는 것이다. 다른 이의 가족을 만족시켜야만 하지 않더라도 자기 자신의 가족을 상대하는 것만으로도 충분히 어렵다. 동시에, '당신은 단순히 그 남자와 결혼한 것이 아니라, 그의 가족들과 한 것이다.' 라고 말할 수 있다. 신혼부부들에게 주는 한 가지 조언은, 상대방의 부모와 참을성 있게 지내야 하며, 그들은 이제 당신 인생의 일부라는 사실을 인지해야 한다는 것이다.

(a) 연장자들
(b) 친척들
(c) 인척들
(d) 친구들

해설 결혼으로 인하여 생기게 되는 배우자 가족과의 새로운 인간 관계에 대한 어려움과 그에 대한 조언이다. 결혼으로 인하여 생기는 인간 관계는 father, mother, brother, sister 등의 뒤에 in-law를 붙이게 되므로 이들 모두를 통칭할 때는 이를 이용한 복수 in-laws라는 표현을 사용하게 된다. 따라서 (c)가 정답. (b)의 친척과 혼동하지 않도록 한다.

어휘 recall 상기하다, 생각나게 하다 newlywed 신혼부부, 신혼의 patient 인내심 있는, 끈기 있는

15.

The year 2006 saw a dramatic increase in the number of people traveling to Asia. China brought in more tourist dollars than the rest of Asia combined. China drew tourists by promoting sights such as the Yangtze River Dam Project and the Terracotta Warriors in Xian. ______________, it was not these sights alone that brought in so many foreign tourists. China is also benefiting from hosting the 2008 Olympic Games in Beijing, which has put China in the spotlight internationally.

(a) However
(b) In addition
(c) That is
(d) Therefore

2006년에 아시아로 여행가는 사람들의 수가 엄청나게 늘어났다. 중국은 다른 아시아 국가들 전체보다 더 많은 관광 수입을 벌어들였다. 중국은 양쯔강 댐 프로젝트나 시안 성안의 토우 군사들과 같은 명소들을 선전함으로써 관광객들을 끌어모았지만 수많은 외국 관광객들을 불러모은 것은 단지 이 곳들뿐만은 아니었다. 중국은 2008년 베이징 올림픽을 개최하는 것으로 이익을 보고 있고, 이는 중국을 국제적으로 주목받도록 만들었다.

(a) 그러나
(b) 게다가
(c) 다시 말하면
(d) 그리하여

해설 접속사 문제는 빈칸 앞 뒤의 내용을 파악해야 문제 풀이가 가능하다. 중국이 양자강 댐과 진시황 근위병상 등의 홍보를 통하여 관광객을 유치했다는 앞의 내용과 그것들만이 외국인 관광객들을 불러들이는 장소가 아니라는 뒤의 내용은 순조로운 진행이 아니므로 (a)의 however '그러나'가 매끄럽다. (b)는 내용을 첨가할 때, (c)는 '다시 말하면, 즉', (d)는 '따라서'이므로 모두 어색하다.

어휘 promoting 증진하다, 활성화 시키다

16.

The housing market in Vancouver, Canada has skyrocketed in the last 3 years. Small, single family homes are going on the market for upwards of $600,000 CDN. ___________, in the city of Calgary 2-bedroom condominiums can cost as much as half a million dollars. Both of these cities are becoming increasingly unaffordable for middle-class citizens. The effect has been that people are taking out huge mortgages to buy property. Many Canadians find themselves heavily in debt, working long hours to pay off their mortgages.

(a) Instead
(b) Consequently
(c) Accordingly
(d) Similarly

캐나다 밴쿠버의 주택 시장은 지난 3년 동안 치솟았다. 작은 1인 가족용 주택의 시세가 캐나다화로 60만 달러 이상으로 올라가고 있다. 유사하게, 캘거리 시내에서 침실 2개인 아파트는 50만 달러의 비용이 든다. 두 도시는 중류층 시민들에게 점점 더 감당할 수 없게 되어 가고 있다. 이런 영향으로 사람들은 부동산을 소유하기 위해 대량 담보 대출을 하고 있다. 많은 캐나다인들은 그들의 대출금을 갚기 위해 더 긴 시간 동안 일을 하며 자신들이 빚더미에 앉아 있다는 것을 발견하게 된다.

(a) 대신에
(b) 결과적으로
(c) 따라서
(d) 유사하게

해설 캘러리의 방 두 개짜리 콘도 가격을 보면 50만 달러이고 본문 앞에 예로 든 밴쿠버의 작은 집은 60만 달러를 상회한다는 두 정보를 비교해볼 때 금액상으로 둘은 '비슷하다'는 것을 알 수 있고 본문 중간 부분에도 두 지역을 한데 묶어 중산층이 감당할 수 없다는 말을 하고 있다. 따라서 (d) '유사하게'가 매끄럽다. (a) '대신', (b) '결과적으로', (c) '상응하게, (앞의 내용)에 따라'는 모두 어색하다.

어휘 skyrocket 급등하다, 높아지다 upward 위로 향한, 향상하는 affordable 알맞은, 감당할 수 있는
mortgage 저당, 저당잡힘 property 재산, 자산, 소유권

Part 2

17.

In recent months, there has been an influx in adolescents abusing non-prescription drugs. Non-prescription drugs are available 'over the counter,' and without a prescription. As police crack down on illegal drugs such as marijuana, youngsters are increasingly turning to non-prescription drugs, such as painkillers. These drugs, if taken as prescribed, are not dangerous, which is why they are available without a prescription. Teenagers will intentionally take far more than the prescribed amount in order to feel an adrenaline rush. It is important that people are made aware of the dangers of these medications if taken in excess.

최근 몇 달간 청소년들이 처방전 없이 살 수 있는 약을 남용하는 일이 쇄도하고 있다. 무처방 약품은 처방전 없이 그 자리에서 구매할 수 있다. 경찰이 대마초와 같은 불법 마약들을 강력 단속하자 청소년들은 차츰 진통제와 같은 무처방 약품을 찾아다니고 있다. 이런 약들은 처방된 대로 복용한다면 위험하지 않으며 이것이 바로 처방전 없이 구입할 수 있는 이유이다. 십대들은 아드레날린의 분출을 느끼기 위해 고의로 처방량보다 훨씬 많은 양을 복용한다. 과도하게 섭취했을 때 이 약품들의 위험성을 사람들로 하여금 알게 하는 것이 중요하다.

Q. Which of the following is correct about non-prescription drugs according to the passage?

(a) They are only available with a prescription.
(b) Teenagers sometimes accidentally take too many.
(c) They are often prescribed to adolescents.
(d) They are dangerous if not used as prescribed.

본문에 따르면 무처방 약품에 대해 다음의 어떤 것이 사실인가?

(a) 처방이 있어야만 구입 가능하다.
(b) 십대들은 가끔 우연히 과다복용한다.
(c) 무처방 약품들은 청소년에게 자주 처방된다.
(d) 무처방 약품들은 처방된 대로 사용하지 않으면 위험하다.

해설 처방전이 필요없는 약품에 대한 본문의 내용 중 일치하는 것을 고르는 문제. 본문 중간의 '처방에 따르면 이들 약품은 위험하지 않다(These drugs, if taken as prescribed, are not dangerous)'는 정보를 반대로 해석하면 (d)의 '처방대로 사용하지 않으면 위험하다'가 가능하므로 (d)가 정답. (a)는 처방전이 필요한 prescription drugs에 대한 설명이고, (b)는 청소년들이 고의로, 알고 남용하므로 accidentally가 오류. (c)는 처방전이 필요 없으므로 '처방된다'는 말 자체가 전혀 맞지 않는 말이다. over-the-counter drugs는 non-prescription drugs의 다른 표현이다.

어휘 influx 유입, 쇄도 adolescent 청춘기의, 청춘의 abuse 남용, 악용, 오용 prescription 처방, 처방약 crack down 엄하게 다스리다 over the counter 처방전 없이 medication 약제, 약물, 투약

18.

Nearly 25% of the American population suffers from sleeplessness. Clinical sleepless is defined as the inability to sleep for at least 4 hours a night, or sleeping no more than 2 hours at a time. Doctors have been putting a lot of time and effort into diagnosing the causes of sleeplessness, as it can have detrimental effects on work performance and overall happiness. One of the leading causes appears to be weight gain as a result of too little exercise. Many Americans get less than 2 hours of exercise a week, less than the recommended 6 hours. This is also very closely connected to bad eating habits, especially eating too much processed food.

거의 25%의 미국 인구가 불면증으로 고통받고 있다. 임상적인 불면증은 밤에 적어도 4시간 동안을 못 자거나 한 번에 2시간 이상 못 자는 것으로 정의된다. 그것은 사람들에게 업무 수행과 전반적인 행복에 악영향을 끼치기 때문에 의사들은 불면증의 원인을 밝혀내기 위해 많은 시간과 노력을 들였다. 가장 주요한 원인으로는 운동 부족의 여파로서 살이 찌는 것 때문이라고 한다. 많은 미국인들은 운동을 주당 2시간도 안 하는데, 이는 주당 권장량인 6시간보다 적다. 이것은 나쁜 식습관과도 연관되어 있는데, 특히 너무 많은 가공식품을 먹는 것이다.

Q. Which of the following is NOT considered to be among the causes of sleeplessness?

(a) Lack of exercise
(b) Work stress
(c) Poor diet
(d) Weight gain

불면증의 원인에 해당되지 않는 것은?

(a) 운동 부족
(b) 업무 스트레스
(c) 형편없는 음식
(d) 체중 증가

해설 졸림의 원인으로 맞지 않는 것을 고르는 문제. 본문 중간부터 의사들이 말하는 졸림의 원인이 나타난다. 그 원인은 운동 부족에 의한 체중 증가인데 이것은 다량의 가공식품 섭취와 밀접한 관련이 있다고 했으므로 본문에 언급되지 않은 (b)의 '일에 대한 스트레스'가 정답이다.

어휘 clinical 임상의, 병상의 diagnose 진단하다, 원인을 밝혀내다 detrimental 해로운, 불리한 overall 전부의, 총체적인

19.

The new provincial budget has just been released, and the government will be adding an extra 6% in taxes to the purchase of alcohol. Many people are upset by the announcement. Liquor stores are concerned that sales will go down dramatically in reaction to this added tax. When asked about the tax, government officials have been quick to assert that the tax is not meant to discourage people from purchasing alcohol, or using it in moderation. Instead, they say that the province is in need of tax dollars, and it seemed fair to focus new taxes on items that are not "necessities."

새로운 지방 예산안이 발표되었는데, 지방정부는 주류 구입시 추가 6%의 세금을 부가할 것이다. 많은 사람들은 이러한 발표를 듣고 화를 내고 있다. 주류 판매업자들은 이 부가세 때문에 판매가 급속하게 떨어질 것을 걱정하고 있다. 세금에 대해서 묻자, 정부 관리들은 세금이 국민들의 주류 구매나 적당한 음주를 막을 의도가 아니라고 주저 않고 말했다. 그 대신에, 그들은 지방세가 더 필요하고, 생필품이 아닌 물건들에 중점적으로 세금을 매기는 것이 옳은 것 같아서라고 말했다.

Q. What is the main idea of the passage?

    (a) Liquor stores will be pushed out of business due to the new tax increase.

    (b) Alcohol is not considered to be in the category of 'necessities.'

    (c) The 6% tax increase is intended to discourage the use of alcohol.

    (d) The tax increase has met with a negative reaction by the public.

본문의 요지는 무엇인가?

    (a) 주류업자들은 새로운 부가세 때문에 사업에서 밀려날 것이다.

    (b) 주류는 생필품에 들어가지 않는 것으로 간주된다.

    (c) 6%의 세금은 주류 섭취를 말리는 데 목적이 있다.

    (d) 세금 증가는 대중의 부정적인 반응에 맞닥뜨렸다.

해설 본문의 대강을 묻는 문제. 지방 정부가 주세를 올리자 주민들과 상점들이 염려하는 가운데 인상된 주세에 대한 지방 정부의 입장에 대한 글이다. 본문에서는 상점들이 판매 저하를 염려하고 있다고만 했으므로 (a)는 옳지 않고, (b)는 정부의 술에 대한 의견일 뿐 본문의 줄거리와는 무관하며 (c)는 지방 정부의 입장과 다른 진술이다. 따라서 사람들의 부정적 반응에 마주쳤다는 (d)가 정답.

어휘 **provincial** 지방의, 시골의　**budget** 예산, 예산안　**purchase** 사다, 구입하다, 획득하다　**moderation** 알맞음, 온건, 온화　**necessitiy** 필수품

20.

Linguistics is the scientific study of language, and, in simple terms, breaks down the way in which sounds are made in a language. Anyone studying a second language will be somewhat familiar with the practical side of linguistics, even if they are not well versed in the scientific terminology. One of the biggest challenges involved in studying a second language is the formation of sounds that may not exist in one's native tongue. For example, a Chinese student studying English will often find the 'R' and 'L' sounds difficult, whereas an English speaker studying Chinese will be challenged by unfamiliar tones of the language.

언어학은 언어를 과학적으로 공부하는 것이고, 간단히 말해서, 언어를 구성하는 소리들을 분석하는 것이다. 제2언어를 공부하는 사람은, 그들이 과학적 용어에 익숙하지 않다고 하더라도 언어학의 실용적인 면에 어느 정도 익숙할 것이다. 제2언어를 공부하는 데 있어서 가장 큰 도전 중의 하나는 모국어에 없는 소리들의 형태이다. 예를 들면, 영어를 공부하는 중국 학생은 'R'과 'L' 소리가 어렵다고 느낄 것이고, 반면 중국어를 공부하는 영어 화자들은 중국어의 익숙하지 않은 성조에 어려움을 느낄 것이다.

Q. What is the main topic of the passage?

    (a) The need for language learners to study Linguistics

    (b) The different methods of studying a second language

    (c) The challenge of learning to form sounds of a new language

    (d) Chinese tones are difficult to learn for English speakers

이 글의 주제는 무엇인가?

    (a) 언어 학습자들의 언어학 공부에 대한 필요성

    (b) 제2언어를 공부하는 다른 방법들

    (c) 새로운 언어에서 소리를 형성하는 방법을 배우는 어려움

    (d) 중국의 성조는 영어를 사용하는 사람이 배우기에 어렵다.

21.

In Douglas Coupland's novel, "Miss Wyoming," a young girl moves to Hollywood to pursue a career in acting. She has spent her entire childhood, since the age of 4, traveling around the country, competing in beauty pageants at her mother's insistence. At age 17 she is given a starring role in a television sitcom, only to discover that she has no acting talents whatsoever. The climax of the novel involves a plane crash, a single survivor, a pregnancy, and finally a disappearance. It is a clever book, which keeps readers on their toes, and eager to read the next page.

더글라스 코플랜드의 소설 '미스 와이오밍'에서, 어린 소녀 한 명이 배우의 직업을 갖기 위해 헐리우드로 떠난다. 그녀는 엄마의 요구 때문에 4살 때부터 방방곡곡을 여행하고 미인대회에서 경쟁하면서 어린 시절을 모두 보냈다. 17살의 나이에 그녀는 텔레비전 시트콤에서 주연을 맡았지만, 그녀는 배우로서의 자질 따위는 전혀 없다는 것을 발견했다. 그 소설의 절정 부분에는 비행기 추락과 유일한 생존자, 임신 그리고 실종이 나온다. 이는 생각하면서 읽어야 하는 책이어서 독자들이 긴장하여 다음 페이지를 읽고 싶도록 만든다.

Q. What is the main purpose of the passage?

(a) A review of a novel
(b) A synopsis of an action film
(c) The conclusion of a book
(d) An introduction to a children's story

이 글의 주제는 무엇인가?

(a) 소설에 대한 서평
(b) 영화의 개요
(c) 책의 결론
(d) 동화 소개

22.

A recent report revealed that English teenagers face a wider range of problems than most parents are aware of. Nearly 54% of all parents surveyed listed peer pressure as the biggest threat teenagers face. However, over one third of young people said pressure to obtain high grades in school was their biggest concern. Only 16% of teenagers said that popularity was their main concern. Bullying was identified as the biggest worry for 12% of teenagers but only by 6% of parents. Finally, teenagers identified peer pressure as the lowest in the list of concerns, although highest by parents. This research shows parents have little idea about the problems teenagers really face.

최근 연구에서 영국 10대들은 대부분의 부모들이 알고 있는 것보다 더 광범위한 문제에 직면해 있다고 보도되었다. 설문 조사한 부모들의 약 54%는 10대들이 직면하고 있는 가장 큰 위험은 동료 압박감이라고 표시했다. 그러나, 청소년의 1/3은 학교에서 고득점을 얻어야 한다는 압박감이 그들의 가장 큰 고민이라고 했다. 청소년의 16%만이 인기가 그들의 주요 관심사라고 말했다. 괴롭힘 역시 가장 큰 고민이라고 12%의 아이들이 말한 반면 부모들은 겨우 6%만이 그렇게 밝혔다. 최종적으로, 청소년들은 동료 압박감을 걱정 순위 중에서 가장 낮은 것으로 생각한 반면에, 부모들은 가장 높다고 생각했다. 이 조사는 부모들은 청소년들이 실질적으로 직면하고 있는 문제에 대해서 거의 모른다는 것을 보여준다.

Q. Which of the following is the biggest concern identified by English teenagers?

(a) Bullying
(b) Peer pressure
(c) School grades
(d) Popularity

영국 10대들에 의해 가장 큰 고민으로 분류된 것은 무엇인가?

(a) 괴롭힘
(b) 동료 압박감
(c) 학교 성적
(d) 인기

해설 10대들이 걱정하는 순위를 차례대로 열거해보면 30%가 넘는 '성적', 16%의 '인기', 12%의 '약한 학생 괴롭히기' 문제이다. 따라서 (c)가 정답이다. 반면 부모님들이 생각한 10대들이 가지는 가장 큰 걱정은 peer pressure라고 답변했다. peer pressure는 같은 집단의 다른 구성원들이 하는 대로 따라하지 않으면 안 된다는 부담감을 뜻한다.

어휘 reveal 드러내다, 폭로하다 range 범위, 구역 pressure 누르기, 압력, 압박 obtain 얻다, 획득하다 concern 관심, 걱정, 근심 bully 괴롭히다, 겁주다

23.

Mr. Stephen Vincent had never intended to become an engineer. His family immigrated to Canada from Italy, and established themselves on the East coast, running a family restaurant. It was always Stephen's father's dream that his son would carry on the family business. Instead, Stephen pursued a university degree in chemical engineering. This move was not meant to upset his family, but to appease his own passions. Never having an interest in cooking or business, Stephen could not allow his life to be directed by the family restaurant. He moved away from home at the age of 18, leaving his younger sister to carry on the family tradition.

스티븐 빈센트 씨는 공학 기술자가 될 생각을 한 번도 해본 적이 없었다. 그의 가족들은 이탈리아에서 캐나다로 이민왔고, 패밀리 레스토랑을 운영하면서 동부 해안에 자리를 잡았다. 그의 아들이 가족 사업을 계속해나가는 것은 항상 스티븐 빈센트 씨 부친의 꿈이었다. 스티븐 빈센트 씨는 그것 대신에 대학교에 가서 화학 공학 학위를 취득했다. 이러한 움직임은 그의 가족을 슬프게 하려는 것이 아니라, 그 자신의 열정을 만족시키기 위한 것이었다. 스티븐 빈센트 씨는 요리나 사업에는 전혀 관심이 없었기 때문에 그의 인생이 패밀리 레스토랑에 의해 좌우되도록 허락할 수 없었다. 그는 18살에 그의 여동생이 가족의 전통을 이어가도록 하고는 집을 떠났다.

Q. Which of the following is correct according to the passage?

(a) Stephen always took pleasure in restaurant management.
(b) Stephen intentionally left home to upset his father.
(c) At university, Stephen pursued a degree in the field of engineering.
(d) Stephen allowed his life to be directed by the wishes of his family.

이 본문 내용과 일치하는 것은 무엇인가?

(a) 스티븐은 항상 레스토랑 경영에 즐거움을 느꼈다.
(b) 스티븐은 그의 아버지를 슬프게 하려고 일부러 집을 떠났다.
(c) 대학교에서 스티븐은 공학 분야의 학위를 취득했다.
(d) 스티븐은 그의 일생이 가족들의 소원에 의해 좌우되도록 놔두었다.

해설 본문의 내용과 일치하는 것을 고르는 문제. 스티븐(Stephen)은 가족 식당이 자신의 삶을 결정짓도록 할 수 없었다는 본문 후반부의 내용에 따라 (a)와 (d)는 사실과 다르고, 대학에서 화학을 공부하기 위해 집을 떠났으므로 (c)가 정답이 되고 (b)는 사실과 다름을 알 수 있다.

어휘 intend to부정사 ~하려고 의도하다 immigrate to ~로 이주하다 chemical engineering 화학공학 appease 달래다, 진정시키다, 풀어주다 passion 열정

24.

Make sure your house is in spotless condition before you allow it to be shown. The investment of $100 to have it cleaned will be more than worthwhile. If you are doing any major renovations, such as painting, choose subtle tones that will appeal to a large range of people. Have the house clean, but also make it look warm and lived-in. Put a basket of fruit out on the kitchen table. Have some flowers set out in the living room. One expert's tip is to boil a pot of water with cinnamon before showing your home. This will leave a welcoming scent throughout the house.

당신의 집을 보여주기 전에, 집이 결점 없는 상태인가를 확인하세요. 청소하는 데 100달러면 투자한 값을 하고도 남습니다. 당신이 페인트칠 같은 큰 변화를 줄 것이라면, 많은 사람들에게 호소력 있는 미묘한 색조를 고르세요. 집을 청소하시고, 따스하고 사람이 살고 있는 집처럼 보이게 하세요. 주방 식탁에는 과일 한 바구니를 올려놓으세요. 거실에는 꽃다발을 놓으세요. 한 가지 전문가의 조언은 집을 보여주기 전에 물에 계피를 넣어 끓이는 것입니다. 이것은 집 전체에 환영의 향기를 남길 것입니다.

Q. What is the advice about?

(a) How to buy a house
(b) How to renovate a house
(c) How to sell your house
(d) How to decorate your house

무엇에 대한 조언인가?

(a) 집을 사는 방법
(b) 집을 고치는 방법
(c) 당신의 집을 파는 방법
(d) 당신의 집을 장식하는 방법

해설 집을 공개하기 전에 좋은 인상을 주기 위한 유용한 지침들로 가득한 글이다. 집을 남들에게 보여주어 다른 사람들의 마음에 들게 할 경우는 아마도 사람들을 초대하거나 아니면 팔거나 세를 놓기위해 집을 내놓는 경우일 것이다. 따라서 이 글에 나온 지침들은 (c) '집을 어떻게 파는가' 에 관한 것이라고 보는 것이 합리적인 선택이다.

어휘 allow+목적어+to부정사 ~에게 …하도록 허락하다   worthwhile 할 보람이 있는, 시간과 노력을 들일 만한
renovation 혁신; 보수공사   subtle 미묘한, 민감한   expert 전문가

25.

Internet dating has become a multi-million dollar industry in the last 5 years. Professional singles are finding themselves increasingly encompassed in their work lives, with little or no time for personal lives. Dating can be time consuming and frustrating. Hence, singles turn to online dating sites, where they can post a photo and a profile, and search for suitable mates. The sites make money in a number of ways. To begin with, many sites require users to pay to post their information, or to send messages to others on the site. Secondly, these sites sell advertising space for a high price. It appears to be an industry that will only continue to grow.

인터넷 데이트는 지난 5년간 수백만 달러의 산업이 되었다. 전문직을 가진 독신들은 개인적인 삶을 위한 시간이 거의 없거나 아예 없이 점점 더 그들의 일에만 틀어박혀 있다는 것을 느끼고 있다. 데이트는 시간도 많이 들고 실망스러울 수도 있다. 그리하여, 독신들은 온라인 데이트 사이트를 향하고 있는데, 여기에서 그들은 사진이나 프로필을 올릴 수도 있고, 적당한 짝을 찾을 수도 있다. 이 사이트들은 다양한 방법으로 돈을 번다. 우선 많은 사이트에서 사용자들이 그들의 정보를 게시하거나 사이트에서 다른 이들에게 편지를 보내기 위해 돈을 요구한다. 두 번째로, 이 사이트들은 광고 자리를 높은 가격에 판매한다. 이 산업은 앞으로 계속 성장만 할 것 같아 보인다.

Q. Which of the following is correct according to the passage?

(a) Internet dating is an industry that has reached its peak of growth already.
(b) Singles are increasingly frustrated with online dating.
(c) Online dating allows users to communicate with others on the site.
(d) Advertising space is sold for a trifling amount.

본문과 일치하는 내용은 무엇인가?

(a) 인터넷 데이트는 이미 성장의 최고점에 도달한 산업이다.
(b) 독신들은 온라인 데이트에 점점 실망하고 있다.
(c) 온라인 데이트는 사용자들이 사이트의 다른 사람과 의사소통 하도록 해준다.
(d) 광고용 구역은 적은 금액에 판매된다.

해설 인터넷 연애 산업에 대한 글로서 맞는 내용을 고르는 문제이다. 본문 맨 끝에 계속하여 성장할 산업이라는 부분에서 (a)의 '정점에 달했다'는 틀렸고 본문 중간에 인터넷 연애 사이트로 눈을 돌린다는 부분에서 (b)도 옳지 않다. 역시 본문 중간의 인터넷 연애 사이트의 작동 방식에 대한 내용과 일치하는 (c)가 정답. 글 마지막에서 인터넷 연애 사이트의 광고비는 비싸다고 하였으므로 (d)도 본문과 불일치한다.

어휘 encompass 둘러싸다, 포함하다, 완수하다 time consuming 시간이 걸리는, 시간을 낭비하는 hence 따라서, 그러므로 frustrating 좌절시키는, 실망시키는 profile 개요, 분석표 suitable 적당한, 어울리는 appear ~인 듯하다, ~라고 여겨지다

26.

Our courier bags are second to none! Trekkers Courier provides the highest quality of courier bags in the world. Whether you work as a bicycle courier, or simply ride your bike to work on occasion, you can't do without one of our bags. Available in a range of styles, sizes, and colors, we have a bag to meet your needs. Trekkers courier bags are available exclusively through our website. All prices are in $US, and we provide free shipping anywhere in North America. If you are unsatisfied with your purchase, you can return it to us within 30 days for a full money back guarantee. You have nothing to lose. Order one today!

쿠리어 가방은 아무에게도 뒤지지 않습니다. 트레커스 쿠리어는 세계에서 최고로 질이 좋은 쿠리어 가방을 제공합니다. 여러분이 자전거 급사로 일하든 혹은 단순히 가끔 출근할 때 자전거를 타고 가든, 여러분은 우리 가방이 없이 지낼 수는 없을 것입니다. 구비된 다양한 스타일과 사이즈, 색깔로 우리는 여러분의 요구를 충족시킬 수 있는 가방을 가지고 있습니다. 트레커스 쿠리어 가방은 우리 웹사이트에서 독점적으로 구입하실 수 있습니다. 모든 가격은 미화 달러 기준입니다. 우리는 북미 지역 어디든 무료로 배송해드립니다. 여러분이 구매하신 물품에 만족하지 못하시면, 30일 내에 전액 환불해드릴 수 있습니다. 여러분은 손해보실 것이 없습니다. 오늘 주문하십시오!

Q. Which of the following is correct according to the advertisement?

(a) Trekkers courier bags are available in stores in the USA.

(b) The bags are available in more than one color.

(c) Shipping is only provided to North American clients.

(d) Purchases can be exchanged for new bags within 30 days.

광고에 일치하는 내용은?

(a) 트레커스 쿠리어 가방은 미국의 상점에서 구매할 수 있다.

(b) 가방들은 둘 이상의 색깔이 있다.

(c) 배송은 북미 고객들에게만 제공된다.

(d) 구매품은 30일 이내에 새 가방과 교환할 수 있다.

해설 광고글을 읽고 내용에 부합하는 것을 고르는 문제. 본문 중간에 웹사이트를 통하여 독점적으로 구입할 수 있다고 했으므로 (a)의 미국 상점에서 구입할 수 있다는 것은 잘못되었고, 스타일과 크기 색은 다양하다는 내용에 따라 (b)가 정답. 북미 배송은 무료라는 점에서 (c)의 내용과 다르고, 본문 마지막의 30일은 전액 환불에 관한 것이므로 (d)의 새로운 가방으로 바꿀 수 있다는 부분은 잘못되었다.

어휘 ride ~을 타다   on occasion 수시로, 때때로   available 이용할 수 있는, 입수할 수 있는   guarantee 보증하다
exclusively 배타적으로, 독점적으로

27.

The documentary, *The Corporation,* looks at the ways in which corporations around the world operate. In simple terms, corporations are accountable to their shareholders. The shareholders invest in the corporation, and therefore have a large say in its operations. Above the shareholders is a group of managers, who are paid a yearly salary by the company. The managers have a larger voice in daily decisions, but less of a financial investment in the company. Finally, there exists a board of directors that is responsible for the larger decisions. The documentary, *The Corporation,* focuses on environmental policies, and the ways in which corporations are not accountable to governmental policies on the environment.

다큐멘터리 〈더 코퍼레이션〉은 전세계에서 회사를 경영하는 방법을 다룬다. 간단히 말해서, 회사들은 그들의 주주에게 보고의 책임이 있다. 주주들은 회사에 투자를 하기 때문에 그것의 운영에 크게 참여할 권리가 있다. 주주들 윗자리에는 경영자 그룹이 있는데, 이들은 회사에서 연봉으로 월급을 받는다. 경영자들은 매일의 결정에 있어서 발언권이 크지만, 회사에의 재정 투자는 적다. 마지막으로 더 큰 결정에 대한 책임을 지는 이사회가 있다. 다큐멘터리 〈더 코퍼레이션〉은 환경 정책과 환경에 대한 정부 정책에 회사가 책임지지 않는 방법에 초점을 맞추고 있다.

Q. Which of the following is NOT mentioned as a party that controls or operates a corporation?

(a) Salaried managers

(b) Stockholders

(c) Federal or local governments

(d) Board of directors

회사를 관리 또는 운영하는 당사자로서 위에서 언급되지 않은 것은?

(a) 봉급받는 경영자들

(b) 주주들

(c) 연방 혹은 지방 정부들

(d) 이사회들

해설 회사를 통제하고 운영하는 집단에 속하지 않는 것을 고르는 문제. 본문에서는 처음으로 주주 (shareholders)들, 그 위의 매니저들, 그리고 마지막으로 이사회(board of directors)를 회사의 결정에 목소리를 낼 수 있는 집단으로 들고 있다. 따라서 (c) 연방/지방 정부가 회사에 영향을 미치지 않는 집단이다.

어휘 documentary 기록물, 기록영화 corporation 법인, 사단법인, 주식회사 operate 경영하다, 관리하다
accountable 책임이 있는, 설명할 의무가 있는 shareholder 주주 financial 재정적인 investment 투자
be responsible for ~에 책임이 있다

28.

Microwave ovens were introduced into kitchens across North America in the 1950s. Presented as timesaving devices, they quickly became primary cooking devices. Foods could be quickly thawed, reheated, or even cooked using microwaves. Their popularity continued to grow, to the extent that very few kitchens today are without one. Unfortunately, it seems that taste and quality have been sacrificed for speed. While a microwave can, in fact, cook an egg in 30 seconds, it can't make it taste the same as an egg cooked on the stove.

1950년대에 북미 전역에 걸쳐 전자레인지가 주방에 도입되었다. 시간을 절약하는 도구로서 소개되어, 그들은 빠른 시간에 주요 요리기구가 되었다. 전자레인지로 음식 해동, 재가열, 심지어는 요리까지도 할 수 있었다. 그들의 인기는 점점 더 높아져 오늘날에 와서는 전자레인지 하나 없는 주방은 아주 드물 정도이다. 유감스럽지만 맛과 질이 속도에 희생당하는 것으로 보인다. 사실상 전자레인지가 30초 만에 달걀 하나를 익힐 수는 있지만, 그것을 가스레인지 위에서 익힌 것과 같은 맛을 내지는 못한다.

Q. What is the main topic of the passage?

(a) The basic principles of microwaves
(b) The effect of microwaves on North American kitchens
(c) The popularity of microwave ovens in the 1950s in America
(d) How new technology has increased the quality of cooking

글의 주제는 무엇인가?

(a) 전자레인지의 기본 원리
(b) 북미 주방에 전자레인지가 준 영향
(c) 1950년대 미국에서 전자레인지의 인기
(d) 새 기술이 어떻게 요리의 질을 높였는가

해설 본문은 미국에 도입되어 널리 쓰이고 있는 전자렌지에 대한 글로서 그 다양한 기능과 빠른 조리 속도에 대해 주로 서술하고 있다. 따라서 글의 주제는 (b) '미국 주방에 끼친 전자렌지의 영향'이 정답이다. (a)전자레이지의 원리는 언급되지 않았고, (c) 1950년대는 전자레인지가 도입된 시기이며 (d) 전자레인지와 같은 신기술은 속도는 있지만 음식의 맛은 떨어뜨렸다는 내용이 글 후반부에 있기에 모두 적절치 못하다.

어휘 timesaving 시간 절약의 thawe 녹다, 누그러지다, 풀리다 reheat 다시 가열하다 sacrifice 희생하다

29.

The division between the developed and developing world, in terms of access to education, is only widening. The gap will increase as richer countries have immediate access to education, while in poorer countries education is not always seen as a priority. Advocates of universal education believe that education is a right, and not a privilege. Unfortunately, in many parts of the world, children are integrated into the workforce at an early age, and are never given the opportunity to go to school.

선진국과 개발 도상국의 차이는, 교육을 받는 관점에서 보면 더 넓어지고 있을 뿐이다. 부유한 국가들이 교육을 즉시 받을 수 있는 반면, 가난한 국가에서 교육은 우선 순위가 아닌 것으로 여겨지기 때문에 그 격차는 더 벌어질 것이다. 전 인류 교육 주창자들은 교육은 권리이지 특권이 아니라고 믿는다. 불행히도, 세계의 많은 지역에서 어린이들은 어릴 때부터 노동 인구에 흡수되어 학교에 갈 기회조차 얻지 못한다.

Q. What is the main idea of the passage?

(a) Poor countries are falling increasingly further behind education-wise.
(b) Children from developed countries begin to work at an early age.
(c) Education should be a privilege, and not a right.
(d) Children around the world are given equal educational opportunities.

글의 주제는 무엇인가?

(a) 가난한 국가들은 교육 문제에서 점점 더 뒤떨어지고 있다.
(b) 개발도상국의 어린이들은 어릴 때부터 일을 시작한다.
(c) 교육은 권리가 아니라 특권이어야 한다.
(d) 세계의 어린이들은 동등한 교육 기회를 가진다.

해설 잘사는 나라와 그렇지 못한 나라의 교육받을 기회에 대한 차이에 대한 내용으로 특히 가난한 나라에 있어서는 아이들이 교육 현장이 아닌 노동 현장에 투입되는 등 갈 수록 그 상황이 악화되고 있다고 했다. 따라서 (a)가 정답. (b) 세부사항인 가난한 나라에 대한 내용이었으며, (c) 교육은 권리지 특권이 아니라고 했다. (d) 잘사는 나라 가난한 나라의 교육의 기회는 그 차이가 더욱 벌어지고 있다고 했으므로 (b), (c), (d)는 그릇된 내용이다.

어휘 **division** 분할, 분배, 구분 **access to** ~에 접근 **widen** 넓히다 **immediate** 즉각의, 즉시의 **priority** 앞, 먼저, 우선구너 **advocate** 지지자, 옹호자 **privilege** 특권, 특전 **integrate** 통합하다, 전체로 합치다

30.

Jana Porter was born in Bend, Oregon, and attended the Bishop Stratton School for Girls. As a young girl, she studied dance and theatre, and dreamed of becoming a professional dancer. At the age of 18 she moved to Toronto, Canada to study dance at Ryerson University. During her time in Toronto, she was spotted performing in a dance production, and approached by an agent to move into acting. Her first role was in a children's action series in which she played a pink superhero. Five years later, she is living in Los Angeles, and starring in the hit television series "Numbers."

자나 포터는 오레곤의 벤드에서 태어나서 비숍 스트라톤 여학교를 다녔다. 어린 소녀일 때, 그녀는 댄스와 연극을 공부했고, 전문 댄서가 되는 것을 꿈꾸었다. 18살의 나이에 그녀는 라이슨 대학교에서 댄스를 공부하기 위해 캐나다의 토론토로 옮겨갔다. 토론토에 있을 때, 그녀는 댄스 작품의 공연에서 에이전트에게 발탁되어 연기쪽으로 옮겨가게 되었다. 그녀가 연기한 첫 번째 역할은 어린이 시리즈의 분홍 영웅이었다. 5년이 지난 지금, 그녀는 로스엔젤레스에 살고 있고, 인기 텔레비전 시리즈인 〈넘버스〉에서 주연을 맡고 있다.

Q. Which of the following is correct about the person described above?

(a) She has continued a career in dance.
(b) From an early age, she set out to be an actor.
(c) She was born in Los Angeles, California.
(d) An agent persuaded her to change her job.

다음 중 위에 서술된 것과 일치하는 내용은?

(a) 그녀는 댄스 분야에서 계속 일했다.
(b) 이른 나이에, 그녀는 배우로 출발했다.
(c) 그녀는 캘리포니아의 로스앤젤레스에서 태어났다.
(d) 에이전트가 그녀의 직업을 바꾸도록 설득했다.

해설 본문에 등장하는 인물 자나(Jana Porter)를 바르게 묘사한 것을 고르는 문제. (a) 토론토에서 연기자로 전향하게 되므로 오류. (b) 어려서부터 전문 댄서가 되는 것이 꿈이었으므로 역시 오류. (c) 본문 도입부에서 오레곤(Oregon)의 벤드(Bend) 출신임을 밝혔다. 토론토에 있을 당시 연기쪽 사람이 발굴하여 아동용 액션 시리즈에서 첫 역할을 맡았다는 부분에서 spotted and approach를 동사 persuade로 바꿔서 표현한 (d)가 바르게 묘사된 선택지이다.

어휘 **be spotted** 발견되다, 눈에 띄다 **performing** 공연 **approach** 접근하다 **star** 주연하다

31.

Each year, nearly 20,000 children in Europe are admitted to hospitals as a result of injuries relating to a fall from a bicycle, skateboard, or rollerblades. Many of these hospital visits could have been avoided if the children were wearing the proper protection. Children should wear helmets when riding bicycles and skateboards, and helmets and knee/wrist guards when rollerblading. Taking these simple precautions can help to avoid injury.

매년, 2만 명에 가까운 유럽의 어린이들이 자전거, 스케이트 보드, 혹은 롤러 블레이드에서 추락하는 것과 관련된 부상의 결과로 병원에 입원한다. 이 중에 대다수는 어린이들이 올바른 보호장치를 착용하고 있었더라면 예방될 수 있었던 사고이다. 자전거와 스케이트 보드를 탈 때, 어린이들은 헬멧과 무릎/손목 보호 장치를 착용해야 한다. 이러한 간단한 주의를 잘 지키는 것만으로도 부상 예방에 도움이 된다.

Q. Which of the following is correct?

(a) Nearly 20,000 children get hurt on their bikes yearly.
(b) Sports equipment is rarely the cause for falling injuries.
(c) Proper protection can help to avoid injury.
(d) Hospitals in Europe are turning away children.

다음 중 옳은 것은?

(a) 매년 2만 명에 가까운 어린이들이 자전거를 타다가 다친다.
(b) 스포츠 장비가 추락 사고 부상의 원인인 경우는 거의 드물다.
(c) 적절한 보호장치는 부상 예방에 도움을 줄 수 있다.
(d) 유럽 병원들은 어린이들을 내쫓고 있다.

해설 본문의 내용과 일치하는 것을 고르는 문제. 매년 2만 명은 자전거, 스케이트보드, 인라인스케이트 등으로 인한 사고로 입원하는 아동의 숫자이므로 (a)와 (d)는 틀렸고 (b) 스포츠 장비가 추락 사고의 원인이 되는 일은 거의 없다는 말은 언급된 바 없다. (c) 본문 맨 끝부분에 보호장비가 부상을 방지할 수 있다는 말이 있으므로 정답이다.

어휘 **be admitted to** ~하도록 허가되다[받다] **relating to** ~와 관련있는 **avoid** 피하다 **protection** 보호 **knee** 무릎 **wrist** 허리

32.

In some parts on the world, tipping is not expected. In Australia and South Korea, it is not considered commonplace to thank a taxi driver or a hotel attendant with a tip. However, in North America, tipping is considered proper etiquette. To walk out of a restaurant without leaving a tip would be seen as extremely rude. Generally, a tip of 15-20% of the total bill is expected. Some establishments will actually factor that amount into the bill. It is important to be aware of the proper etiquette wherever you are in the world.

세계의 어떤 지역에서는 팁을 기대하지 않는다. 호주와 한국에서는 택시 운전사나 호텔 직원에게 팁으로 감사 표시를 하는 것이 평범한 일로 여겨지지 않는다. 그렇지만, 북미에서는 팁을 주는 것이 올바른 예의로 여겨진다. 식당에서 팁을 주지 않고 나오는 것은 극도로 무례하다고 여겨질 것이다. 일반적으로 팁은 전체 금액의 15-20%쯤 된다. 어떤 가게에서는 그 금액을 실제로 계산서에 포함시킬 것이다. 당신이 세계 어디를 가든지 올바른 예의에 대해 인식하는 것은 중요하다.

Q. According to the passage, which of the following is correct about tipping?

(a) It is expected around the world.
(b) In North America, 15% is appropriate.
(c) In Australia, tipping is considered disrespectful.
(d) All restaurants factor the tip into the bill.

본문에 따르면 팁에 대해서 맞는 것은?

(a) 전 세계적으로 기대된다.
(b) 북미에서는 15%가 적당하다.
(c) 호주에서는 팁을 주는 것은 무례하다고 여겨진다.
(d) 모든 식당에서는 계산서에 팁을 포함시킨다.

해설 팁을 주는 문화에 대해 바른 내용을 고르는 문제. 호주나 한국 같은 곳에서는 팁을 주는 일이 흔한 일이 아니라고 하였으므로 (a)와 (c)는 오류. (b) 팁의 액수로는 총 요금의 15%~20%가 보통이라고 하였으므로 바른 설명이며 (d) 몇몇 시설/기관(establishments) 등에서나 팁이 요금에 청구되어 있다고 했으므로 모든 식당이 그런 것은 아니다. 따라서 답은 (b).

어휘 **commonplace** 평범한 일[것] **attendant** 안내원, 수행원 **proper** 적당한, 알맞은 **rude** 무례한
establishment 설립, 수립, 확립 **factor** in/into ~을 계산에 넣다, ~을 하나의 요인으로 포함하다
be aware of ~을 알아채다, ~을 알다

33.

Sea Quest Travels provides the most comprehensive traveler's insurance on the market. Stop by one of our offices today to discuss the insurance plan that works for you. Many travelers buy health insurance, but neglect to look into traveler's insurance. Traveler's insurance covers such unexpected things as lost tickets, missed flights, and cancellation due to illness. We have a number of different plans, at varying costs, to suit all needs and budgets.

시퀘스트 여행사는 가장 광범위한 여행자 보험을 내놓았습니다. 오늘 저희 사무실에 들르셔서 여러분을 위한 보험에 대해 얘기하십시오. 많은 여행자들이 건강 보험에 가입하지만 여행자 보험은 살펴보지 않습니다. 여행자 보험은 항공권 분실, 놓친 비행기나 질병으로 인한 취소 같은 예상치 못했던 상황까지 보상해 줍니다. 저희는 모든 분의 요구와 예산에 딱 맞추기 위해 다양한 가격에 수많은 보험 상품을 가지고 있습니다.

Q. Which is correct about traveler's insurance?

(a) It is often overlooked by travelers.
(b) It is a requirement prior to travel.
(c) It covers health issues while traveling.
(d) It can be bought after a ticket is lost.

여행자 보험에 대해 맞는 것은?

(a) 종종 여행자들에 의해 간과된다.
(b) 여행에 앞선 필수 요건이다.
(c) 여행하는 동안의 건강에 관련된 문제도 보상한다.
(d) 항공권을 분실한 후에 구매 가능하다.

해설 여행자 보험에 대한 바른 내용을 고르는 문제. 본문 중간에 여행자들은 건강보험은 가입하지만 여행자 보험은 소홀히 한다는 내용이 있으므로 neglect를 overlook으로 paraphrase한 (a)가 정답. (b) 여행 전 요건이라는 말은 언급되지 않았으며, (c) health issues(의료에 관한 문제)는 health insurance가 처리할 것이고 (d) 표 분실은 보험처리범위이므로 보험에 가입한 후에 가능하다. 따라서 (b), (c), (d)는 오답.

어휘 **provide** 제공하다 **comprehensive** 포괄적인, 넓은 **insurance** 보험 **neglect** 무시하다, 경시하다, 등한시하다 **cancellation** 취소 **due to** ~ 때문에 **budget** 예산

34.

Dear Alice,

I am writing to thank you for all of your help over these last few months. Since the twins were born, it seems as though my life has been turned upside down. Suddenly a simple trip to grocery store involves an hour of planning and getting everyone ready to leave the house. I'm not sure what I would have done without you. Just knowing that I have someone to call when I need a hand makes all the difference.

앨리스에게,

지난 몇 달 동안 나를 도와준 모든 것들이 고마워서 이 편지를 쓴다. 쌍둥이가 태어났을 때, 정신이 하나도 없는 것 같았어. 갑작이 식료품점에 갈 때에도 한 시간동안 계획하고 모든 사람이 집을 떠날 준비를 하도록 만들었으니까. 정말 네가 없었더라면 내가 어떻게 했을지 상상도 안 된다. 도움이 필요할 때 전화 할 사람이 있다는 것을 아는 것만으로도 상황이 전혀 달라지거든.

Q. How does the writer feel toward Alice?

(a) Respectful
(b) Beholden
(c) Grateful
(d) Upset

글쓴이는 앨리스에 대해 어떻게 느끼고 있는가?

(a) 존경하는
(b) 은혜를 입은
(c) 고마워하는
(d) 화가 난

해설 글쓴이의 앨리스에 대한 감정을 묻는 질문. 영어 편지글의 첫부분은 보통 편지를 쓰는 이유를 적게 되므로 거기에 문제 해결의 열쇠가 있다. 앨리스의 도움에 감사하느라 편지를 쓴다고 했으므로 (c)의 '고마워하는'이 정답. '신세를 진'의 (b)가 혼란스러우나 가벼운 톤의 전체적인 글 분위기와는 거리가 멀다.

어휘 **turn upside down** 뒤집다, 거꾸로 하다 **grocery store** 식료품점 **involve** 포함하다, 수반하다, 관계시키다

35.

The world of competitive cycling saw dramatic changes with the introduction of carbon fiber. Used both in bikes and biking helmets, carbon fiber is a lightweight material with the same impact bearing capabilities as steel. For competitive cyclists, the difference of a few ounces in weight can make all the difference. While an all-carbon fiber road bike will cost upwards of $6,000, it is becoming impossible to race at a competitive level without one. As they become more popular, the cost will begin to go down.

경쟁적인 사이클링의 세계는 탄소섬유의 도입으로 극적인 변화를 보았다. 자전거와 자전거 헬멧 둘 다에 쓰이는 탄소섬유는 가벼운 소재이나, 강철과 같은 강도의 내구성을 가지고 있다. 자전거 경주 선수들에게는, 몇 십 그램의 무게 차이로도 이야기가 완전히 달라진다. 탄소섬유 장착 자전거는 가격이 6천 달러에 이르는데, 이것 없이는 경쟁력 있는 경주를 하는 것이 불가능해지고 있다. 그들이 더 인기를 끌어가면서, 가격은 내려가기 시작할 것이다.

Q. Which is correct about carbon fiber according to the passage?

(a) It is an inexpensive material.
(b) It has less weight bearing abilities than steel.
(c) It is not used in competitive racing bikes.
(d) It weighs less with the same strength as steel

탄소섬유에 대해 올바른 것은?

(a) 비싸지 않은 소재이다.
(b) 강철보다 내구성이 적다.
(c) 대회 자전거 경주에 사용되지 않는다.
(d) 철과 강도는 같으면서 무게는 적게 나간다.

해설 탄소섬유(carbon fiber)에 대해 올바른 것을 고르는 문제. (a) 탄소섬유 자전거 한 대 값이 6000달러라고 했으므로 비싸지 않다고 할 수 없으며 같은 강도에서 가볍다고 했으므로 (b) 무게를 견디는 힘이 쇠보다 덜하다는 말은 잘못되었다. 자전거 경주에서 경쟁하기 위해서 탄소섬유 자전거는 필수라고 했으므로 (c)는 오류. 탄소섬유는 같은 강도로 철보다 더 가벼운 물질이라는 정보에서 (d)가 정답이다.

어휘 competitive 경쟁의, 경쟁적인 carbon fiber 탄소섬유 lightweight 표준 중량 이하의, 경량의 impact 충돌, 충격, 효과 upward 위로 향한, 위쪽으로 strength 힘, 세기

36.

Anxiety and depression are often overlooked by modern medicine. A recent survey revealed that nearly 80% of the adult population shows signs of both depression and anxiety. Symptoms include an inability to converse with others, a fear of being in public, and becoming agitated easily. When these symptoms go untreated, they can build into far more severe disorders. If you are suffering from any of these conditions, please speak with your doctor. In the past there has been a stigma associated with depression. It is important that this is broken down, and that people feel they have someone to talk to.

현대 의학에서 불안과 우울증은 종종 간과된다. 최근의 설문조사는 성인 인구의 약 80%가 불안과 우울증의 징후를 발견했다고 밝혔다. 증상은 타인과의 대화 불가능, 대인 공포증, 쉽게 심란해하는 점이 있다. 이런 증상이 치료되지 않으면, 그들은 훨씬 더 심각한 이상으로 발전될 수 있다. 만약 당신이 이 중 어떤 증상으로든 고통 받고 있다면, 꼭 의사와 상의를 해보길 바란다. 과거에는 우울증은 오점으로 연결되었다. 이런 관습이 깨어져서, 사람들이 자신들이 누군가 이야기할 사람이 필요하다고 느끼는 것이 중요하다.

Q. Which is correct according to the passage?

(a) Depression and anxiety are caused by agitation.
(b) Anxiety and depression should be kept private.
(c) Depression and anxiety are extremely common adult disorders.
(d) Neither depression nor anxiety can be treated by modern medicine.

본문에 의하면 맞는 것은?

(a) 우울증과 불안은 동요에 의해 야기된다.
(b) 불안과 우울증은 비밀로 지켜져야 한다.
(c) 우울증과 불안은 아주 일반적인 성인 질환이다.
(d) 우울증이나 불안 어느 것도 현대 의학으로 치료할 수 없다.

해설 본문의 내용에 맞는 것을 고르는 문제. (a) 우울증과 불안의 증상은 언급되었으나 무엇에 의해 발생하는지에 대한 것은 언급이 없다. (b) 본문 후반부에 의사와 상의하라는 부분과 얘기할 사람이 있다고 생각하는 것이 중요하다고 했으므로 오류. 본문 앞부분에 어른의 80%가 우울증과 불안의 증상을 보인다고 했으므로 (c)는 정답. (d) 현대의학에 의해 간과되고 있다고 했을 뿐 치료할 수 없다는 말은 없다.

어휘 anxiety 걱정, 갈망 depression 의기소침, 우울 overlook 못 보고 지나치다 symptom 증상 inability 무능, 무력 converse 이야기하다, 담화하다 agitate 선동하다, 동요시키다 untreated 미처리의, 아직 치료를 받고 있지 않은 stigma 오명, 오점, 증상, 징후

37.

Based on a novel written in 1974, "A Scanner Darkly" is an exceptional film about surveillance in a futuristic world. Starring Keanu Reeves and Woody Harrelson, the film centers around a group of friends living together in a small home in a suburban neighborhood. The character played by Keanu Reeves works for the Bureau of Information, and is instructed to spy on his friends. The film is done primarily in animation, lending it a surreal quality. It is scheduled to be released in theatres around the world in the summer of 2008.

1974년에 쓰여진 소설에 바탕을 둔 영화 〈스캐너 다클리〉는 미래 세계의 감시에 대한 특이한 영화이다. 키아누 리브스와 우디 헤럴슨이 주연을 맡은 이 영화는 교외 근처에서 작은 집에 모여 함께 사는 친구들을 중심으로 전개된다. 키아누 리브스는 '정보부'에서 일하는 사람의 역할인데 그는 친구들을 감시하라는 지시를 받는다. 영화는 주로 에니메이션으로 이루어져 초현실적인 특성을 부여한다. 이는 전 세계적으로 2008년 여름에 개봉될 예정이다.

Q. What can be inferred from the passage?

(a) The film will be better than the novel.
(b) It has not yet been released in theatres.
(c) It deals with disturbing subject matter.
(d) "A Scanner Darkly" is a children's animation.

본문에서 유추될 수 있는 것은?

(a) 영화가 소설보다 나을 것이다.
(b) 영화는 아직 개봉되지 않았다.
(c) 이것은 걱정스런 소재를 다룬다.
(d) 〈스캐너 다클리〉는 어린이 에니메이션이다.

해설 본문을 읽고 추론할 수 있는 것을 고르는 문제. (a) 본문은 영화에 대한 원작, 줄거리, 배우 등의 사실만을 언급하고 있고 영화가 더 나은지 소설이 더 나은지는 알 수 없다. 글 끝부분에 영화가 2008년 여름에 개봉될 것이라는 부분으로 보아 아직 상영되지 않았다는 것을 알 수 있다. 따라서 정답은 (b). 영화는 미래세상에서 키아누 리브스(Keanu Reeves)가 자신의 친구들을 감시하는 그런 내용을 담았으므로 (c)와 같이 '걱정스러운' 주제를 담고 있다고 할 수 없고 (d)처럼 아동용 영화도 아니다.

어휘 based on ~에 근거하여 exceptional 예외적인, 드문 surveillance 감시, 망보기, 감독 futuristic 미래의, 미래파의 suburban 교외의, 시외의 bureau (관청의) 국 primarily 첫째로, 주로, 우선, 원래 surreal 초현실주의의, 비현실의

Part 3

38.

(a) Café culture has taken a turn in the last few years, from people meeting to socialize to individuals working on laptops or reading the newspaper. (b) Whereas in the past people met at local cafés to catch up with one another, cafés are now viewed as places for individuals to sit alone without disruption to read, work, etc. (c) Laptops have dramatically changed the way our work is done, breaking down the barriers of the traditional workplace office. (d) It is seldom in this day and age to walk past a street-side café and see a group of people enjoying one another's company.

(a) 카페 문화는 지난 몇 년 동안 사람들이 사교를 위한해 만나던 것에서 개인들이 휴대용 컴퓨터로 일을 하는 것 혹은 신문을 읽는 것으로 바뀌었다. (b) 과거에는 사람들이 지역의 카페에서 서로의 안부를 전하기 위해 만났지만, 이제 카페는 사람들이 혼자 앉아서 방해 없이 읽고, 일하기 위한 장소로 보인다. (c) 휴대용 컴퓨터는 전통적인 직장의 사무실의 장벽을 깨뜨림으로써, 작업 방식을 극적으로 변화시켰다. (d) 요즘 세상에 길가의 카페를 지나면서 여러 명이 서로 함께 있는 모습은 거의 보기 힘들다.

해설 글의 흐름에 방해가 되는 부분을 고르는 문제. (a)는 café 문화의 변화, (b)는 과거와 현재에 사람들이 café 에서 하는 일의 차이, (c)는 노트북 컴퓨터가 가져온 변화, (d)는 café의 개인적 이용의 보편화에 대한 내용이다. 따라서 (c)가 전혀 엉뚱한 소재에 대해 서술하고 있으므로 정답.

어휘 **socialize** 사회화하다, 사회적으로 활동하다 **disruption** 붕괴, 분열, 중단 **dramatically** 극적으로 **break down** 고장나다 **barrier** 장애, 장벽 **seldom** 거의 ~않다

39.

(a) In Canada, a new law is being proposed to ban listening to music, for example on a discman or an ipod, while crossing the street. (b) Portable music devices are becoming increasingly common, with Apple claiming sales of over 100 million ipods since they came out on the market. (c) The new law is a response to an increasing number of minor accidents caused by pedestrians not paying attention when crossing the street. (d) The ban would restrict the use by pedestrians of any type of portable music device while crossing a street, regardless of whether they are at a regulated crosswalk.

(a) 캐나다에서, 길을 건너면서 CD플레이어나 아이파드 같은 것으로 음악 듣는 것을 금지하는 새로운 법률이 발의되고 있다. (b) 시장에 내놓은 이후로 100만 개 이상을 팔았다고 주장하는 애플 사의 아이파드와 더불어, 휴대용 음악 감상 기구들은 점점 더 흔해지고 있다. (c) 새로운 법률은 보행자가 길을 건널 때 주의를 기울이지 않아서 생긴 작은 사고들이 점점 증가하는 것에 대한 대응이다. (d) 이 금지안은 신호등이 있는 횡단보도인지 여부에 상관 없이, 보행자가 길을 건너는 동안 어떤 형태로든 음악 감상 기구를 사용하는 것을 엄격히 규제할 것이다.

해설 (a) 길을 건널 때 음악을 듣는 법안이 제안 되었다는 내용, (b)휴대용 음향기기의 보급, (c)새 법안은 길을 건널 때 부주의에 의한 사고에 대응하기 위함, (d)새 법안의 음향기기 사용제한에 대한 구체적인 내용으로 (b)가 전체적 글의 흐름에서 벗어남을 알 수 있다. (b)가 정답.

어휘 **propose** 제안하다 **portable** 들고 다닐 수 있는, 휴대용의 **device** 장비, 장치 **response to** ~에 대한 응답[반응] **restrict** 제한적인 **pedestrian** 보행자 **regardless of** ~와 상관없이 **regulate** 규제하다, 통제하다, 조절하다

40.

(a) Men's beauty products are claiming an increasingly large share of the cosmetics market, which, in the past, was almost entirely focused around women. (b) 2005 saw men's beauty products, such as moisturizers and shaving creams, accounting for $1.2 billion in sales, while women's products accounted for $2.4 billion. (c) As the numbers suggest, women's beauty products still make up the majority of sales, but the sale of men's products saw an increase of nearly 200% in the 10 years since 1997. (d) Especially entering into the winter months, dermatologists recommend that both men and women take extra care of their skin.

(a) 과거에는 거의 전적으로 여성에게 집중되어 있던 화장품 시장에서 남성용 미용 제품은 점유율이 점점 더 높아지고 있다. (b) 2005년에는 수분크림이나 면도용 크림 같은 남성용 미용 제품 매출이 12억 달러를 차지했고, 여성용 제품은 24억 달러를 차지했다. (c) 수치가 보여주듯이, 여성용 미용 제품이 여전히 매출의 대다수를 차지하고 있지만, 남성용 미용제품은 1997년 이래로 10년 동안에 거의 200%의 증가율을 보여주었다. (d) 특히 겨울로 접어들면서, 피부과 의사들은 남자와 여자 모두가 피부에 특별한 관리를 해줄 것을 당부한다.

해설 (a)남성용 화장품 시장의 확산, (b)여성용 화장품 대비 남성용 화장품 시장의 규모, (c)남성용 화장품 수요의 급격한 증가, (d)겨울철에 대비한 집중 피부관리가 각각의 선택지의 내용이다. 모두 남성용 화장품에 대해 이야기 하고 있는 반면 (d)가 유일하게 겨울철 피부관리에 대한 내용이므로 흐름에 적합하지 않다. (d)가 정답.

어휘 claim 요구하다, 청구하다, 주장하다 cosmetic 화장용의, 미용의 moisturizer 보습제 shaving cream 면도 크림 majority 대부분, 대다수 enter ~로 들어가다 dermatologist 피부과 의사

TEPS 문법! 다지고, 굳히기!

Part I

다음 대화의 빈칸에 들어갈 가장 적절한 표현을 고르시오.

1. A: Is it true that _______________ Jason in May?
B: Of course. I can't think of marrying anybody other than him.

    (a) you're being married to   (b) you're married to
    (c) you're getting married to   (d) you get married to

5월의 결혼 여부를 묻는 상황. 결혼은 상식적으로 서로 협의하여 시일을 결정하게 되므로 사회적 약속에 주로 사용하는 현재진행형 미래로 get married(결혼하다)를 바꾸어 주는 것이 가장 적합하다. (b)는 이미 결혼한 상태, 즉 유부남, 유부녀임을 표현하는 말이며 (d)는 단순현재로서 평소에 결혼한다는 의미이므로 매우 어색하다. B의 other than은 except (for)와 같은 의미이다. 따라서 정답은 (c)이다.

A: 너 제이슨과 5월에 결혼한다는 것이 사실이야?
B: 그럼, 그 외 다른 어떤 사람과 결혼하는 것은 생각할 수도 없어.

문법특강 01
be vs. get

❍ to be

- **He is a very honest man.** 그는 매우 정직한 사람이다.
  be동사는 특별한 의미가 없다. 별 의미 없이 단지 주어의 상태를 표현할 뿐이다. be동사의 의미는 be동사 뒤에 오는 말이 무엇이냐에 따라 달라지기 때문이다. 위 예문의 경우 be동사 뒤에 man이라는 명사가 위치하고 있다. be동사의 앞 뒤로 명사가 위치한 이런 경우는 주어인 명사가 be동사 뒤 명사와 같다는 것을 의미한다.

- **They are intelligent.** 그들은 영리하다.
  이 경우는 be동사 뒤에 형용사가 있다. 따라서 주어의 상태를 표현하는 be동사의 성격 때문에 어쩔 수 없이 '주어가 형용사하다' 라는 말이 될 수밖에 없다.

- **We are in trouble.** 우리는 곤란한 상황에 처해 있다.
  be동사 뒤에 전치사 구가 있는 경우이다. 보통 전치사구는 장소나 시간 정보를 제공하기 위해 사용하지만 이렇게 형용사를 대신 하는 경우도 빈번하여 결국 형용사가 사용된 경우와 일치하게 된다.

❍ be동사의 진행형

- **Why are you being kind to me? What do you want?** 뭐 때문에 나에게 친절하게 구는 거야? 뭘 원해?
  be동사는 주어의 상태를 표현하기 때문에 상태동사이고 따라서 진행형으로 사용되지 않는 것이 일반적이나 때로는 진행형으로 쓰이기도 하는데 위 예문과 같이 사람의 성격 등을 표현하는 형용사와 더불어 그것이 일시적인 현상임을 나타낸다. 위 예문은 be동사를 진행형으로 사용하였기 때문에 친절한 것은 주어의 본래 성격이 아니라 일시적인 태도임을 암시하고 있다.

⊘ get+형용사

- **I got hungry in the middle of the movie and I bought some popcorn.**

  영화 중간에 배가 고파져서 팝콘을 좀 샀다.

  주어의 상태를 표현하는 be동사와 달리 get이 형용사를 이끌면 '~해지다' 로서 이미 그렇게 되어 있는 상태('be+형용사' 로 표현)로 접어들기 위한 동작 또는 과정을 표현한다. 즉, be hungry하기 위해서는 get hungry하는 동작이 선행하는 것이다.

⊘ 'get+형용사'의 진행형

- **The Kimchi in the fridge is getting sour.** 냉장고의 김치가 익고 있다.

  'get+형용사' 는 상태만을 표현하는 be동사와 달리 동작을 표현할 수 있다. 따라서 진행형이 가능하고 진행형으로 쓰이면 보통 'be동사+형용사' 의 상태로 접어들기 위한 변화를 의미하게 된다.

⊘ get+분사(과거분사/현재분사)

- **I am getting married next month.** 나 다음 달에 결혼해.
- **We need to get moving.** 우리 이제 움직여야겠어.
- **Your shirt is dirty. Go and get changed.** 셔츠가 더럽다. 가서 갈아입어.

  분사 중에는 형용사로 굳어진 것들이 많고 또는 형용사로 사용 가능하므로 위 예문들과 같이 많은 표현들이 'get+분사' 의 형태로 사용된다.

---

2. A: I brought some my old maternity clothes for you.

   B: Thank you so much. With this stretchy part, there's going to be _______________.

   (a) much too room (b) room enough

   (c) enough room (d) too room

   enough는 형용사로서 명사를 수식하는 할 때는 앞에, 부사로서 형용사나 다른 부사를 수식할 때는 뒤에 위치한다. 문제에서는 명사 room을 수식하여야 하므로 앞에 위치시킨다. (much) too는 부사라서 명사를 수식할 수 없으며 부정적 의미를 내포하고 있기 때문에 내용상으로도 부적합하다. room은 '공간' space의 의미로 사용되면 셀 수 없는 명사가 된다. 따라서 정답은 (c)이다.

   A: 너 주려고 내 옛날 임신복을 좀 가져왔어.

   B: 고마워. 이 늘어나는 부분 때문에 여유가 충분히 있겠네.

3. A: You look washed out. Did you sleep well last night?

   B: Actually, I spent all night _______________ my car.

   (a) repairing (b) repairs

   (c) to repair (d) repaired

spend는 'spend+시간/돈+on+명사'와 'spend+시간/돈+-ing'의 구조로 매우 빈번히 사용된다. washed out은 안색도 좋지 않고 피곤해 보인다는 뜻으로 사용되는 형용사 어구이다. A의 말에서 sleep을 명사로 사용하면 Did you have a good/sound sleep last night?이라고 물을 수도 있다. 따라서 정답은 (a)이다.

A: 피곤해 보이는데. 어제 잠은 잘 잤어?
B: 사실은 밤새 자동차 고쳤어.

4. A: Would you like a lift? I am going _______________.
B: In fact, I am going in the opposite direction. Thanks for asking.

   (a) to downtown   (b) on downtown
   (c) for downtown   (d) downtown

겉보기에는 명사지만 부사로도 사용되는 것들이 몇몇 있다. 대표적인 것이 문제의 downtown과 home, 그리고 upstairs, downstairs이다. 이들은 부사로 직접 사용할 수 있기 때문에 전치사가 따로 필요없다. 내포되어 있다고 생각하면 된다. 따라서 정답은 (d)이다. A의 lift는 미국영어에서는 ride로서 차량 등에 태워 데려다주는 것을 의미한다.

A: 태워다드릴까요? 저 시내에 가는데.
B: 실은 전 반대방향으로 가거든요. 물어봐줘서 고마워요.

5. A: I really appreciate your hospitality _______________ my stay here.
B: Think nothing of it.

   (a) beside   (b) through
   (c) during   (d) for

우리말의 '~동안'에 해당하는 영어의 전치사는 during과 for가 있다. for는 시간의 길이를 표현하는 데 사용하여 for three hours/days/years 등과 같이 쓰이고 during은 during the meeting/break/test 등에서 보듯이 기간의 명칭과 함께 쓰인다. B의 Think nothing of it.은 고맙다는 말에 대한 응답으로 사용하는 표현이다. 따라서 정답은 (C)이다.

A: 제가 여기 머무는 동안 잘 대해주셔서 정말 감사드립니다.
B: 무슨 말씀을요.

문법특강 02
during vs. for vs. while

🔴 **during**

- **We drank tea during the recess.** 우리는 휴회 중 커피를 마셨다.

  during은 보통 '어떤 기간'인지를 표현하여 그 사이에 무슨 일이 '발생'하는지를 밝힌다.

- **Hans was in jail during four years. (x)**
- **Hans was in jail for four years. (o)** 한스는 4년간 감옥에 있었다.

  during은 구체적인 기간의 길이와 사용하지 않는다. 구체적인 시간은 전치사 for와 함께 사용한다.

- **There are a number of big concerts at the park during the summer.**

여름 동안에는 공원에서 큰 공연이 자주 있다.

during이 '특정 기간 내내'라는 뜻으로 사용되는 경우도 있으며 이 뜻으로는 상태동사와 함께 주로 사용되지만 그 전체문장의 내용에 따라 의미가 달라진다.

⊙ for

- **We sold second hand cars for 12 years but didn't make a lot of money.**

우리는 중고 자동차를 12년간 팔았지만 돈을 많이 벌지 못했어요.

for는 '기간의 길이'를 나타내는 정보와 사용되어 얼마나 오래 사건 또는 동작이 지속되는가를 표현한다.

- **I'm going to Sydney for the winter.** 나는 겨울 동안에 시드니에 간다.

위와 같이 for가 구체적인 기간의 길이가 아닌 기간의 '이름'과 사용되는 경우도 있다.

- **They've been watching TV for four solid hours.** 그들은 4시간 내내 TV를 보고 있다.

특정 사건이나 동작이 일정 시간 동안 지속됨을 표현하기 때문에 현재완료나 현재완료진행형과 자주 사용된다.

⊙ while

- **He wrote to me a couple of times while he was traveling across Europe.**

그는 유럽을 여행하는 동안 내게 두어 차례 편지를 썼다.

while은 전치사인 during이나 for와 달리 접속사로서 주어와 동사를 이끌며 주절의 사건이나 동작이 발생한 시간적 배경을 문장으로 제공한다.

- **While waiting, you can experience our powerful laptop computers.**

기다리시는 동안 저희의 강력한 노트북 컴퓨터를 체험해보십시오.

위와 같이 주절의 주어와 같은 경우 while이 이끄는 절의 주어와 be동사는 생략되는 경우가 있다.

- **While Roberto spends all his money drinking, his brother doesn't even waste a tiny little piece of paper.** 로버트는 술 마시는 데 돈을 다 쓰지만 그의 동생은 작은 종이조각조차 낭비하지 않는다.

두 가지 대조적인 일을 비교하는 데도 while이 사용된다. while의 의미도 문맥에 달려 있다.

---

6. A: I _______________ to my parents' advice.
　　 B: Don't take it so badly. Let bygones be bygones.

　　　　(a) should have listened　　　　(b) might listen
　　　　(c) ought to listen　　　　　　 (d) must have listened

대화 내용으로 보아 부모님 말을 듣지 않았던 것에 대해 후회하고 있다. 조동사의 과거 표현은 몇몇 예외를 제외하면 모두 '조동사+have+p.p'의 형태로 나타난다. 'should+have+p.p'는 '~했어야 했는데 안 했다'라는 의미를 가졌다. B의 말은 'Don't take it so/too seriously'라고도 쓸 수 있다. 따라서 정답은 (a)이다.

A: 부모님 말씀을 들어야 했어.
B: 너무 나쁘게 생각하지 마. 지난 일은 지나간 것으로 해.

7. A : What did your boyfriend say when you asked him about the drugs?
B : He flatly denied ______________ any.

    (a) take   (b) taken
    (c) took   (d) taking

deny는 enjoy, finish, mind, suggest, recommend, consider 등과 함께 동명사를 목적어로 취하는 대표적인 동사다. drugs는 보통 복수로 사용되어 내용에 따라 '마약'의 의미로도 사용된다. B의 말 중 flatly는 completely의 의미로 deny, disagree, refuse 등과 잘 어울리는 부사로 자주 쓰인다. any 다음에는 반복을 피하기 위해 drugs가 생략된 것을 알 수 있다. 따라서 정답은 (d)이다.

A: 그 마약에 대해 물으니 남자 친구가 뭐래?
B: 어떤 것도 복용하지 않았다고 딱 잡아뗐어.

8. A: How do you feel about that author's new novel?
B: Pretty good, it's __________________ story than the last one.

    (a) more a rather intriguing   (b) a rather more intriguing
    (c) a more rather intriguing   (d) more rather an intriguing

비교급을 강조하는 부사는 흔히 a lot, much, even, far, still, yet 등이 있으나 rather도 같은 용도로 사용할 수 있다. 문제는 an intriguing story가 비교급으로 a more intriguing story가 된 것이고 여기에 다시 비교급을 강조하기 위해 rather가 more앞에 사용된 것뿐이다. A의 How do you feel about ~?은 What do you think of/about ~?, 또는 What do you make of ~? 로 바꿔 쓸 수도 있다. 따라서 정답은 (b)이다.

A: 그 작가의 새 소설 어떻게 생각해?
B: 꽤 괜찮아. 지난 번 것보다 훨씬 더 흥미로워.

9. A: Did you have a lot to clean up after your birthday party?
B: You said it. Everyone went home __________ a big mess behind.

    (a) left   (b) leaving
    (c) leaves   (d) leave

두 가지 동작을 동시에 하는 경우는 부수적으로 취하는 동작을 문장 뒤쪽에 분사구문으로 첨가할 수 있다. 주의할 것은 두 동작의 주체가 일치해야 분사구문 처리가 가능하다는 점이다. 사람들이 파티 장소를 지저분하게 만들며 집에 갔다는 내용이므로 leave(남기다)를 동명사 형태로 처리하면 된다. 따라서 정답은 (b)이다. B의 You said it.은 You're right. 또는 You bet. 정도로서 상대방이 한 말이 옳다, 맞는 말을 했다는 의미로 사용하는 표현이다.

A: 생일 파티가 끝나고 치울 것이 많았어?
B: 그럼. 모두 잔뜩 어질러 놓고 집에 갔어.

10. A: Are you sure we can get to see that movie?
B: Yes, we can ______________ get there on time if we hurry.

    (a) still   (b) just
    (c) yet   (d) already

A가 영화를 볼 수 있는지에 대해 묻자 서두르면 제시간에 도착할 수 있다는 내용이므로 빈칸은 '여전히, 아직은' 가능하다는 내용이 적합하다. yet은 부정문 또는 의문문에서 각각 '아직, 이제'의 의미로 문장의 가장 뒤에 위치시키며, just가 본문 대화에 쓰이기 위해서는 just in time의 형태로 쓰이는 것이 자연스러우며 on time은 '정해진 시간'에, in time은 '늦지 않게' 정도의 어감상의 차이가 있다. 참고로 cut it fine이 '시간에 아슬아슬하게 맞추다'라는 표현으로 자주 사용된다. 따라서 정답은 (a)이다.

A: 우리 그 영화 볼 수 있게 될까요?
B: 네. 서두르면 아직은 제시간에 도착할 수 있어요.

11. A: Didn't you realize that your actions could be dangerous?
B: _______________, I would not have done it.

(a) Was I knowing
(b) Had I been known
(c) Have I known
(d) Had I known

'알았다면 안 했을테지'라는 과거에 이미 발생한 일에 대한 가정의 내용으로, 주절의 모양이 would+have+p.p인 것으로 보아 if절은 가정법 과거완료의 if+S+had+p.p.이어야 한다. 그러나 도치가 발생하면 had가 주어 앞으로 이동하고 if가 생략되는 것에 유의하여야 한다. know는 상태동사로서 진행형이 생기지 않고, 여기서는 be+known의 수동형도 필요없다. 따라서 정답은 (d)이다.

A: 당신의 행동이 위험할 수도 있다는 것을 깨닫지 못했습니까?
B: 알았다면 제가 하지 않았겠지요.

문법특강 03
가정법의 도치

○ if 의 생략

• **Had I been** at the meeting, nobody would've agreed on the proposal.
내가 회의 석상에 있었다면 아무도 그 제안에 동의하지 않았을 것입니다.
가정법에서 if를 생략하면 도치가 발생하며 주로 문어체적이고 딱딱한 느낌이 생긴다.

• **Should you change** your mind, just let us know. 마음이 바뀌시면 알려만 주세요.
발생 가능성이 높지 않은 상황의 가정에 사용하며 이때의 should는 happen to의 의미를 가진다. 결과 부분은 주로 가정법 현재나 명령형이 쓰인다. 구어체에서는 should 대신 happen to가 자주 쓰인다.
= If you should/happen to change your mind, ~

• **Were you** our enemy, we would never let you go. 당신이 우리의 적이라면 절대 그냥 가게 하진 않을 것이오.
가정법 과거 문장에서도 if가 생략되면 주어와 동사가 도치된다.
= If you were our enemy, ~

○ Were it not for…/Had it not been for…

• **Were it not for** his money, he would have no friends. 그의 돈이 없다면 친구도 없을 거야.
= If he did not have money, ~
어떤 것의 부재로 인한 현재나 미래의 결과를 가정할 때 'Were it not for+명사' 구조를 사용할 수 있다.

• **Had it not been for** his help, we couldn't have met the deadline.

그의 도움이 아니었다면 우리는 마감에 맞추지 못 했을거야.

= If there had not been his help, ~

'Were it not for+명사' 구조가 현재나 미래의 결과에 대한 가정이라면 과거에 일어났었을 수도 있는 가정은 'Had it not been for+명사' 구조를 사용한다.

---

12. A : Have you seen my hat?

B : Do you mean the ___________________?

    (a) large leather green hat   (b) green large leather hat

    (c) large green leather hat   (d) leather large green hat

형용사를 늘어놓을 때는 일반적으로 size, age, color, origin, material의 순으로 배열한다. 예를 들면 a large old brown Korean wooden table과 같이 쓴다. 그러나 보통 형용사를 3개 이상 나열하는 것은 바람직하지 않다고 본다. 따라서 정답은 (c)이다.

A: 내 모자 봤니?

B: 그 큰 녹색 가죽 모자 얘기하는 거야?

13. A: Mark, why don't you clean your room? It's so messy.

B: I'll do it when ___________ my homework.

    (a) I'll have finished   (b) I'll finish

    (c) I finish   (d) I had finished

시간과 조건의 부사절에서는 실제 나타내야 할 시간이 미래라고 하더라도 현재로 표현한다는 규칙이 있다. 시간의 부사절을 구성하는 접속사로는 when, as soon as, until, before, after 등이 있고 조건의 부사절을 구성하는 접속사는 if, as long as, unless, on condition that 등이 있다. B의 말은 미래에 대한 이야기이므로 (d)에 쓰인 과거완료시제는 전혀 어울리지 않는다. 따라서 정답은 (c)이다. A의 why don't you ~?는 what about ~?, how about ~?과 함께 제안, 권유의 표현으로 매우 자주 쓰인다.

A: 마크, 네 방청소 좀 하지 그래? 아주 지저분한데.

B: 숙제 끝내고 할 거예요.

14. A: Which items should we put in the main showcase?

B: The silver necklaces. They ___________ quite well these days.

    (a) sell   (b) sold

    (c) are sold   (d) were sold

sell은 타동사로 '~을 팔다'의 뜻이지만 자동사로 '팔리다'의 뜻도 있다. 따라서 본문의 은목걸이를 가리키는 they는 자동사 sell과 well이 함께 쓰여 '잘 팔리다'가 되도록 만들어야 한다. 수동태의 are/were sold는 팔린 상태를 표현하는 말이 되어 대화에 어색하다. sell, read, increase, change 등의 동사들은 사물이 주어로 쓰여 얼마든지 자동사와 함께 쓰이므로 유의하도록 한다. 따라서 정답은 (a)이다.

A: 주진열장에는 어떤 품목을 넣어야 좋은가요?
B: 은목걸이요. 요즘 그것들이 잘 팔려요.

15. A: What did you do yesterday afternoon?
B: I _____________ the baseball game on TV.

    (a) watch   (b) was watched
    (c) have watched   (d) watched

질문은 단순과거 의문문을 구성하는 did로 물은 것으로 보아 배경 시간인 어제 오후에 발생하여 종료된 일이 무엇인가에 대해 묻고 있으므로 대답 또한 해당 시간 내에 있었던 일의 자격을 가지는 단순과거로 응답해주는 것이 상식적이다. (c)의 현재완료 대답은 질문이 요구하는 과거를 배경으로 하는 것이 아닌 과거와 지금을 동시에 표현하므로 적당치 못하다. 따라서 정답은 (d)이다.

A: 어제 오후에 뭐 했어?
B: TV로 야구경기 봤어.

16. A: I missed a lot of things in class yesterday, didn't I?
B: Yes, the professor told us there _____________ no more quizzes this semester.

    (a) is going to be   (b) had been
    (c) will be   (d) have been

B는 어제 교수님이 앞으로의 quizzes(시험)에 대해 말한 내용을 간접 화법으로 구사하고 있다. 간접 화법에서 전달되는 미래의 조동사는 그 과거형이 사용되는 것이 일반적이지만 말을 전달하는 '지금'의 시점에서 보더라도 여전히 실현되지 않은 미래의 일이라면 미래형을 유지하는 것이 가능하다. (a)의 is going to be는 will be와 같지만 뒤의 quizzes와 수일치가 되지 않아 부적합하다. 따라서 정답은 (c)이다.

A: 나 어제 강의에서 많은 것을 놓쳤지, 그렇지?
B: 응. 교수님이 이번 학기에 약식 시험은 더 이상 없을 거라고 하셨어.

문법특강 ○4 ____
시제의 일치

○ 말한 시점과 전달 내용의 시제가 일치하는 경우

• **He told me that he liked the hat I was wearing.** 그는 내가 쓰고 있던 모자가 맘에 든다고 말했다.
  과거에 다른 사람이 말한 내용을 내가 지금 인용할 때는 보통 전달동사(say, tell 등)가 과거이므로 그 내용을 담은 명사절의 시제를 조정할 필요가 있다. 위 예문에서는 그가 말한 시점과 맘에 든다는 말을 한 시점이 모두 과거로서 일치하므로 둘 다 과거시제로 처리했음을 알 수 있다.

○ 말한 시점보다 전달 내용이 먼저 발생한 경우

• **He said (to me) that he had already eaten dinner so he wasn't hungry.**
  그는 이미 저녁을 먹어서 배가 고프지 않다고 얘기했다.

위의 경우는 전달 내용이 두 가지로서 이미 저녁을 먹은 사실과 배가 고프지 않다는 사실이다. 이미 저녁을 먹은 일은 그가 그 말을 한 시점 이전의 일이므로 말한 시점보다 선행 처리되어 과거완료가 되었지만 배가 고프지 않은 사실은 말한 시점의 상태이므로 말한 시점과 일치시켰음을 알 수 있다.

⭕ 말한 시점보다 전달 내용이 나중에 발생하는 경우

- **Laura told me that she would probably go shopping.** 라우라는 아마 쇼핑을 갈 것이라고 내게 말했다.

  위의 경우는 전달 내용이 말을 한 시점보다 나중에 생기는 경우로서 지금 시점에서 Laura가 쇼핑을 갔는지 가지 않았는지 모르는 경우이다. 왜냐하면 쇼핑을 아직 가지 않았다고 하더라도 갈지도 모른다고 한 말 자체가 과거에 한 이야기이므로 will의 과거형 would로 쓰여도 무방하기 때문이다.

- **Laura told me that she will probably go shopping.** 라우라는 쇼핑을 갈 것이라고 내게 말했다.

  위의 예문의 경우는 내용이 달라진다. 위에서 굳이 will을 사용한 이유는 지금 내가 Laura의 말을 전달하는 시점에서도 쇼핑을 가는 일이 여전히 미래의 일이기 때문이다. 결국 아직 쇼핑을 가지 않았다는 얘기가 된다. 이렇게 말을 전달하는 현 시점에서도 미래의 일은 과거형 미래(was/were going to동사원형 또는 would)를 반드시 사용하여야만 하는 것은 아니다. 같은 이치로,

- **Nobody told me the sun rises/rose in the east.** 아무도 태양이 동쪽에서 뜬다고 내게 말해주지 않았다.

  태양이 동쪽에서 뜨는 것은 엄연한 사실이고 평소의 일이므로 단순 현재시제를 사용할 수 있으며 어차피 과거에 얘기한 것이므로 과거로 써도 무방하다.

---

17. A: I can't sell you the painting, I'm afraid. Someone else offered to buy it first.
　　B: But I'll give you ＿＿＿＿＿＿＿ money he offered.

　　　　(a) double the　　　　　　　(b) much the double
　　　　(c) double as much　　　　　(d) as double much

'~의 두 배'는 double the ~, twice as many/much ~, 또는 twice more ~로 표현할 수 있다. double은 형용사, 한정사, 명사, 부사 등 다양하게 활용되므로 사전을 찾아 꼼꼼히 용법을 익혀두어야 한다. 본문의 I'm afraid는 I'm sorry 정도의 의미로 상대방이 원하는 말이 아니라고 생각할 때 덧붙이는 표현이다. 따라서 정답은 (a)이다.

A: 죄송합니다만 그 그림은 팔 수가 없습니다. 다른 분이 먼저 구매를 제안하셨습니다.
B: 그렇지만 저는 그 분이 제안한 금액의 두 배를 드리겠습니다.

18. A: Are you making a speech at the annual conference this year again?
　　B: No, I'm not this time, ＿＿＿＿＿＿＿ am I attending the conference.

　　　　(a) nor　　　　　　　　　　(b) or
　　　　(c) yet　　　　　　　　　　(d) but

B의 말 중 빈칸 뒷부분이 도치되어 있는 것에 유의한다. not ~ nor/neither ~ 구조에서 nor/neither 뒤의 주어와 be동사, 조동사, 완료의 have/has/had는 위치가 역전되며 동사가 일반동사인 경우는 시제와 인칭에 맞추어 do/does/did가 주어 앞에 위치하고 동사는 원형으로 처리한다. 따라서 정답은 (a)이다.

A: 올해에도 다시 연례회의에서 연설을 하십니까?
B: 아니요, 이번에는 안 합니다. 게다가 회의에 참석하지도 않고요.

19. A: Your new secretary seems to be working very hard.

B: Yes, I've been pleasantly surprised. ________________________ such initiative.

  (a) A new employee takes rarely
  (b) The new employees do take rarely
  (c) Rarely the new employee takes
  (d) Rarely do new employees take

부정도치 문장으로서, rarely, seldom, only, little, hardly, no, not 등의 부정어 또는 준부정어가 문두에 위치하면 주어와 be동사, 조동사, 완료에 사용된 have/has/had의 자리가 뒤바뀌고 사용된 동사가 일반동사인 경우는 시제와 인칭에 맞추어 do/does/did를 주어 앞으로 보내고 동사는 원형으로 처리한다. B의 pleasantly surprised는 '좋은/기쁜 일로 놀란'이란 의미로 쓰이는 관용표현이며 initiative는 남이 시켜서 하는 것이 아니라 스스로 판단하고 솔선하여 알아서 행동하는 것을 가리킨다. 정답은 (d)이다.

A: 당신 새비서는 굉장히 열심히 일하는 것 같네요.
B: 네. 놀랐지만 좋네요. 신입사원이 그렇게 스스로 알아서 행동하는 일은 드물죠.

문법특강 ○5
도치

◯ 부정도치

- **Only** once **have I seen** his paintings in my life. 내 평생 딱 한번 그의 그림을 봤다.
- **Not until** the car entered the city center, **did Tom realize** that he wasn't wearing glasses.
  차가 시내에 진입해서야 톰은 안경을 쓰고 있지 않다는 것을 깨달았다.
- **Little did they know** about the person they were going to interview.
  그들은 인터뷰할 사람에 대해 거의 몰랐다.
- **Not only did I lose** my credit, but (also) I lost face. 신용만 잃은 것이 아니라 체면도 잃었다.
- **Under no circumstances could we go** outside after 10 p.m.
  저녁 10시 이후로는 어떤 상황에서도 밖에 나갈 수 없었다.

only, not until, never, no, rarely, seldom, little, few 등의 부정 또는 제한적인 어구가 문두에 오면 be동사가 본동사인 경우는 be동사가, 일반동사가 시제와 주어의 수에 맞추어 주어 앞에 쓰고 본동사인 경우는 do/does/did가 시제와 주어의 수에 맞추어 주어 앞으로 위치하고 본동사는 원형으로, 완료시제인 경우는 have/has/had가 시제와 주어의 수에 맞추어 주어 앞으로 위치하며, 조동사가 사용되었을 때는 조동사가 주어 앞에 위치하고 동사는 원형으로 제자리에 남는다.

◯ as, than, such가 사용되었을 때의 도치

- **The pianist was excellent as was the piano.** 피아노와 마찬가지로 그 피아니스트는 대단히 훌륭했다.
- **We thought, as did our boss, that the plan would fail.**
  우리 상관과 마찬가지로 우리는 그 계획이 실패하리라 생각했다.
- **City people go to bed at later times than do country people.**
  도시 사람들은 시골 사람들보다 더 늦은 시간에 취침한다.
- **Such is the popularity** of her that she could win every award this year.
  그녀의 인기란 그런 것이어서 올해 모든 상을 탈 수 있을 수도 있다.

위의 예문들에서 볼 수 있듯이 as, that, such가 사용된 문장에서도 도치가 발생할 수 있으며 어순은 부정도치와 마찬가지로, be동사가 본동사인 경우는 be동사가, 일반동사가 본동사인 경우는 do/does/did가 시제와 주어의 수에 맞추어 주어 앞으로 위치하고 본동사는 원형으로 제자리에, 완료시제인 경우는 have/has/had가 시제와 주어의 수에 맞추어 주어 앞으로 위치하며, 조동사가 사용되었을 때는 조동사가 주어 앞에 위치하고 동사는 원형으로 제자리에 남는다. 그러나 주어가 대명사인 경우는 도치가 발생하지 않는 것에 유의한다.

---

20. A: Where have you been?

B: I was held up in traffic; otherwise I ______________ here on time.

    (a) would be   (b) will be

    (c) was   (d) would have been

B의 말을 보면 otherwise(교통체증에 붙들리지 않았다면)를 이용하여 간단하게 과거 사실에 대한 가정을 했고 그에 따른 결과로 제시간에 왔었을 것이라고 이야기하고 있으므로 지난 일에 대한 가정의 결과를 표현하는 모양인 would/could have p.p를 사용한다. be/get held up in the traffic은 be/get stuck in the traffic으로 바꿔 쓸 수도 있다. 정답은 (d)이다. 또 hold up은 '강도 등이 은행 등을 점거하다'라는 의미로도 쓰인다.

A: 어디 있었어?

B: 차가 막혀서 꼼짝 못 했어. 안 그랬으면 제시간에 여기 있었겠지.

21. A: Sorry to keep you ___________. We've been so busy.

B: That's OK, I understand. I'm not in a hurry.

    (a) waited   (b) wait

    (c) to wait   (d) waiting

동사 keep은 'keep+목적어+형용사'의 구조로 사용하여, '목적어로 하여금 형용사 상태를 유지시키다'라는 의미를 가진다. 형용사 자리에는 물론 분사형용사와 전치사구도 포함되므로 현재분사, 과거분사가 모두 사용될 수 있는데 A의 말에서는 목적어가 기다리는 행위를 직접 하므로 waiting의 현재분사형을 써서 '기다리고 있게 하다'라는 말을 만들 수 있다. 참고로 'keep (on)+-ing'는 '끊임없이 ~하다', keep+목적어+(from)+-ing는 '목적어가 -ing하지 못하도록 하다'라는 의미로 쓰인다. 따라서 정답은 (d)이다.

A: 기다리게 해서 미안해. 너무 바빴어.

B: 괜찮아. 이해해. 급한 일 없거든.

22. A: You spend __________ too much time watching TV.

B: That's not true. I only watch my favorite documentaries. That's all.

    (a) way   (b) very

    (c) that   (d) so

빈칸 없이도 완벽한 문장인 것으로 보아 too 앞에 써서 강조할 수 있는 말이면 족하다. very, that, so 모두 too와 같은 자격의 부사이므로 연결하여 사용할 수 없다. way back, way ahead, way past, way before 등과 같이 전치사 앞이나 부사 앞에서의 way는 강조용으로 '대단히, 엄청나게'의 뜻을 가지며 특히 회화에서 빈번히 사용된다. far 역시 비슷한 용도로 사용하므로 A의 way too much는 far too much로 바꾸어 쓸 수도 있다. 따라서 정답은 (a)이다.

A: 너는 TV보는 데 시간을 너무 많이 써.
B: 그렇지 않아. 난 내가 좋아하는 다큐멘터리만 봐. 그게 전부야.

23. A: How is your new apartment ___________________?
B: It's a lot more spacious and better-furnished.

    (a) compare with the old one   (b) compares with the old one
    (c) compared with the old one   (d) comparing with the old one

새 아파트와 전에 살던 아파트를 비교하여 묻는 상황. '~와 비교하여, ~에 비해'의 의미로 쓰는 표현은 compared to/with이다. 이 표현은 독립적으로 사용되므로 비교하고자 하는 명사를 뒤에 붙여주기만 하면 되는 요긴한 관용어구이다. 따라서 정답은 (c)이다.

A: 이전 것에 비해 네 새 아파트 어때?
B: 훨씬 더 넓고 가구도 더 잘 갖추어져 있어.

24. A: It's HAPPY HOUR ________ 7 p.m., right? Any specials?
B: All of our draft beers are half price.

    (a) by   (b) until
    (c) on   (d) during

until과 by 모두 우리말로는 '~까지'이지만 until은 어떤 사건, 행위가 지속됨을 이야기하고자 할 때 쓰는 반면 by는 특정 사건, 행위가 벌어지고 난 결과를 표현하기 위해 쓰는 차이가 있다. 본문 대화는 7시까지 HAPPY HOUR라는 행사가 지속됨을 의미하므로 until, (b)가 정답.

A: 저녁 7시까지 해피 아우워죠? 뭐 특별한 거 있어요?
B: 저희의 모든 생맥주가 반값입니다.

문법특강 06

by (the time) vs. until

⊙ by (the time) vs. until

- **By the time we got to the park, the trees had all been cut down.**

  우리가 공원에 도착했을 때는 나무가 모두 베어져 있었다.

- **We kept talking until they told us to stop.** 그들이 그만 하라고 할 때까지 우리는 계속 얘기했다.

  첫 번째 문장은 우리가 공원에 도착했을 시점의 상황, 즉 나무가 모두 베어져 있는 결과를 표현하고 있지만 두 번째 until을 사용한 문장은 언제까지 얘기하는 일을 '계속' 했는가에 초점이 놓여 있다. 따라서 by the time이 쓰이면 주절의 내용은 항상 어떤 사건의 결과를 표현하고 있어야 하고 until을 사용하면 주절은 항상 무슨 일이 벌어지고 있는가를 표현한다.

- **By the time the snow stops, the damage will be unbelievable.**

  눈이 그칠 때쯤이면 그 피해는 믿을 수 없는 지경일 것이다.

- **We should carry on driving until we find a hotel to stay in.**

  우리는 묵을 호텔을 찾을 때까지 계속 차를 몰아야 해.

  이 두 접속사가 이끄는 문장들은 시간 정보를 제공하므로 미래 내용이라도 현재시제로 표현한다.

- **You told me that you'd have the kitchen sink fixed by tomorrow.**

  내일 까지 부엌 싱크대를 고쳐놓으시겠다고 제게 말씀하셨잖아요.

- **We talked on the phone until midnight.** 우리는 자정까지 전화 통화했다.

  by the time의 전치사 형태가 by이고 until은 접속사와 전치사의 역할이 모두 가능하므로 뒤에 절이 오거나 명사를 사용할 수도 있다.

- **She'll be there until noon.** 정오까지 거기에 있을 거야.

- **She'll be there by noon.** 정오까지 거기 가 있을거야.

  until은 지속을 뜻하기 때문에 첫 번째 문장은 정오까지 거기에 있는 일이 계속된다는 뜻이다. 그러므로 결국 I'll stay there until noon.과 같은 문장이다. 따라서 정오 이후에도 거기에 있는지의 여부는 알 수 없다. 한편 두 번째 문장은 정오에는 거기에 있는 상태가 완결된다는 의미, 즉 정오 이후로는 거기에 있다는 뜻이 된다. 결국 by와 until이 문장의 의미를 바꾸는 것이 아니라 하려는 말의 내용이 until을 사용할 것인가 by를 사용할 것인가를 결정한다.

---

25. A: I have too much work to do. I don't know __________ to start with.
B: How about coming up with a to-do list first?

    (a) whether   (b) what
    (c) when   (d) who

B의 말 중에 to-do list(할 일의 목록)가 있는 것으로 보아 A는 무슨 일부터 시작해야 할지 모르고 있는 것을 알 수 있다. whether와 when이 들어간다면 문맥상으로도 어색하고 전치사 with가 불필요해지며 who가 들어가면 with와 쓸 수는 있지만 '누구와 같이 시작할지 모르겠다' 는 말이 되므로 내용상 부적당하다. 따라서 정답은 (b)이다. B의 말 중 come up with는 '생각해내다' 로 think of와 같은 의미이고 매우 빈번히 사용된다.

A: 할 일이 너무 많아. 무엇부터 시작해야 할지 모르겠어.
B: 해야 할 일들의 목록부터 만들어보는 것이 어때?

26. A: What's your new teacher like? People say that she's ____________ strict.
B: She really is. She dose everything by the book.

    (a) types of   (b) a type of
    (c) a kind of   (d) kind of

'검다' 를 '거무스름하다' 라고 하는 것과 마찬가지로 영어에도 kind/sort of같은 것이 있으며 특히 회화에서 동사, 형용사, 부사, 명사 등을 가리지 않고 그들 앞에 쓰여 분명한 느낌을 지우는 데 사용한다. 이 외에 단어의 끝에 붙이는 -ish 라든지 I mean/think 등도 모두 같은 용도로 사용한다. A의 what is/are ~ like?라는 질문은 '~은 어떠냐' 는 질문으로, 현재의 상태를 묻는 how is/are ~?와 달리 변하지 않는 성격, 색, 모양 등의 특징을 묻는 데 사용된다. 정답은 (d)이다.

A: 새로 오신 선생님 어때? 엄격한 편이라고 하던데.
B: 정말 그래. 그 분은 모든 것을 규칙대로 처리하셔.

27. A: You look upset. What's wrong?

B: I ________________________________.

    (a) didn't get the raise I was hoping for
    (b) was hoped for the raise I didn't get
    (c) didn't get the raise for I was hoped
    (d) was hoping the raise I didn't get for

hope는 명사 목적어를 취할 때 전치사 for를 동반하고 B의 대답은 문맥상 I didn't get the raise.와 I was hoping for the raise.의 두 문장이 관계대명사로 묶인 것이다. 봉급인상(raise)은 hope for(희망하다)의 목적어이므로 I was hoping for가 관계대명사절로서 뒤에서 수식하는 형태인 I didn't get the raise (that/which) I was hoping for.에서 사물 목적격 관계대명사 that/which가 생략된 (a)가 정답.

A: 언짢아 보이는데 뭐가 잘못됐어?
B: 내가 바라던 봉급인상을 받지 못했어.

28. A: I still can't believe that my wife won first prize.

B: It _____________ a wonderful feeling when you found out.

    (a) can be   (b) may be
    (c) must've been   (d) should've been

B의 말은 A의 부인이 과거에 상을 탄 순간에 대한 A의 기분을 추측하고 있다. 조동사의 과거는 보통 '조동사+have+p.p'로 구성하고, 여기서는 확신을 가지는 강한 추측에 사용하는 must를 이용한 must have p.p가 적당하다. (d)의 should have p.p는 '~했어야 했지만 하지 않았다'는 의미를 가진다. 따라서 정답은 (c)이다.

A: 아내가 일등상을 수상했다는 것을 아직도 믿을 수가 없어.
B: 그걸 알았을 때 기분이 대단했겠구나.

문법특강 07
조동사의 과거형

⬡ 조동사의 과거형

- **He might/may've been right.** 그가 맞았을지도 모른다.

  might/may have + p.p '~이었을지도 모른다'로서, 현재나 미래의 약한 추측의 의미가 있는 may/might의 과거 버전이다. 역시 과거의 사건에 대한 약한 추측이 된다.

- **He must've studied hard yesterday. His eyes are blood shot.**

  걔 어젯밤에 공부 열심히 했나 봐. 눈이 충혈됐어.

  must have + p.p '~이었음에 틀림없다'로서, 강한 추측의 의미가 있는 must의 과거 형태이다.

- **I couldn't/can't have paid for it. There was no receipt.** 내가 돈을 냈을 리가 없어. 영수증이 없었거든.

  강한 추측의 must의 부정은 can't/couldn't가 쓰이므로 과거형은 couldn't/can't have + p.p가 부정형으로 쓰인다.

- **They could've done their homework but they didn't have enough time.**

  그들은 숙제를 할 수도 있었지만 시간이 부족했다.

  could have[could've] + p.p '~할 수도 있었다' 로서, 실제로는 불가능했던 과거의 일이나 추측을 하는 데 사용한다.

- **They wouldn't have lent him money if they'd known.** 알았다면 그들은 그에게 돈을 빌려주지 않았을 것이다.

  would have + p.p ' ~했었을 것이다, ~이었을 것이다' 로서 실제로는 하지 않았던 과거의 일을 가정해보거나 추측할 때 사용한다.

- **I should've bought some American dollars. It's not as cheap as before now.**

  미국 달러를 좀 사두었어야 했어. 이제 전만큼 싸지 않거든.

  should have + p.p '~ 했어야 했다(그런데 안 했다)' 로서 과거에 하지 않은 것에 대한 후회를 표현할 때 사용한다.

  위 예문은 달러를 사는 것이 좋았는데 사지 않았다는 점에서 didn't have to와 다르다. didn't have to는 했다, 안 했다는 암시 없이 사실만을 얘기한다.

  지금까지 살펴본 바와 같이 조동사는 기본적으로 긍정형, 과거형, 부정형이 모두 독립적인 의미를 가지고 사용되기 때문에 과거형이 따로 존재하지 않아서 조동사 뒤에 have p.p를 덧붙여 과거의 의미가 되도록 만든다.

---

29. A: _______________ any musical instruments?

B: Yes, I do, I've been playing the guitar for about 10 years.

    (a) Are you playing   (b) Had you played

    (c) Do you play   (d) Were you playing

B의 Yes, I do라는 대답을 보니 일단 do로 질문했음을 추측해볼 수가 있다. 내용상으로도 역시 '악기를 연주하느냐' 는 단순한 사실 관계에 관한 질문에, 대답 또한 '그렇다' 는 사실에 불과하므로 단순 현재시제가 적합하다. 따라서 정답은 (c)이다.

A: 악기 연주하십니까?

B: 네. 기타를 10년 째 연주하고 있습니다.

30. A: How do you get along with the newcomer?

B: Not too bad, we _______________ together.

    (a) used to work   (b) get used to work

    (c) used to working   (d) are getting used to working

'be used to+명사/-ing' 은 '~ (하는 것)에 익숙하다', 'get used to+명사/-ing' 은 '~ (하는 것)에 익숙해지다' 로서 서로 약간의 의미 차이가 있다. 문제에서 B의 대답으로 적당한 것은 '같이 일하는 것에 익숙해져 가고 있다' 는 진행의 내용이므로 get used to를 현재진행형으로 사용하는 것이 올바르다. 'used to동사원형' 은 '~하고는 했다' 는 의미로, 'be used to동사원형' 은 '~하는 데 사용되다' 라는 의미로 쓰이니 혼동하지 않도록 주의한다. 따라서 정답은 (d)이다.

A: 신입이랑은 어떻게 지내고 있어?

B: 괜찮아. 함께 일하는 데 익숙해져가고 있어.

Part 2

다음 글의 빈칸에 들어갈 가장 적절한 표현을 고르시오.

31. _______________________ Shyar Zemari is expected to intensify mutual efforts to expand cooperation in as many sectors as possible.

(a) Prime Minister
(b) The Prime Minister
(c) Who is Prime Minister
(d) A Prime Minister

직위라는 것은 개념상 해당 조직 내에서 유일하므로 보통 the를 사용하지만 직위를 말한 후에 실제 이름을 붙이는 경우는 관사를 쓰지 않는다. 이는 uncle Jay(Jay 삼촌), page 29(29페이지), platform 4(4번 플랫폼), unit 7(7과) 등에서 the를 사용하지 않는 것과 같은 맥락으로 이해하면 좋다. 또 Nobody wanted to elect him President.(아무도 그를 대통령으로 선출하고 싶지 않았다.)와 같이 목적격 보어로 쓰이는 직위도 관사가 쓰이지 않는다. 따라서 정답은 (a)이다.

시아르 제마리 수상은 가능한 많은 부문에서 공조를 확대하려는 상호간의 노력을 강화할 것으로 기대된다.

32. _______________________ off the west coast of Scotland, Skye island is rich in some of the best renewable resources in the world.

(a) Lie
(b) Lying
(c) Laying
(d) Having lied

문장 뒷부분에 따로 주어와 동사의 문장이 있고 빈칸에는 접속사가 없는 것으로 보아 분사구문으로 처리하는 수밖에 없다. 전체 문장의 주어인 Skye가 직접 스코틀랜드 해안에 lie(있다)하므로 현재분사 -ing형태가 필요하다. 분사구문은 관계대명사절의 역할도 하므로 여기서는 단순히 주절의 주어인 Skye를 설명하는 용도로 사용되었다. off the coast of ~는 '~해안에(에)'로 사용되는 표현이다. lay는 타동사로 목적어가 따로 필요하므로 부적합. 따라서 정답은 (b)이다.

스코틀랜드 서해안의 스키에 섬은 세계에서 가장 훌륭한 몇몇 재생 가능한 자원이 풍부하다.

문법특강 08
분사구문

완벽한 문장이 아닌, 분사 즉 현재분사(-ing)나 과거분사(p.p)형을 이용하여 추가적인 정보를 제공하는 형식을 분사구문이라 한다. 두 가지 사건이 동시에 발생하고 있는 경우와 부사적 쓰임으로 그 용도를 나눌 수 있다.

○ 두 가지 사건이 동시에 발생하는 경우

- **Women can watch TV, talking on the phone.** 여자들은 전화 하면서 TV를 볼 수 있다.
  분사구문의 가장 일반적인 용도이다. 두 가지 사건이 동시에 발생할 때는 분사구문이 보통 주절의 뒤에 있다.

- **He left the room quietly, disappointing us.** 그는 우리를 실망시키며 조용히 방을 나가버렸다.

- **Her left the room, (feeling) pretty disappointed.** 의장은 상당히 실망하여 회의실을 나갔다.

두 번째 예문의 disappointing은 목적어(us)를 취하는 동사의 성격으로 사용되었으나 세 번째 예문의 disappointed는 과거분사로서 단순한 감정 형용사로서 사용되었으며 feeling을 삽입시켜도 같은 의미이다. 분사구문에서 현재분사냐 또는 과거분사냐의 문제는 기본적으로 주절의 주어가 그 행동 또는 사건을 직접 행하느냐 당하느냐에 달렸다.

❂ 부사적 용도

- **Turning off the TV, she opened the door and had some fresh air.**

  그녀는 TV를 끄고 문을 열고 신선한 공기를 좀 마셨다.

  시간 정보를 가진 경우로서 after turning off의 의미이다.

- **Having talked about the options, they finished their meeting.**

  선택할 수 있는 것에 대해 토의한 후 그들은 회의를 마쳤다.

  완료분사구문으로 동작의 완료를 의미하므로 그것이 끝나고 주절의 사건이 발생함을 나타낸다.

- **Washed carefully by hand, it feels a lot better.** 손으로 조심해서 세탁하면 감촉이 훨씬 낫다.

  주절의 조건을 표현하는 경우이다.

- **Feeling shocked, she didn't know what to say.** 그녀는 너무 놀라서 무슨 말을 할지 몰랐다.

  그녀가 말을 하지 못하는 이유를 분사구문으로 표현하고 있다.

- **Exceptionally heavy rain destoryed the whole city, resulting in tens of deaths.**

  이례적인 폭우가 도시 전역을 휩쓸어 수십 명의 사망자를 낳았다.

  분사구문이 주절에 의해 발생된 결과를 표시하고 있다.

위와 같이 부사적 용도의 분사구문은 시간, 원인, 조건 등의 부사적 정보를 제공하는 경우에 사용되며 문어체에서 주로 사용한다.

---

33. **I don't think many people understand just exactly _________________.**

    (a) how much a billion dollars is
    (b) how many a billion dollars is
    (c) how much a billion dollars are
    (d) how many a billion dollars are

금액, 거리, 무게 등의 양을 표현하는 데 사용된 복수 명사는 개념상 하나하나 따로 떼어 생각할 수 없는 총체적 개념으로서 단수 취급한다. 결국 양을 가리키게 되므로 many가 아닌 much가 사용되어야 하고 be동사 역시 10억 달러라는 금액의 양이 단수로 사용되고 있으므로 is가 적당. 이외에도 gin and tonic 등과 같이 따로 생각하지 않는 복수들은 항상 단수 취급하는 것에 유의. 따라서 정답은 (a)이다.

나는 사람들이 정확히 10억 달러가 얼마나 되는 금액인지 모른다고 생각해.

34. Over the last ten years, Minsik _______________ again to swallow and to walk on crutches.

(a) learned
(b) is learning
(c) has learned
(d) had learned

기간 앞에 사용되는 전치사 over(~에 걸쳐서)는 결국 for(~ 동안)와 같은 의미이고 영어에서의 last(지난)는 우리말과는 달리 '지금'이 포함되는 개념으로서 over the last ten years 자체가 '과거에서 지금까지'의 시간적 배경을 제공하고 있다. 따라서 시제는 현재완료가 적합하다. 정답은 (c)이다.

민식은 지난 10년에, 걸쳐 음식을 삼키고 목발을 짚고 걷는 법을 다시 배웠다.

35. You will be given _______________ while you're waiting for your permanent card to arrive.

(a) a temporary credit card
(b) temporary credit card
(c) every temporary credit card
(d) the temporary credit card

임시 신용카드를 지급받는다는 말에서의 카드는 서로 알고 있는 '그' 카드(the temporary credit card)도 아니고 모든 카드(every temporary credit card)라는 의미도 아니다. 어떤 것인지 중요하지도 않거나 알 수도 없거니와 알리고 싶지도 않을 때 셀 수 있는 단수명사의 앞에 사용하는 관사가 a/an이다. (b)는 card가 셀 수 있고 단수임에도 아무 한정사도 사용되지 않아서 부적당. 따라서 정답은 (a)이다.

귀하의 영구 신용카드가 도착하기를 기다리시는 동안 임시 신용카드를 지급받으실 것입니다.

36. The Prime Minister, not the monarch, _______________ government policy.

(a) adopt
(b) adopts
(c) is adopted
(d) are adopting

the Prime Minister와 the monarch가 동시에 동사 앞에 있기는 하지만 not을 사용하여 the monarch를 주어에서 제외시켰으므로 실제 주어는 the Prime Minister가 된다. 따라서 동사는 단수형 동사를 써야 하며 빈칸 뒤에 목적어(government policy)가 있으므로 수동태는 불가능하다. adopts가 정답. A not B, A as well as B, A except B, A along/together with B에서의 실제 주어는 의미상 A이므로 이에 따른 수의 일치에 유의한다. 따라서 정답은 (b)이다.

왕이 아닌 수상이 정책을 채택한다.

37. Peter cogently expresses his wish that the award _______________ Jane.

(a) be given to
(b) was giving to
(c) be giving to
(d) was given to

중요하고 바람직한 내용을 전달하는 that절의 동사는 시제와 인칭을 무시하고 동사원형을 사용할 수 있다. 상이 Jane에게 주어져야 한다는 것은 수동태이어야 하고 그것이 Peter가 이루어져야 한다고 생각하는 중요한 사항이므로, 수동태이며 be동사의 원형 be가 사용된 (a)가 정답. (b), (c)는 수동태가 아니고 (d)는 미래에 생기길 바라는 일에 과거시제를 사용하였으므로 부적합.

상은 제인에게 수여되어야 한다는 소망을 피터는 강경하게 피력한다.

38. Over five hundred houses are thought to _______________________ in the storm last month.

(a) damage

(b) be damaging

(c) have damaged

(d) have been damaged

집이 주어이므로 수동태로 '파손 당하다' 라고 하는 것이 올바르고 생각되는 것은 지금이지만 파손은 지난 달에 당한 것이므로 문장의 전체 동사 are에 선행시키기 위해 완료시제를 써야 한다. 따라서 수동태에 완료가 복합된 (d) have been damaged가 정답.

5백 채가 넘는 집이 지난 달 폭풍에 파손된 것으로 생각된다.

39. The president has promised to take tough measures after the terrorists kidnapped a lot of people in the area for ransom in _______________ raids.

(a) number

(b) numbers

(c) a number of

(d) the number of

a number of는 many와 같은 의미로 사용하는 어구이다. 반면 the number of ~는 '~의 수'로 쓰이므로 둘을 혼동하지 않도록 유의한다. 정답은 (c)이다.

테러리스트들이 습격을 하여 많은 몸값을 요구하려고 그 지역 사람들을 납치하자 대통령은 단호한 조치를 취하겠노라고 약속했다.

40. He has been accused of running a drugs trafficking network that brought him _______________.

(a) tens of million pounds

(b) tens of million of pounds

(c) ten of millions of pounds

(b) tens of millions of pounds

hundred, thousand, million 등 수의 단위를 표시하는 명사 자체는 two hundred pounds에서와 같이 복수 처리를 하지 않는 것이 원칙이지만 이 명사들 앞에 구체적으로 수 표시를 하지 않으면 단위 명사가 복수로 바뀌고 뒤에는 of를 붙여서 hundreds of ~(수백의), thousands of ~(수천의)와 같은 형태로 만든다. 따라서 수천만은 각 million들과 각 ten들의 조합이므로 (d) tens of millions of가 정답.

그는 그에게 수천만 달러를 안겨다준 마약 밀거래망을 경영한 혐의를 받았다.

41. Although Tina is the smartest girl in the class, actually she _______________.

(a) is

(b) is younger

(c) is the youngest

(d) is the youngest girl

영어는 반복을 유난히 기피하기 때문에 이미 한 번 쓰인 것은 다른 것으로 대신 쓰거나 아예 생략하는 경향이 있다. although가 이끄는 종속절이 최상급이므로 대구를 이루기 위해 내용상 주절도 최상급이 자연스럽고 명사 girl이 종속절에 한 번 쓰였으므로 주절에서는 생략하도록 한다. 따라서 정답은 (c)이다.

티나가 학급에서 가장 똑똑하지만 사실 가장 어린 소녀이다.

최상급과 the

○ 최상급과 the

- **He is the most hard-working employee in our department.**

  그는 우리 부서에서 가장 열심히 일하는 사람이다.

  최상급은 개념상 유일하고 유일한 것은 이미 정해져 있다는 의미이므로 정관사 the와 함께 사용하는 것이 원칙이다.

- **The working conditions at our factory may be (the) worst in the world.**

  우리 공장의 근무 환경이 세계에서 가장 안 좋을지도 몰라.

  정관사 the는 명사를 한정하기 위해 사용하는 것이므로 최상급이라 할지라도 한정하는 명사가 존재하지 않는 경우에는 the를 쓰지 않는 경우도 있다.

- **She works (the) hardest in our class.** 그녀가 우리 학급에서 가장 열심히 공부한다.

  형용사의 최상급과 마찬가지로 부사의 최상급 역시 정관사 the가 한정하는 명사가 존재하지 않으므로 the가 생략될 수 있다.

- **I can run fastest when I wear tennis shoes.** 나는 테니스화를 신었을 때 가장 빨리 뛴다.

  최상급이라 할지라도 남과 견주는 내용이 아닌 경우에는 the를 사용하지 않는다.

- **This pair of pants are the best I could find in this shop.**

  이 바지가 내가 이 점포에서 찾을 수 있는 것 중 가장 낫다.

  명사 없는 형용사의 최상급이라 할지라도 뒤에서 한정하는 문구가 오면 the를 생략하지 않는다.

---

42. It is alleged that some passers-by caught a couple of strange people _________________ into the bank.

  (a) break   (b) broke

  (c) breaking   (d) having broken

동사 catch는 'catch+목적어+-ing'의 구조로 써서 '목적어가 ~하고 있는 것을 목격하다'라는 의미를 가지며 주로 좋지 않은 일을 보게 될 때 사용한다. 이때의 catch는 see의 의미와 크게 다르지 않으므로 'see/watch/hear+목적어+-ing'의 구조와 일치하는 것으로 이해해도 좋다. 따라서 정답은 (c)이다.

어떤 행인들이 두어 명의 수상한 사람들이 은행에 침입하는 것을 봤다고 한다.

43. Peter's volunteering at various orphanages nowadays _________________ him a sense of purpose in life.

  (a) bring   (b) brings

  (c) was bringing   (d) were bringing

nowadays(오늘날에는)는 주로 단순 현재시제와 어울려 사용되는 부사. 동명사 주어는 단수 취급하므로 주어인 volunteer-ing(자원봉사)은 3인칭 단수 주어. 따라서 (b) brings가 정답.

다양한 고아원에서의 자원봉사는 현재 피터에게 삶의 목적 의식을 갖게 해준다.

44. The chairman refused to accede to the demands of the committee that the debate _________________ adjourned.

(a) is   (b) be
(c) was   (d) will be

바람직하고 중요한 내용을 담고 있는 that절에서의 동사는 주어와 인칭을 무시하고 동사원형을 사용할 수 있다. 문제에서 that 이하의 내용이 위원회(committee)가 중요하게 요구(demand)하고 있는 내용이므로 주어가 3인칭 단수인 the debate라고 하더라도 동사원형 be가 사용되어 수동태를 구성할 수 있다. 정답은 (b)이다.

의장은 토론이 정회되어야 한다는 위원회의 요구에 동의할 것을 거절했다.

문법특강 10

that절 안의 동사원형

○ that절 안의 동사원형

- **We suggest that everybody (should) visit the new art gallery.**

  우리는 모두가 새로운 미술관에 가볼 것을 제안한다.

- **The report recommends that there (should) be fences around the facility for satefy reasons.**

  그 보고서는 안전상의 이유로 그 시설 주위에 울타리를 설치할 것을 권장한다.

- **It is critical that we (should) consider an environmental approach.**

  우리가 환경적인 접근법을 고려하는 것이 매우 중요하다.

  that이 이끄는 문장의 동사가 주어, 시제와 무관하게 동사원형이 사용되는 경우가 있는데 특히 중요한 사항을 전달하는 내용을 가진 that이 이끄는 명사절에서 많이 나타난다. 그렇기 때문에 중요하거나 바람직한 미래 지향적 내용을 전달하는 데 잘 어울리는 recommend, suggest/propose, insist, order, request 등의 동사나 important, crucial, essential, imperative, necessary, vital 등의 형용사가 자주 사용된다.

- **It is vital that customers (should) not hesitate to call us for any information.**

  고객들이 정보를 얻기 위해 저희에게 주저 않고 전화를 해주시는 것이 매우 중요합니다.

  이 구조에서의 부정형은 'not + 동사원형'이다.

○ 이 구조가 불가능한 경우

- **The on-lookers insisted that they had never seen him before.**

  그 구경꾼들은 그를 전에 본 일이 한 번도 없다고 주장했다.

  위에 사용된 insist는 문장의 내용이 단순한 과거의 사실에 대해 얘기하는 것일 뿐, 중요하고 바람직한 내용을 전달하고 있는 내용이 아니다. 따라서 시제나 주어와 무관하게 동사원형을 사용하는 구조가 불가능하다.

- **All the evidence suggested that he was not the kidnapper.**

모든 증거가 그가 유괴범이 아니라는 것을 시사했다.

위의 *suggest* 역시 '나타내다'로서, 중요하고 바람직한 내용과는 무관하므로 역시 동사원형을 사용하는 것이 불가능하다. 따라서 그 문장의 내용을 잘 파악해야 that절 안에 동사원형을 사용할 수 있는지의 여부를 알 수 있다.

---

45. Gilbert is _________________ to tell a lie to anybody without blushing.

(a) a timid boy   (b) too timid boy

(c) a too timid boy   (d) too timid a boy

부사 too는 형용사만 수식할 때는 형용사 앞에 위치시키기만 하면 되지만 수식할 형용사가 명사를 다시 수식하고 있다면 'too+형용사+a/an+명사'의 형태로 사용된다. 감탄문의 how나 so도 역시 같은 구조로 쓰일 수 있는데 어떤 경우라도 a/an이 없이는 이 구조가 불가능하다. 정답은 (d)이다.

길버트는 너무 소심한 아이여서 얼굴이 붉어지지 않고는 누구에게도 거짓말을 못한다.

46. Paul ______________ from dropping out of college after he talked to his parents.

(a) dissuades   (b) is dissuading

(c) was dissuaded   (d) has dissuaded

dissuade는 타동사로서 'dissuade+목적어+from+-ing' 구조로 사용할 수 있다. 문제에서는 dissuade의 목적어가 따로 없는 것으로 보아 수동태가 쓰여야 하는 것을 알 수 있다. (c)가 유일한 수동태이므로 정답.

폴은 부모님에게 말씀드리고 나서 학교를 중퇴하지 않도록 설득당했다.

47. One good sign of the recovering economy is that ___________________ are actively seeking jobs again.

(a) unemployed   (b) unemployeds

(c) an unemployed   (d) the unemployed

빈칸 뒤에 are가 있는 것으로 보아 복수 주어가 있어야 한다. 'the+형용사'가 복수명사를 뜻할 때가 있는데 자주 쓰이는 표현으로, 문제의 the unemployed(실업자) 외에도 the homeless(노숙자들), the blind/deaf(시각/청각장애자들), the rich/poor(부자들/가난한 사람들) 등이 있다. 따라서 정답은 (d)이다.

경제가 회복 중이라는 한 가지 좋은 징조는 실직자들이 적극적으로 구직 활동을 하고 있다는 것이다.

48. Having overcome most of the financial difficulties, the labor union now has more income than it ____________.

(a) was   (b) had

(c) used to   (d) will

재정적 곤란을 이겨내었으므로 전보다 수입이 낫다는 내용. 주절에서 이미 has 동사를 사용하였으므로 비교 대상인 과거를 표현하기 위해서는 간단히 did로 대체하는 것도 가능하지만 선택지에서는 지금과는 다른 과거를 표현하는 'used to+동사원형'이 적합하다. used to 다음에 동사원형은 앞에 같은 동사가 이미 쓰였으면 생략할 수 있다. 따라서 정답은 (c)이다.

대부분의 재정적 곤란을 극복하고, 노동조합은 전에 가졌던 것보다 많은 돈을 현재 가지고 있다.

49. **Prof. Emerson's findings really impressed ____________________.**

    (a) audience   **(b) an audience**

    (c) the audience   **(d) some audience**

audience(청중)는 여러 구성원이 모인 집단이고 가산명사이다. 따라서 앞에 아무 한정사도 사용하지 않은 (a)는 부적합. an audience는 알지 못하거나 어떤 청중인지 중요치 않은 한 무리의 청중이라는 의미가 되어 문맥에 어울리지 않고 some audience는 청중의 일부 또는 어떤 청중이란 의미로 어색하다. 교수와 함께 자리한 '그' 청중이란 의미의 (c) the audience가 정답.

에머슨 교수의 연구 결과는 정말로 청중들을 감동시켰다.

50. **____________________ no English, Sazaki was able to communicate with shopkeepers in Chicago.**

    (a) Understood   **(b) Being understood**

    (c) Though understand   **(d) Though understanding**

문장의 뒤에 주어와 동사가 완전히 자리하고 있으나 앞부분은 그렇지 못하므로 분사구문으로 처리하는 것이 적당하다. understand의 주체는 주절의 주어인 Sazaki이므로 능동형 현재분사 understanding이 적합. 분사구문의 의미를 명확히 하기 위해 접속사 though가 첨가된 것에 유의한다. 따라서 정답은 (d)이다.

영어는 전혀 이해하지 못하지만 사자키는 시카고에서 점원들과 의사소통이 가능했다.

TEPS

TEPS

Actual Test 1

LISTENING COMPREHENSION

DIRECTIONS

1. In The Listening Comprehension section, all content will be presented orally rather than in written form.

2. This section contains 4 parts. In part I and II, each passage will be read only one. In part III and IV, each passage and its corresponding question will be read twice. But in all sections, the options will be read only once. After listening to the passage and question, listen to the options and choose the best answer.

3. More specific directions will be given at the beginning of each part of this section.

Part I   Question 1-15

You will now hear fifteen items, each made up of a single spoken statement followed by four spoken responses. Choose the most appropriate response to the statement.

Part II   Question 16-30

You will now hear fifteen conversation fragments, each made up of three spoken statements followed by four spoken responses. Choose the appropriate response to complete the conversation.

Part Ⅲ Question 31-45

You will now hear fifteen complete conversations. For each item, you will hear a conversation and its corresponding question which will be read twice. Then you will hear four options which will be read only once. Choose the option that best answers the question.

Part Ⅳ Question 46-60

You will now hear fifteen spoken monologues. For each item, you will hear a monologue and its corresponding question which will be read twice. Then you will hear four options which will be read only once. Choose the option that best answers the question.

GRAMMAR

DIRECTIONS

The part of the exam tests your grammar skills. You will have 25 minutes to complete the 50 questions. Be sure to follow the directions given by the proctor.

1. A: I can't thank you enough for babysitting my children this afternoon.
B: It was my pleasure. I really enjoyed ________ care of them.

(a) of taking   (b) to take
(c) taking   (d) take

2. A: Have you heard about the flood?
B: Yes. I heard that ________ of the city is under water.

(a) a few   (b) much
(c) many   (d) several

3. A: I can't believe the cost of housing in this area.
B: I know. Even with the ________ income of a dual income family it would be very tough for most people.

(a) combine
(b) combining
(c) combination
(d) combined

4. A: How come she's so upset?
B: Her mother ________ down some steps and broke her hip.

(a) fell   (b) fall
(c) to fall   (d) had fallen

5. A: Would you like to go for a walk with me?
B: Sure, after ________ cleaning up the dinner dishes.

(a) I finish
(b) I'll finish
(c) I'll finished
(d) I'm finishing

6. A: Have you made any plans for this weekend?
B: Yes, some friends and I ________ if the weather cooperates.

(a) will be going fish
(b) am go to fish
(c) will go fishing
(d) will have gone fishing

7. A: I'm sorry but my chicken is quite overcooked.
B: I'll see if there's ________ about it.

(a) I can do what
(b) something I can do
(c) what I can do
(d) I can do something

8. A: My boss is driving me crazy. He is so rude to all of the employees.
B: Try not to let it bother you. At my age, I ________ working for people like him.

(a) am used to
(b) used to
(c) am supposed to
(d) used

9. A: Are you going to get home on time tonight?
B: I think ________.

(a) that   (b) not to
(c) too   (d) so

10. A: Has the meeting started yet?
B: It ________ running a little late.

(a) appears to
(b) appears to be
(c) appeared
(d) appears to be it

11. A: Do you know how to get to
    ________?
   B: No, I've never been there before.

   (a) an art gallery
   (b) the art gallery
   (c) art gallery
   (d) art galleries

12. A: Why haven't you left for work yet?
   B: My car _______ start so I was
    going to ask George for a ride.

   (a) shall not
   (b) haven't
   (c) won't
   (d) can't

13. A: Jean, would you like to come to
    dinner with us?
   B: I wish I could but I need to get
    home _______ I can finish writing
    my essay.

   (a) in that
   (b) as to
   (c) for that
   (d) so that

14. A: That baby was very lucky to be
    adopted by such wonderful parents.
   B: I agree. There's nothing _________
    he'll ever lack.

   (a) what
   (b) as
   (c) that
   (d) for

15. A: I'm looking to purchase a new
    computer.
   B: Is there any models that _______?

   (a) have you in mind
   (b) you have in mind
   (c) do you have in mind
   (d) do you in mind have

16. A: Have you made any plans for the
    summer?
   B: That is just what I wanted ________
    to you about.

   (a) to be talking
   (b) to talk
   (c) talk
   (d) talking

17. A: Wow, you look great, Carla! Have
    you lost weight or something?
   B: No, I just ________.

   (a) had cut my hair
   (b) had my hair cutting
   (c) had my hair cut
   (d) had my hair to cut

18. A: Are there any leftovers from
    dinner?
   B: Yes, ________ still in the fridge.

   (a) two-third of them are
   (b) two-thirds of them are
   (c) two-third of it is
   (d) two-thirds of it is

19. A: I have already ________ to my boss
    about my upcoming vacation.
   B: Really? I'm too afraid to approach
    my boss about it.

   (a) spoken
   (b) speak
   (c) was spoken
   (d) to speak

20. A: Have you lost something?
   B: Yes, my notebook. I ________ have
    forgotten it in the classroom.

   (a) should
   (b) must
   (c) would
   (d) shall

21. The government is offering a temporary subsidy to those ________ rent was increased.

(a) that
(b) which
(c) who
(d) whose

22. The angry students made themselves heard by ________ at the teacher.

(a) shouting
(b) shouted
(c) having shouted
(d) being shouted

23. Oliver didn't own a car, ________ anyone else who owned one.

(a) nor did he know
(b) nor he did know
(c) or didn't he know
(d) or did he not know

24. My brother is aware that he should quit smoking but ________ anything about it.

(a) never he does
(b) does he never
(c) he never does
(d) he does never

25. Cliff brought a gift to Margaret's parents because he ________ to make a good impression.

(a) to want
(b) wanting
(c) wanted
(d) wants

26. There are many animals ________ futures are uncertain because of the destruction of the rainforest.

(a) of which
(b) which
(c) whose
(d) who

27. I'm exhausted this morning because it took ________ out how to install my new printer.

(a) hours to figure me
(b) me hours to figure
(c) me hours to figuring
(d) hours figuring me

28. There are free programs that help senior citizens ________ their income taxes.

(a) to
(b) by
(c) for
(d) with

29. The man that crashed into my car pleaded ________ dangerously.

(a) not to the charge of driving guilty
(b) to the charge of driving not guilty
(c) not guilty to the charge of driving
(d) guilty to not the charge of driving

30. Charles was disappointed ________ his hard work was not recognized by his supervisor.

(a) what
(b) as
(c) which
(d) that

31. It _______ that Mr. Choi would receive the promotion.

    (a) were expected
    (b) have been expected
    (c) has expected
    (d) was expected

32. After the baby was born, I was only getting _______ a night.

    (a) three hours sleep
    (b) three hour of sleep
    (c) three hours of sleep
    (d) sleep of three hours

33. Winning the lottery was _______ good to be true.

    (a) too
    (b) so
    (c) no
    (d) such

34. _______ you let Mr. Kim know you'll be leaving early, it should be fine.

    (a) As soon as
    (b) As far as
    (c) As long as
    (d) As fast as

35. Sheila ran _______ cream so she had to use milk in her coffee instead.

    (a) of
    (b) out of
    (c) by
    (d) away with

36. Just when Michael was getting discouraged, _______ that things improved for him.

    (a) seeming
    (b) seemed
    (c) it seeming
    (d) it seemed

37. Just so I wouldn't worry, I asked _______ me when you arrived home.

    (a) telephoning
    (b) to telephone
    (c) you to telephone
    (d) you telephoning

38. The police officer said that they'll be there all night collecting _______ a robbery this evening.

    (a) evidence as there were
    (b) evidences as there were
    (c) evidence as there was
    (d) evidences as there was

39. I wouldn't have eaten that cookie if I _______ how high in calories it was.

    (a) knew
    (b) knows
    (c) has known
    (d) had known

40. My new computer is _______ my old one.

    (a) twice as powerful as
    (b) twice powerful as
    (c) as twice powerful as
    (d) as powerful twice as

Part Ⅲ Question 41-45

Identify the option that contains an awkward expression or an error in grammar.

41. (a) A: Would you help me carry this box? It'll take only a little minutes.
(b) B: Wow, it's really heavy. What's in it?
(c) A: Some textbooks from when I was in college.
(d) B: Why are you keeping those?

42. (a) A: Did you finish your history essay yet?
(b) B: No, I'm still doing some research.
(c) A: Isn't it due on Thursday?
(d) B: Yes, I finish it tonight, don't worry.

43. (a) A: Have you found a new apartment yet?
(b) B: No, but hopeful I'll find one before the end of the month.
(c) A: What will you do if you can't find one?
(d) B: I'm not sure. Could I stay with you for a while?

44. (a) A: Are you ready to order, sir?
(b) B: Yes, would I please have the chicken cordon bleu and a salad?
(c) A: Certainly. Would you like anything to drink?
(d) B: Sure, I'd like a soda, please.

45. (a) A: How was your trip to Hawaii?
(b) B: We haven't been able to go yet.
(c) A: Why not? I thought your vacation was planned for last month.
(d) B: It was but because of my wife's knee surgery, it has to be delayed.

46. (a) Medical malpractice consists of any professional misconduct or unreasonable lack of skill by a physician in the performance of his professional duties. (b) A physician may be malpractice guilty of when he fails to perform a procedure with the level of skill which would be expected of an ordinary physician. (c) Depending on the state, the performance of a doctor charged with malpractice may be compared to doctors in the same geographic area. (d) The doctor may also be compared to those who practice in the same medical specialty, or who practice anywhere in the United States.

47. (a) Often times, those who have had chronic pulmonary histoplasmosis must follow up with their doctor, who will check for signs of relapse. (b) In rare cases, a pulmonary histoplasmosis infection can spread through the blood to other organs. (c) This is called disseminated histoplasmosis. (d) People who are suppressed immune systems and very young children are more likely to develop this condition.

48. (a)There are those who are not to selling worthless stocks or false or non-existent products. (b) They are selling emotionally charged, far-out ideas that defy logic and reason. (c) They sell people on the idea that they have special power to know things that can make them feel better about someone who has died and other paranormal claims. (d) Maybe they really can make contact that the broken-hearted griever cannot make, but they are always selling that service, and never giving it away.

49. (a) The harder you work, more the oxygen you need. (b) Oxygen first comes into your body when you breathe in, then it travels through the bloodstream to the muscles used for whatever activity you want to do. (c) Being fit means that your body is more efficient: (d) The heart, lungs and blood vessels are working stronger and longer without getting as tired and with less effort and supplying more oxygen throughout your body.

50. (a) Over the years, I have built various practical pieces of furniture for my home. (b) I have often been asked where I get the furniture from. (c) Well, I built the furniture, and I never bothered to draw plans for it. (d) Most of it I had designed in my head before I started building it, and the actual dimensions were often influenced by the dimensions of available lumber.

This is the end of the Grammar section. Do NOT move on to the next section until instructed to do so. You are NOT allowed to turn to any other section of the test.

VOCABULARY

DIRECTIONS

The part of the exam tests your vocabulary skills. You will have 15 minutes to complete the 50 questions. Be sure to follow the directions given by the proctor.

1. A: Do you remember our old friend
Laura Collins?
B: Yes, I do. I haven't seen her in
________.

(a) moments
(b) space
(c) ages
(d) times

2. A: Did you ever hear what happened
to the man who robbed your house?
B: Yes, he's been behind ________ for
a few months now.

(a) days
(b) bars
(c) prison
(d) class

3. A: Are you able to read what the letter
says?
B: No, not at all. The writing is
completely ________.

(a) understandable
(b) unintelligent
(c) unintelligible
(d) illegible

4. A: I'm really going to miss you after
you move.
B: I know. Let's ________ an effort to
keep in touch.

(a) make
(b) do
(c) keep
(d) bring

5. A: Why didn't you tell me that the
meeting was cancelled?
B: I couldn't ________. Your line was
busy all day.

(a) go on
(b) put on
(c) get through
(d) go through

6. A: How come you slept in this
morning?
B: I'm sorry. I forgot to set my alarm
clock so it didn't ________.

(a) run down
(b) go on
(c) go off
(d) ring in

7. A: I wish I could afford to buy this
dress.
B: Would you like me to ________ you
the money?

(a) borrow
(b) lend
(c) pay out
(d) treat

8. A: This weekend I'm going to fix the
stove.
B: I don't think that's a good idea. We
need to call a(n) ________,
someone who knows what he's
doing.

(a) professional
(b) electrician
(c) plumber
(d) amateur

9. A: Sheriff's Department. Can I help you?

B: Yes, I'd like to _______ an accident on Highway 32.

    (a) tell
    (b) report
    (c) testify
    (d) block

10. A: I think you've made a(n) _______. My total was $3.99, not $4. 25.

B: You're right. I'm sorry about that.

    (a) fault
    (b) misstep
    (c) mistake
    (d) lapse

11. A: Karen just got accepted to the University of Washington.

B: Good for her. That's certainly a step in the right _______.

    (a) direction
    (b) trend
    (c) destiny
    (d) line

12. A: How come you took off your sweater?

B: It's still _______ from when I walked home in the rain.

    (a) numb
    (b) damp
    (c) moist
    (d) humid

13. A: How come Becky is so stressed out these days?

B: I think it must be a _______ of things.

    (a) merger
    (b) combination
    (c) interest
    (d) grouping

14. A: It was a good idea that you _______ your inheritance.

B: Yes, I'm hoping that it was a wise decision.

    (a) included
    (b) invested
    (c) dispensed
    (d) deposited

15. A: It looks like most of the building was destroyed in the fire.

B: Thank goodness the police have already found the _______.

    (a) optician
    (b) examiner
    (c) arsonist
    (d) columnist

16. A: You were amazing today in the presentation with the advertising clients.

B: Hopefully I _______ myself from the mistakes I made on my last proposal.

    (a) refrained
    (b) reclaimed
    (c) relinquished
    (d) redeemed

17. A: Could you tell me where I can find the chocolate milk?

B: Yes, it's at the back of the store in the _______ section.

    (a) fatty
    (b) creamy
    (c) cheesy
    (d) dairy

18. A: What are the plans for Jason's
　　　________?

　　B: It will be held the week before the
　　　wedding.

　　(a) pajama party
　　(b) potluck dinner
　　(c) bachelor party
　　(d) bridal shower

19. A: I need to get some new pants. I've
　　　lost weight and none of mine fit
　　　anymore.

　　B: Well, I heard there is a sale
　　　________ this weekend at the mall.

　　(a) going on
　　(b) occurring
　　(c) rising
　　(d) coming up

20. A: I need to get the oil changed in my
　　　car.

　　B: Will you do it yourself or have a
　　　________ do it?

　　(a) mechanic
　　(b) carpenter
　　(c) craftsman
　　(d) engineer

21. A: Have you decided what type of job
　　　you would like?

　　B: I'll probably ________ my mother's
　　　footsteps and become a nurse.

　　(a) adjust to
　　(b) run against
　　(c) follow in
　　(d) attend to

22. A: Here's a check for your services?

　　B: I'm sorry, but we only accept
　　　________cash.

　　(a) mint
　　(b) hard
　　(c) soft
　　(d) clean

23. A: Do you need anymore pillows?

　　B: No thanks, I already have more
　　　than ________.

　　(a) enough
　　(b) efficient
　　(c) plausible
　　(d) certain

24. A: What should we have for supper?

　　B: I hope you don't mind but I already
　　　________ for Chinese food.

　　(a) took out
　　(b) checked out
　　(c) ordered out
　　(d) went out

25. A: That car must be speeding.

　　B: It's going so fast that it's already out
　　　of ________.

　　(a) grasp
　　(b) sight
　　(c) reach
　　(d) scene

Part II **Question 26-50**

Choose the best answer for the blank.

26. Jerry was disappointed because the performance failed to _______ his expectations.

    (a) answer
    (b) have
    (c) take
    (d) meet

27. After a trial which lasted almost four months, Mr. Norris was convicted by a _______ of six men and six women.

    (a) justice
    (b) persecution
    (c) jury
    (d) prosecution

28. The reviewer said the book was rude and full of _______.

    (a) sagacity
    (b) audacity
    (c) solitudes
    (d) platitudes

29. When Ryan was in college, he _______ on student loans to fund his tuition.

    (a) relied
    (b) pushed
    (c) lived
    (d) carried

30. On Saturdays, the university art gallery is open to the _______.

    (a) audience
    (b) masses
    (c) public
    (d) population

31. When I was young, Hulk Hogan was one of my _______.

    (a) forms
    (b) peak
    (c) idols
    (d) marks

32. When Lou was _______ by a bee, he had a dangerous allergic reaction.

    (a) cut
    (b) hit
    (c) stung
    (d) squeezed

33. The convenience of a drive through bank is great for people who are always on the _______.

    (a) low
    (b) go
    (c) tip
    (d) kick

34. Rebuilding the city in the _______ of the devastating hurricane was much more difficult than people thought.

    (a) outskirts
    (b) campaign
    (c) boundary
    (d) aftermath

35. Most teens drink alcohol because of _______ pressure.

    (a) peer
    (b) acquaintance
    (c) fellow
    (d) companion

36. The death of the actress was incredibly tragic because it happened at the _________ of her career.

(a) cliff
(b) goal
(c) height
(d) opening

37. The curfew was _________ by the city's police department.

(a) engaged
(b) engraved
(c) enforced
(d) engulfed

38. Although they knew the woman was quite ill, they did not expect her to be hospitalized for _________.

(a) evaporation
(b) humidity
(c) dehydration
(d) solidity

39. It was a very difficult developmental _________ when the baby woke up several times during the night.

(a) lap
(b) stage
(c) term
(d) chapter

40. In order to protect your garden from the early frost, _________ it with a plastic tarp.

(a) replace
(b) decorate
(c) sell
(d) cover

41. The President's speech was very _________ and could be interpreted in many different ways.

(a) bland
(b) ambiguous
(c) transparent
(d) obvious

42. To help you with your finances, it is best to _________ a budget and stick to it.

(a) open
(b) cancel
(c) innovate
(d) establish

43. On the side of the highway, there was a _________ of a deer that was hit by a vehicle.

(a) wreckage
(b) hulk
(c) carcass
(d) cadaver

44. It's a good idea to check the _________ of the highway before setting out on a trip, especially in poor weather.

(a) details
(b) data
(c) conditions
(d) regulations

45. The only _________ of her new job was that it was further away from her apartment.

(a) frailty
(b) scarcity
(c) drawback
(d) mistake

46. The man worked tirelessly for
________ between the two countries.

(a) unity
(b) supremacy
(c) mercy
(d) vitality

47. Earning a driver's license is a
________ of passage for most
teenagers these days.

(a) goal
(b) rite
(c) faction
(d) right

48. On his way to work this morning,
Larry narrowly ________ being in a
car accident.

(a) passed
(b) made
(c) lost
(d) missed

49. A ________ crew was hired to tear
down the old hospital so construction
could begin on a new building.

(a) dissipation
(b) desolation
(c) demolition
(d) diminution

50. I'm very excited to move to a new city
and make a ________ start.

(a) empty
(b) clear
(c) clean
(d) fresh

This is the end of the Vocabulary section. Do NOT move on to the next Reading
Comprehension section until instructed to do so. You are NOT allowed to turn to
any other section of the test.

READING COMPREHENSION

DIRECTIONS

The part of the exam tests your ability to comprehend reading passages. You will have 45 minutes to complete the 40 questions. Be sure to follow the directions given by the proctor.

1. The only thing you have control over is what you continually tell yourself about anyone, anything and any event in your life. If you are constantly telling yourself negative things, you will continue to live in turmoil and unhappiness. If you start telling yourself that you can get out of this rut and finally ____________________________, then what you experience will start to change.

   (a) leave the past behind
   (b) receive the gift
   (c) experience perfect health
   (d) reject the aging process

2. Anahita is my given name. It is pronounced An-ah-hee-tah. I was named after a really interesting Persian goddess. Of course, I think it is interesting now. When I was a lot younger, I hated having such a different and unusual name. Especially because _________________. I used to wish my name was Elizabeth. I also used to wish I had blonde hair and blue eyes, but that's another story.

   (a) I looked silly with giant bows in my hair
   (b) I was teased so much by other children
   (c) I was old enough to know better
   (d) I was intimidated by her history

3. An increasing number of Chinese enterprises ________________, as the ancient continent has seen a promising investment environment in recent years and the Chinese government has put forward a series of measures to encourage Chinese enterprises to start business in Africa. The total of China's investment in Africa had reached US$6.27 billion by the end of 2005, channeled to fields such as natural resources, infrastructure, architecture, textile, transportation, and power.

(a) are destroying local mining industries
(b) are endangering the lives of local people
(c) are considering Africa for new ventures
(d) relocating to African territories

4. Experts recommend that you do 20 to 30 minutes of aerobic activity three or more times a week and some type of muscle strengthening activity and stretching at least twice a week for the ________________________. However, if you are unable to do this level of activity, you can still improve your health by accumulating 30 minutes or more of moderate-intensity physical activity a day, at least five times a week.

(a) requirements for an effective workout
(b) ways to maximize your time and effort
(c) best value for your money
(d) greatest overall health benefits

5. I didn't realize how much pain I had caused this individual in our brief encounter. I
acknowledged every word he said to me and ________________________. Ahsan
meant every word he said to me. I failed to trust him. The trust I claimed to gain
towards men was not for him, it was for my future relationships and the men I would
meet in my future life.

(a) realized it was the truth he was speaking
(b) knew he never meant to hurt her
(c) had not fought with him
(d) began to hear her voice again

6. The flight had departed Beijing, transporting mainly Chinese and European journalists
to the Asia-Afro Convention in New Delhi. An explosion occurred a few hours into the
flight and the crew quickly took action. Because there was a fire on the left wing,
________________________ and passengers began to panic. The captain shut down the
left engine for fear that it would catch on fire. Fortunately, before the radio went dead,
the crew was able to send several distress signals giving their position over the Pacific
Ocean.

(a) everyone was asked to remain seated
(b) smoke quickly entered the cabin
(c) sprinklers went off
(d) the flight attendants tried to stop it

7. Apart from the obvious hazards in a workshop, making biodiesel involves the use of a couple of toxic chemicals. It is incumbent on us to store these chemicals in a safe manner such that _______________________ to young children and they are stored with regard to potential fire and explosion hazard. This mainly refers to methanol which needs to be well ventilated to prevent any build up of fumes that could be ignited with a resultant explosion.

(a) access to them is denied
(b) contact with them is dissuaded
(c) the liquid is toxic
(d) adequate protection is given

8. I am presently in class nine and I am having a good time with my fellow classmates that I have known for many years. I never had any problem with making friends in school. Actually I don't feel left out as a non-Tibetan in Tibetan Children's Villages as I have been here since the very beginning. I can't really remember my first years in school as I was a small kid at that time, but my memories of the beginning seem like pleasant ones. I never felt discriminated against, something which happens in other schools. ____.

(a) I like this school much better than the school I attended last year.
(b) It is difficult to make friends because I am different, but I have persevered.
(c) Looking back, I only remember happy times.
(d) I am frequently bullied and teased because I am different from the other children.

9. We are proud to announce a new software program called Hype that allows you to make free calls to anyone ___________________________, anywhere in the world. This amazing new technology is not only free to download but also produces calls of amazing quality. If you link your webcam to this software, you can make free video calls and actually see your friends, family or even business colleagues. For just a low minute rate, calls can be connected to landlines and cellular phones, allowing you to literally connect to anyone in the world. You can also make conference calls with Hype and connect with up to 100 people in a group call. Keeping in touch has never been easier.

(a) through the new device
(b) with a computer
(c) utilizing a printer
(d) with a current membership

10. The best public speakers in the world all agree on one thing. You can't get good at public speaking without practice. That's where some public speaking training seminars fail in teaching people how to do successful presentations. Lecturing someone on how to do a presentation will not make a student learn any faster. If you learn by doing, you'll achieve much higher results. After several years of public speaking engagements, teaching seminars and performing piano music for worldwide audiences, I woke up one day and realized I ___________________________. That seems like an odd thing to say but it's true. How did I know I wasn't any good at it? Because, I didn't "feel" successful at it.

(a) had forgotten to do my homework
(b) hadn't made any presentations
(c) didn't know the first thing about public speaking
(d) didn't understand the subject

11. Due to the busy holiday travel season, police have reported that they will be
______________________ at both international and domestic airports across the
country. Increased passenger volume is to be expected at this time of year and the
police will be taking every necessary precaution to stop any attempts by criminals or
terrorist groups to make attacks. Although the police chief has emphasized that he has
not received any specific information on any possible attacks, it is normal that during
the holiday season, police are put on heightened alert.

(a) increasing security
(b) encouraging the public to be safe
(c) helping senior citizens
(d) assisting with preparations

12. Australia has a higher than normal per-capita magazine consumption and the
motorcycle sector is no exception. With its popularity increasing steadily since the
Second World War, at least twelve domestic titles can be found on newsstands with
many more foreign titles next to them. Most of us tend to think of the motorcyclist as
some sort of rebellious icon but in actuality, the original motorcyclist was in fact
______________________.

(a) dating the event back to an older date
(b) suggestive of its origins during the war
(c) reconfirming the theory
(d) at odds with that view

13. The roles within Indian and African Caribbean families have changed in recent years. Men are becoming far more active in taking on jobs that were traditionally seen as the woman's domain. For example, more men are taking part in childcare, cooking and cleaning. This is likely because both the man and the woman are now finding it necessary to work due to an increased cost of living and because the extended family now has less of a role. However, despite some of the sharing of these non-traditional duties, women still tend to be responsible for the majority of the _________________ while working full time.

(a) childcare and household duties
(b) changes in labor
(c) income provision
(d) extended family obligations

14. A recent study has shown that there are more and more households that are connected to the Internet. Regular users of the Internet reported that the time they spend online have increasingly reduced the time they spend with family, friends and _____________, the television. The study also showed that a third of employed Internet users bring home work from the office, but that doesn't mean they are spending less time at work. People are working more and more from home but they still spend just as much time in their workplace.

(a) in addition
(b) however
(c) most of all
(d) therefore

15. Hydrogen programs are becoming increasingly popular across the United States. The
Federal Department of Energy, energy companies and car companies are offering
sponsorships and initiatives to cities to increase the use of hydrogen fuel cells in buses,
cars and light-duty utility trucks. Tucson, Arizona, _________________, has not one but
two hydrogen filling stations for the city.

(a) as a result
(b) in the meantime
(c) for instance
(d) in reality

16. Loch Ness, the reputed home of the legendary Loch Ness Monster, plunges to a depth
of over 250m. Despite numerous attempts to locate the animal, the crushing pressure
and pitch black water have rendered all diving expeditions fruitless. _______________,
one or two submarines have paid a visit to the bottom but have failed to locate
comprehensive proof of a large monster. Still over the years, hundreds of witnesses
have come forward with tales of what they have seen in or around the lake. Classic
evidence includes stories of upturned boats and a serpent-like neck twisting up out of
the water.

(a) Unfortunately
(b) Nevertheless
(c) Surprisingly
(d) Naturally

17. It is becoming more and more common for neighbours to find themselves in conflict with each other. Whether it be differences about loud music, child bullying, barking dogs or snow-shovelling, there have been far too many recent headlines where physical altercations between neighbours have left one in the hospital and the other on the way to jail. Whatever happened to loving thy neighbor? These hostile neighbors are finding themselves entangled in lawsuits and harassment orders which shows us that the traditional neighbor versus neighbor conflict is taking a 21st century twist.

Q: Which of the following would be the best title for the passage?

    (a) 21st century lawsuits
    (b) Neighbors from Hell
    (c) Suburban Disputes
    (d) Property Bylaw Issues

18. Why not try something unique and creative that will make your wedding a most magical and talked about event. Our beautiful Ice Hotel includes a majestic Ice Chapel, which will make your special day unforgettable. Fantastic ice sculptures enthral people of all ages and the sun shining through the ice walls creates a dreamy atmosphere. Our wedding packages include our professional photographer and wedding planner so that your special day will be an exceptional occasion that you will be able to relive for the rest of your life!

Q: What is the purpose of the passage?

    (a) To entertain
    (b) To advertise
    (c) To argue
    (d) To educate

19. Does Airport parking stress you out? Let us, the Parking Pals, help you start your vacation in a relaxed way before you even board your flight. Parking Pals is now offering a special deal to save you money this summer. When parking at any of Britain's airports between May and September, you can receive ten pounds on any trip longer than five days. Call today to take advantage of this great money saving deal!

Q: What is the main purpose of this advertisement?

(a) To give directions to the company's new locations
(b) To promote a parking special offered by a private company
(c) To urge customers to park in the airport's own long-term parkade
(d) To offer discounts on flight fares

20. A large number of studies have looked at the effects of caffeine-containing beverages on reproductive factors. The data suggests that moderate caffeine consumption is safe for a pregnant woman and her unborn child. Two major studies in the U.S. found no correlation between caffeine consumption and pregnancy outcome or birth defects. In addition, recent studies have found no correlation between caffeine intake and spontaneous abortion or abnormal fetal growth. However, questions remain about the effects of high doses of caffeine and it is wise for pregnant women to practice moderation (300mg per day or 3-4 cups of instant coffee).

Q: What is the main idea of the passage?

(a) Fetal growth is affected by caffeine.
(b) Pregnant women should not have caffeine.
(c) Caffeine intake in pregnant women should be limited.
(d) Caffeinated beverages should be banned.

21. There has been a longstanding debate on the link between genes and human characteristics. Some say this link does not exist but that human characteristics are developed solely through human experience. However, others say that intelligence, homosexuality, feminine intuition and criminality all can be linked to a particular gene. In my opinion, I must say that while genes obviously matter, a person's experience, upbringing and culture play a very large role in who we are. Humans learn from others and from experience and that cannot be denied.

Q: What is the main idea of the passage?

    (a) Genetic inheritance plays the biggest role in developing a human personality.
    (b) A person's experience plays a large role in human development.
    (c) Genetics is a very difficult field to understand for non-scientists.
    (d) Feminine intuition is linked to a specific gene.

22. Over the course of Sigmund Freud's life, he investigated and documented the implications of our actions in childhood as being a possible explanation for our behavior in our adult lives. He has been criticized for being unscientific: the majority of his concepts have not stood up to the scientific rigors of the laboratory. Further criticism has arisen through suggestions that his work is fundamentally sexist or simply wrong. Indeed, from the very moment Freud was surrounded by collaborators, disagreements began. Few figures have inspired such sustained controversy and intense debate. But we cannot deny the influence Freud has had upon thinking in the 20th and 21st centuries. There is also no doubt this influence will continue into the future.

Q: What is the main idea of the passage?

    (a) Freud's work has always been considered controversial.
    (b) Freud was the founder of modern psychoanalysis.
    (c) Freud's work has been replicated several times.
    (d) Freud claimed that our childhood behavior explained our adult behavior.

23. Does television influence us? If so, how much impact does it have on us? Some categories of people are more influenced than others. Unlike gifted children, emotionally disturbed children and mentally retarded children tend to watch more television and at a more vulnerable age. These children also tend to be unmonitored when viewing programs, which may also be a problem. Also reported was the fact that children with learning and behavioural disabilities are more likely to pretend to be their favourite television characters and they perceive their own behaviour to be like their television heroes.

Q: According to the passage, which of the following is true?

    (a) Gifted children do not tend to watch more television than average.
    (b) Television programs do not seem to have any effect on exceptional children.
    (c) Children with learning disabilities often have difficulty with pretend play.
    (d) Children with learning disabilities have trouble selecting a favorite TV character.

24. Many university students think that handwriting skills are essentially irrelevant because the majority of the time, student work is done on the computer. In fact, some schools are even doing away with teaching cursive beyond primary grades, and instead teaching more useful skills like keyboarding. Even so, proper cursive writing still has its place in education. Yes, more and more students use the computer for their assignments, but keyboarding skills can't help when writing exams or tests, or when taking notes in class. You might argue that printing works just as well during exams and for taking notes in class. But when time is limited, cursive writing is quicker and more fluid because the pen doesn't leave the page as much as with printing. This means that you can write more during an exam, or take down more of what the teacher said during class.

Q: What is the best title for this passage?

    (a) Lessons on Cursive Writing
    (b) Is Handwriting Relevant?
    (c) The Art of Calligraphy
    (d) A Student's Guide to Taking Tests

25. I believe freedom of religion is a constitutional right. I believe we should give all religions the same considerations in our universities. Jimmy Anderson said in his letter that if Muslim students are paying more than $7,000 a year to attend a university in a country that embraces religious diversity, then a prayer room is required. If this is to be the case, should a student who is Jewish not also receive the same consideration, by providing them with a synagogue and a cafeteria that is dedicated to kosher food?

Q: What can best describe the author's attitude in the above statement?

    (a) Indifference
    (b) Endorsement
    (c) Skepticism
    (d) Argumentative

26. The Kreston Vista Villa is a very special vacation home for a maximum of 6 adult visitors or 4 adults and 2 children. This attractive upscale executive home is nestled in a cozy residential cul-de-sac immediately above Kreston Resort. Guests will enjoy the wonderful ocean views and twinkling lights of Kreston Resort at night. Enjoy your own private swimming pool and individual air conditioning units in each room. Personal Concierge Service and Activity Reservations are included. Reduced Car Rental Rates, Private Chef, Massage Therapist, Personal Trainer & lots of other special services can be arranged!

Q: Which of the following is correct according to the passage?

    (a) The vacation home can accommodate up to ten people.
    (b) There are reduced rates for children.
    (c) Optional services are available for an added fee.
    (d) A rental car is available free of charge.

27. The Vespa was created when a manufacturing company that had previously produced aircraft searched to find a way to reinvent their business. The Italian industry had been severely damaged due to Allied bombing during World War II. After the war ended, the company owner came up with the idea to develop a two-wheeled, inexpensive mode of transportation that would be cheap to operate yet reliable, which was perfect for the financially struggling Italian people. And so the Vespa became extremely popular and was mass-produced in a level not previously reached by other scooters.

Q: Which of the following is correct according to the passage?

    (a) The Vespa was created prior to the scooter.
    (b) The Vespa was created during a time of economic hardship in Italy.
    (c) The Vespa was created before World War II.
    (d) Originally, the Vespa was too expensive for average Italian families.

28. In1998, the Goodson Scholarship program was established to promote academic excellence and to provide an opportunity for minority students who would not otherwise be able to afford post-secondary education. To be eligible for the award, students must be of African-American, Hispanic American, American Indian or Asian Pacific Islander decent. Students must also have a proven high academic and leadership background as well as a significant financial need. Students must also select engineering, library science, mathematics, public health or sciences as their area of study. The goal of the Goodson Scholarship program is to increase representation of these minorities in these disciplines. To fund this program, the Goodson family has donated a very generous 1 million dollar grant.

Q: Which of the following is correct about the passage?

    (a) The Goodson Foundation donated 10 million dollars to the scholarship program.
    (b) South American students are not eligible for this award.
    (c) Students must show how much money they need to be eligible for the scholarship.
    (d) Minority students often study education and engineering.

29. As residents of rich and prosperous countries, we often do not recognize the large differences between our quality of life and that of people in developing countries. The difference particularly in areas of disease, financial resources, educationand health systems is enormous. We cannot even fathom living in a country where the average life expectancy is below 40 years such as in five African countries. In Botswana, AIDS kills forty percent of all children. Other countries lose twenty percent of their children to other infectious diseases. There are several countries, including Brazil, India, Indonesia and Korea that have the biotechnological industries available to produce new and high quality, low cost generic drugs. Other countries, such as Vietnam, China and South Africa are attempting to develop their own vaccines but are doing so at a higher cost than multinational organizations are able to do.

Q: What is the main idea of the passage?

(a) Poor countries have a severe disadvantage in regards to disease and medicine.
(b) New vaccines are produced to make money rather than to help the local poor.
(c) Low cost generic drugs should be made available in poor countries.
(d) Rich countries do not do enough to help poor countries fight deadly diseases.

30. At the young age of 14, Sylvia Beaumont began her career as a model and graced the cover of many top fashion magazines before the age of 18. She then began her acting career and landed a starring role in a classic film starring the famous leading man George Hunter. The pair fell in love on the set and were married a short time later. Over the next several years, they made five more films together and had three children. As Sylvia entered her forties, she worked less on movies and more for humanity. She founded a charitable organization that promoted literacy to children in developing countries. In the years prior to her death in 2002, she performed in several Broadway plays and won a Tony Award in 1999.

Q: What can be inferred about the person described above according to the passage?

(a) She started her acting career at the age of 14.
(b) She won a total of three Tony Awards.
(c) She continued acting into her old age.
(d) She eventually divorced George Hunter.

31. A winter weather advisory continues into early Sunday morning. Light snow will taper off around midnight across Harford and Tolland counties in Connecticut, interior and northeast Massachusetts, and across southwest New Hampshire. The snow will come to an end by 2 a.m. Snowfall totals will range from 3 to 5 inches across the advisory area. The storm creating the snow will pass southeast of New England overnight, moving toward Nova Scotia by Sunday morning.

Q: Which of the following is correct according to the passage?

    (a) The snow will fall in the southeast of New England.
    (b) The snowstorm will start again in Connecticut early Sunday morning.
    (c) The snow will continue into the area of northern New Hampshire.
    (d) The snow will stop in the advisory area by Sunday morning.

32. Ontario Tourism Minister James Bradford says the idea of using enhanced driver's licenses instead of passports at the Canada-U.S. border is gaining traction. Following meetings with State Department and Department of Homeland Security officials in Washington, Bradford says U.S. authorities recognize the new border security program cannot be implemented all at once and there will have to be a transition period. Canada has been pushing for alternatives to passports for months. Ontario is devising more secure drivers' licenses that could make them suitable as an alternative to passports.

Q: Which of the following is correct according to the report?

    (a) A grace period for Canadians acquiring passports to cross the border has been rejected.
    (b) Alternative identification other than passports may be acceptable at border crossings.
    (c) The U.S. Government has recently loosened regulations for border crossing to Canada.
    (d) American officials are working with Ontario to develop a new form of drivers' licenses.

33. There is new hope for those who have lost their sight due to disease or trauma. Researchers have developed a technique in which they insert electrodes into the brain. So far, this technique is in the very early stages of development and has only been attempted on monkeys but it does show promise. This is groundbreaking research as most researchers have worked on developing retina implants while this research is centered in the portion of the thalamus that relays signals from the retina to the brain's visual cortex.

Q: Which of the following is correct about restoring sight loss?

(a) Research in this area is very new.
(b) Researchers have not yet begun testing on humans.
(c) Electrodes are attached to the eye's retina.
(d) Signals from the eyes' retina can be restored through surgery.

34. The developer of EnCo's new one billion dollar headquarters will face stiff penalties of ten times the normal amount, if a planned closure of a portion of 6th Avenue lasts longer than eleven months. City council agreed to a plan to lessen the impact of the closure on the major thoroughfare, getting the developer to agree to double shifts and imposing penalties of $14,000 per day if the work goes on longer than planned. The developer, Richard Tucker, said the high penalties and double shifting do not present any problems. He also said that these were the most stringent requirements on a development that he's ever heard of. The road closure will begin July 7 and is planned to reopen in June of next year.

Q: Which is correct according to the passage?

(a) Regular fines are $1,400 per day.
(b) The road will be closed for six months.
(c) The developer is building a school.
(d) City council did not agree to the road closure.

35. After surviving an incredibly stressful and busy month, I decided to splurge and book myself a day at a local day spa. As I sat in the serene waiting area, sipping my green tea, awaiting my massage, I read through the spa's brochure that listed all of their available services. On the back page of the brochure was a section listed as children's services. Children's services? At this high-end spa? Yes, it's true. Apparently it is now commonplace that resorts and day spas are now offering spa services including manicures, pedicures and packages to kids as young as six years old. And no, I will not be booking an appointment for my seven year old daughter the next time I run away to the spa for the day.

Q: What is the author's attitude towards children's spa services?

    (a) Appreciative
    (b) Suspicious
    (c) Enthusiastic
    (d) Critical

36. There is little reason to wonder why India is the world's largest consumer of gold with roughly ten million brides getting married each year in the country. Indian brides are typically adorned in gold from head to toe. This country alone accounts for more than twenty percent of the global demand for gold, using more than 800 tons annually, typically as jewelry. In Indian culture, gold is deeply interwoven into their customs. It is seen as a bride's wealth or financial security for her marriage and a typical bride receives many pieces of 22 carat gold as gifts for her wedding.

Q: What is the passage about?

    (a) How Indian brides demand gold when they marry
    (b) How gold is an irreplaceable natural resource
    (c) How India has an insatiable appetite for gold
    (d) How gold represents wealth around the world

37. During your eye exam, you can expect that the doctor will examine your retinas. The retina is located at the back of the eye and is most commonly examined by dilating the pupils, which you may find to be a little uncomfortable and inconvenient. This is, however, a very important part of your exam because the sensitive tissue that makes up the retina can be susceptible to a variety of diseases that may lead to partial vision loss or even complete blindness. That is why early detection of any retinal abnormalities is crucial.

Q: What is the passage about?

(a) Common causes of blindness
(b) Eye examinations
(c) Retinal dilation techniques
(d) Skin examinations

Part Ⅲ **Question 38-40**

Read the passage. Then identify that does NOT belong.

38. The definition and classification of learning disabilities has been an ongoing debate. (a) This is largely related to the use of a discrepancy between intelligence and achievement as the determining factor. (b) Children who have a discrepancy are typically classified as learning disabled and qualify for services through the schools. (c) Those who have difficulty reading but do not have a discrepancy due to low or below average intelligence levels are frequently denied services. (d) Future research should be directed towards determining the capacity of slow learners and children with learning disabilities to respond to intervention.

39. If you are depressed, you may experience severe feelings of sadness, dejection and hopelessness. (a) It is not something that you can start or stop on your own as it is a brain disorder that has an effect on your whole body. (b) Depression affects more than 20 million Americans each year, but is much more common amongst women than in men. (c) Generally the depression ranges from mild to severe and begins during the first year of parenthood. (d) If you are depressed, do not feel alone as depression is one of the most common causes of disability in the world.

40. Some people describe the feeling of inner peace as an unmistakable ability to enjoy each moment. (a) This feeling also includes a loss of interest in conflict and not being prone to worry. (b) Imagine the benefits one would enjoy if conflict and worry were shunned and appreciation for each moment of the day began. (c) Strive for inner peace because it can be fleeting. (d) In some cultures, inner peace is considered a state of consciousness or enlightenment that may be cultivated by various forms of training, such as prayer, meditation or yoga.

This is the end of the Reading Comprehension section. Please remain seated until the proctor has instructed otherwise. You are NOT allowed to turn to any other section of the test.

Actual Test 2

LISTENING COMPREHENSION

Part I   **Question 1-15**

You will now hear fifteen items, each made up of a single spoken statement followed by four spoken responses. Choose the most appropriate response to the statement.

Part II   **Question 16-30**

You will now hear fifteen conversation fragments, each made up of three spoken statements followed by four spoken responses. Choose the appropriate response to complete the conversation.

Part III   Question 31-45

You will now hear fifteen complete conversations. For each item, you will hear a conversation and its corresponding question which will be read twice. Then you will hear four options which will be read only once. Choose the option that best answers the question.

Part IV   Question 46-60

You will now hear fifteen complete conversations. For each item, you will hear a conversation and its corresponding question which will be read twice. Then you will hear four options which will be read only once. Choose the option that best answers the question.

GRAMMAR

DIRECTIONS

The part of the exam tests your grammar skills. You will have 25 minutes to complete the 50 questions. Be sure to follow the directions given by the proctor.

Choose the best answer for the blank.

1. A: Have you ever heard of a street
    _______ Dunaway St.?
   B: It sounds familiar, but I'm not sure.

    (a) name
    (b) to name
    (c) named
    (d) naming

2. A: Are you enjoying your new job?
   B: Well, the hours are longer, but the
    _______ is much higher.

    (a) pay
    (b) pays
    (c) paid
    (d) paying

3. A: Is something the matter?
   B: I think the stereo is broken because
    this CD _______ play.

    (a) shouldn't
    (b) don't
    (c) won't
    (d) hasn't

4. A: Can I talk to you for a second?
   B: Maybe just for a second, but then I
    have to get _______ to work.
    (a) gone
    (b) go
    (c) went
    (d) going

5. A: Do you have a date for the dance
    tomorrow?
   B: I thought I _______, but Spencer just
    called to cancel.
    (a) am   (b) was
    (c) do   (d) did

6. A: Laurie told me that she got 100%
    on the quiz.
   B: I wonder _______ she really did.

    (a) if   (b) so
    (c) as   (d) that

7. A: Did you call the airline to book our
    tickets?
   B: I called yesterday and tried to get
    through but I _______.
    (a) wouldn't
    (b) couldn't
    (c) shouldn't
    (d) didn't

8. A: What sort of games do you enjoy
    playing?
   B: I'm absolutely addicted to _______.

    (a) crossword puzzle
    (b) a crossword puzzle
    (c) crossword puzzles
    (d) the crossword puzzle

9. A: Thank you for all of your help with
    the assignment.
   B: I'm happy to help. If you have any
    further questions, don't hesitate

    _______.

    (a) to let me know
    (b) letting me to know
    (c) knowing me to let
    (d) to me let know

10. A: Have you ever worked with
    children with disabilities?
   B: Actually no, I have very _______
    experience in that area.

    (a) many   (b) little
    (c) lots of   (d) fee

11. A: Have you found a new secretary yet?

    B: Yes, just yesterday I found _______.

      (a) that
      (b) some
      (c) one
      (d) it

12. A: Do you have any idea where I can _______.

    B: There's an inexpensive camera shop just across from the hotel.

      (a) have to develop these photos
      (b) have developed these photos
      (c) have these photos developed
      (d) have these photos to develop

13. A: My daughter is three years old and she'd like to attend music classes here.

    B: Actually, the music classes are only for _______.

      (a) six-year-old
      (b) six-year-olds
      (c) six-years-old
      (d) six-years-olds

14. A: Have you seen a tall woman _______ around here?

    B: No, sir. I haven't.

      (a) with sunglasses on
      (b) on sunglasses with
      (c) with sunglass on
      (d) with on sunglass

15. A: He has decided to donate 10% of his salary to _______ in need.

    B: That's wonderful. I wish I could be so generous.

      (a) peoples who are
      (b) people who are
      (c) people who is
      (d) peoples who is

16. A: It's so nice of you _______ me to borrow your new car.

    B: Well, just be really careful with it.

      (a) for allow
      (b) to allow
      (c) to be allowed
      (d) to allowing

17. A: Why did Jeffrey stop by Jessica's place this afternoon?

    B: He wanted to drop off some CDs _______ to her.

      (a) belong
      (b) belongs
      (c) belonged
      (d) belonging

18. A: Why did you drop the eggs on the kitchen floor?

    B: It was a mistake. I didn't _______.

      (a) mean
      (b) mean to
      (c) mean it to
      (d) mean to it

19. A: Is it critical that the report is in by Tuesday?

    B: Yes. I cannot emphasize it _______.

      (a) that much
      (b) too many
      (c) so
      (d) enough

20. A: What are you planning to do this summer after graduation?

    B: Well, my mom _______ at the law firm.

      (a) wants her to work with me
      (b) wants my working with her
      (c) wants me to work with her
      (d) wants me work her with

Part Ⅱ   **Question 21-40**

Choose the best answer for the blank.

21. Street protests _______ commonplace across Western Europe.

(a) become
(b) has become
(c) have become
(d) becoming

22. This was _______ outdoor pool built in the city of Fredericton.

(a) first
(b) the first
(c) of the first
(d) firstly

23. All of _______ suggests that Mr. Kellerman stole the diamond necklace.

(a) evidence
(b) an evidence
(c) the evidence
(d) evidences

24. The cure to this disease lies _______ understanding the research that is currently being done.

(a) in
(b) on
(c) from
(d) at

25. Before you begin cooking, you should wash your hands well with _______ and water.

(a) a soap
(b) the soap
(c) soap
(d) soapy

26. A news report released this morning suggested that the power outage _______ continue for at least the next 2 days.

(a) must
(b) will
(c) can
(d) to be

27. This is _______ a clear case of identity theft.

(a) what seems to
(b) that seems
(c) that seems to be
(d) what seems to be

28. The rain and subsequent flooding did _______ to houses along the river.

(a) many damage
(b) lots of damage
(c) many damages
(d) lots of damages

29. The accountant _______ to have stolen $10,000 from the government in unpaid taxes.

(a) alleged
(b) was alleged
(c) had alleged
(d) has alleged

30. If the country _______ any more populated, where would people live?

(a) become
(b) were to become
(c) has become
(d) have had become

31. Kate is _______ you the opportunity to work at her hair salon.

(a) offer
(b) offers
(c) offering
(d) offered

32. If you _______ on working for that company any longer, you will find yourself losing interest quickly.

(a) going
(b) has gone
(c) went
(d) go

33. _______ book did you want me to order in, the first or the second edition?

(a) Which of
(b) Which
(c) That
(d) Of which

34. One _______ be too careful when it comes to children's safety.

(a) should not
(b) shall not
(c) would not
(d) cannot

35. _______ by the newspaper article, Kurt immediately called his mother to discuss it.

(a) Surprise
(b) Surprising
(c) Surprised
(d) Having surprised

36. Those _______ have suffered from malaria never fully recover.

(a) what
(b) who
(c) that
(d) whose

37. The monkeys _______ excited by the children at the zoo and began jumping around.

(a) got
(b) get
(c) are getting
(c) have gotten

38. _______ for the taxi to arrive, Susan saw her friend Chris on the street.

(a) She was waiting
(b) Having waited
(c) Waiting
(d) As was waiting

39. I would like you to write a paper on the person who you believe to be _______ songwriter of all time.

(a) greatest
(b) the greatest
(c) greater
(d) the greater

40. I would not recommend that you _______ any Hollywood movies that are rated 'R.'

(a) let watch your children
(b) children let watch
(c) let your children watch
(d) watch your children

Part Ⅲ **Question 41-45**

Identify the option that contains an awkward expression or an error in grammar.

41. (a) A: Have you seen the new Brad Pitt
film?
(b) B: I have seen it just last week.
(c) A: What did you think?
(d) B: I thought it was excellent!

42. (a) A: Do you have Christine's
address?
(b) B: I should have it in the kitchen.
(c) A: Don't worry about it. I'll just
call information.
(d) B: Wait, I get it. Just a minute.

43. (a) A: Do you recycle at home?
(b) B: Well, I try to do it at least once a
week.
(c) A: Recycle is the key to cutting
down on waste.
(d) B: I agree. I really should be more
diligent about it.

44. (a) A: I feel terrible today.
(b) B: What's the matter, John?
(c) A: I was cycling yesterday and now
my muscles are sore.
(d) B: You should take three painkiller
twice a day.

45. (a) A: Hi, Karen. The garden looks
wonderful!
(b) B: Thank you. I just put in some
new flowers for the spring.
(c) A: Well, it looks lovely. You know
how I like daisies much.
(d) B: I'm glad you like it, but I won't
tell you what I spent on the
flowers.

Part IV   Question 46-50

Identify the option that contains an awkward expression or an error in grammar.

46. (a) It is nearly impossible to be in the workforce these day without at least a basic understanding of computer systems. (b) Nearly every industry relies on computers in some form. (c) It is increasingly important that job seekers have a solid foundation in computer programming. (d) Those lacking this knowledge should look into courses offered through colleges and libraries.

47. (a) It is astounding how much information can be gained these days through the Internet. (b) Many newspapers are losing subscribers as more and more people are getting their news on Internet. (c) It has essentially changed the way in which we interact not only with one another, but also with the surrounding world. (d) Twenty years ago, who could have foreseen this change?

48. (a) I'd like to thank all of those who took part in organizing this conference. (b) Not only I enjoyed all of the presentations, but I feel that I am walking away with so much new knowledge. (c) Overall, I would say this has been a great success. (d) I can only hope that next year's conference will have the same turnout as this one.

49. (a) The city of Detroit has recently proposed a curbside recycling program. (b) Currently, recycling is only done at local drop off centers, and they are unable to accept any plastic products. (c) Further, only about half of how they accept actually makes it to the recycling plant. (d) As pick-up is seldom, many items end up scattered along the road and end up as garbage.

50. (a) The National Spelling Bee will be held in Jacksonville on July 16th. (b) All junior school student's are invited to attend. (c) The contest will take place from 12:00 p.m.-4:00 p.m. in the main banquet hall of the Hilton Hotel. (d) Seating is limited, so please arrive early.

This is the end of the Grammar section. Do NOT move on to the next section until instructed to do so. You are NOT allowed to turn to any other section of the test.

VOCABULARY

DIRECTIONS

The part of the exam tests your vocabulary skills. You will have 15 minutes to complete the 50 questions. Be sure to follow the directions given by the proctor.

1. A: Why did you throw away your
    computer?
  B: It kept shutting down and I was
    ______ and tired of dealing with it.

    (a) ill
    (b) down
    (c) sick
    (d) fed

2. A: Can I help you find something sir?
  B: Yes, I'm looking for a three-piece
    ______.

    (a) coat
    (b) dress
    (c) vest
    (d) suit

3. A: What time does Jimmy go to bed?
  B: I usually ______ him in around
    9:00 p.m., but sometimes he stays
    awake a bit later with us.

    (a) send
    (b) pack
    (c) tuck
    (d) put

4. A: I really can't ______ working here
    any longer!
  B: I'm surprised to hear that.

    (a) break
    (b) allow
    (c) stand
    (d) believe

5. A: Do you enjoy working as a
    firefighter?
  B: I do, but as I get older I think I
    would prefer something less ______.

    (a) strenuous
    (b) robust
    (c) muscular
    (d) sturdy

6. A: I'd like to buy a dozen muffins.
  B: Certainly. Would you like all the
    same ______?

    (a) one
    (b) kind
    (c) sorts
    (d) types

7. A: I'm not sure which is my team
    shirt, and which is yours.
  B: I know, they look so ______.

    (a) familiar
    (b) similar
    (c) same
    (d) different

8. A: How did Douglas react to the news
    about the accident?
  B: Not well. He just ______ pale and
    was speechless.

    (a) made   (b) took
    (c) came   (d) went

9. A: Is the government at fault for not planning for the mudslide that destroyed those homes?

B: Partially, but they can only be so prepared for a natural _______.

   (a) disaster
   (b) condition
   (c) situation
   (d) phenomenon

10. A: I _______ the most amazing dream last night.

B: Tell me all about it.

   (a) had
   (b) saw
   (c) made
   (d) got

11. A: Where can I find a watch repair shop?

B: I'm not sure. You can _______ at the mall information booth.

   (a) question
   (b) inquire
   (c) demand
   (d) asking

12. A: I have the greatest recipe for oatmeal raisin cookies that I'll give you.

B: Sure, if you think the recipe is that good, then I'll _______ it a try.

   (a) get
   (b) have
   (c) make
   (d) give

13. A: Does the battery charger _______ with the camera?

B: Absolutely. It's included in the price.

   (a) have
   (b) come
   (c) accompany
   (d) attach

14. A: Do you know how to water-ski?

B: I haven't tried since I was young, so I might be a little _______.

   (a) old
   (b) lazy
   (c) rusty
   (d) lost

15. A: I don't want to bake with those old, brown bananas.

B: Oh, don't be so _______. They'll be fine.

   (a) reasonable
   (b) frugal
   (c) picky
   (d) suggestive

16. A: I'm not sure that I can _______ his behavior much longer

B: You need to talk to him.

   (a) put up with
   (b) get along with
   (c) come up with
   (d) fed up with

17. A: Is there anything else I can do?
B: No, but thank you for your help. I'll _______ the favor soon.

  (a) send
  (b) give
  (c) return
  (d) bring

18. A: I heard that you weren't given the promotion at work.
B: No, but, to be honest, I'm not _______ upset about it.

  (a) willingly
  (b) terribly
  (c) sincerely
  (d) individually

19. A: How was the wedding ceremony?
B: It was so _______ that I nearly fell asleep!

  (a) boring
  (b) convincing
  (c) exciting
  (d) outstanding

20. A: I thought that their presentation was quite thorough.
B: Yes, they really _______ a lot of ground.

  (a) manipulated
  (b) searched
  (c) listed
  (d) covered

21. A: Your wife told me all about your trip to Mexico this winter.
B: I imagine that little _______ to be told then.

  (a) remains
  (b) leaves
  (c) maintains
  (d) keeps

22. A: That phone company _______ bankrupt when the CEO resigned.
B: I know. My cousin Harold used to work there.

  (a) hit
  (b) crashed
  (c) came
  (d) went

23. A: Do you mind if I borrow your ipod. Mine is dead.
B: Did you forget to _______ your battery again?

  (a) hold
  (b) charge
  (c) save
  (d) take

24. A: Are you sure you can leave work 30 minutes early on Friday?
B: It should be fine. People leave early all the time, so I don't really have any _______ about it.

  (a) qualms
  (b) debates
  (c) lies
  (d) troubles

25. A: Have you noticed that Jacob seems rather _______ of me?
B: Well, you did get the job that he had applied for.

  (a) content
  (b) resentful
  (c) fearful
  (d) disagreeable

Part Ⅱ **Question 26-50**

Choose the best answer for the blank.

26. Apparently these cold and flu pills _______ for up to 8 hours.

(a) feel
(b) last
(c) go
(d) do

27. This is by no means a _______ list; it just outlines a few of the possibilities.

(a) consecutive
(b) simultaneous
(c) comprehensive
(d) particular

28. Once you have reached your final _______, your baggage will be available at terminal B.

(a) decision
(b) destination
(c) environment
(d) purpose

29. The strong police presence in the downtown core is mostly intended to _______ criminals rather than to respond to crimes.

(a) deter
(b) commit
(c) criticize
(d) penalize

30. Both oranges and spinach _______ large amounts of iron.

(a) make
(b) keep
(c) use
(d) contain

31. Living in a senior's complex provides a lot of _______ for older people.

(a) associate
(b) company
(c) colleague
(d) companion

32. The hero in the film is supposedly _______ after the writer himself.

(a) folded
(b) mocked
(c) sorted
(d) modeled

33. Many people in lower income brackets spend beyond their _______.

(a) reasons
(b) methods
(c) ways
(d) means

34. As you can see, the _______ in Northern Canada is extremely rocky, with very little vegetation and no trees whatsoever.

(a) region
(b) territory
(c) terrain
(d) country

35. I imagine that before they can reach a decision, the group will need to spend a long time in _______.

(a) delegation
(b) deliberation
(c) incarnation
(d) supposition

36. The wind was so strong yesterday that it picked up my purse and _______ its contents all over the sidewalk.

(a) dispersed
(b) grabbed
(c) took
(d) claimed

37. A weekly newspaper subscription _______ about 45% less than buying the paper every day at the news stand.

(a) costs
(b) buys
(c) pays
(d) makes

38. One of your duties, along with performing patient physicals, will be dressing minor _______.

(a) injuries
(b) wounds
(c) breaks
(d) scars

39. It is all too common to see musicians dying of a(n) _______ of prescription pills.

(a) affluence
(b) deficiency
(c) supplement
(d) overdose

40. In the event that this cleaning product comes into contact with eyes, or is accidentally _______, please contact Poison Control immediately.

(a) swallowed
(b) dropped
(c) dispensed
(d) cleaned

41. Many people in Europe are lazy, and will opt for the elevator instead of _______ the stairs.

(a) stepping
(b) taking
(c) pacing
(d) rising

42. I feel as though we have looked at this problem from every _______ angle.

(a) concerned
(b) conclusive
(c) conceivable
(d) concise

43. Many of the _______ through the National Park on which vehicles travel are creating a hindrance to animal migration patterns.

(a) paths
(b) roads
(c) walkways
(d) tunnels

44. We are continually trying to _______ the services that we offer our customers, especially in such a competitive business environment.

(a) challenge
(b) affect
(c) improve
(d) invoke

45. This particular model of air conditioning unit is only _______ in the Unites States.

(a) accessible
(b) available
(c) affordable
(d) suitable

46. _______ your very own condominium for 0% down!

(a) Offer
(b) Own
(c) Show
(d) Leave

47. If you'll be out of town for more than 2 days you'll need to _______ for someone to water the plants.

(a) turn
(b) call
(c) have
(d) arrange

48. As much as he tried, he couldn't _______ the officer that he didn't take the wallet intentionally.

(a) escape
(b) convince
(c) inform
(d) notify

49. When addressing an envelope, you only need to use the postal _______. For example, California can be written CA.

(a) synopses
(b) abbreviations
(c) contractions
(d) reductions

50. In India, there is a very extreme _______ between the upper and lower classes of people.

(a) complaint
(b) consensus
(c) disparity
(d) discussion

This is the end of the Vocabulary section. Do NOT move on to the next Reading Comprehension section until instructed to do so. You are NOT allowed to turn to any other section of the test.

Reading Comprehension

DIRECTIONS

The part of the exam tests your ability to comprehend reading passages. You will have 45 minutes to complete the 40 questions. Be sure to follow the directions given by the proctor.

1. To remove a wax stain from a carpet or a bedspread, one of the best and easiest tools is a simple household iron. Simply place a sheet of paper between the iron and the wax, and iron over the paper. The iron should be ______________________ as to avoid burning the surface below. Once you iron over the paper a few times, the wax will melt and stick to the paper.

   (a) on a low setting
   (b) a common household one
   (c) placed on top of the stain
   (d) set at the highest temperature

2. A new antismoking campaign has begun across Canada. The aim is to discourage new smokers from taking up the habit, especially teenagers. One of the main focuses of the campaign is to limit the amount of advertising to which teenagers are exposed. Effective January 01, 2008, stores selling cigarettes will have to keep displays covered behind a curtain. While not ___________________, the new regulations aim to at least discourage young people from being tempted by the sight of tobacco for sale.

   (a) prohibiting the sale of cigarettes
   (b) deterring the purchase of tobacco
   (c) barring police from arresting minors for smoking
   (d) allowing youngsters to smoke

3. In every industry, accidents can happen. Oftentimes they are minor, but it is important
    that employees are skilled in _____________________ measures. Whether it's a cut hand
    or a choking victim, the difference between having skilled personnel on hand and
    waiting for emergency services can save a person's life. If your company does not
    currently provide such training, please contact the American Red Cross for a free
    pamphlet on courses offered in your area.

    (a) immediate rescue
    (b) first aid
    (c) operation
    (d) intensive medical care

4. As people become more environmentally aware, they are turning to local farmers to
    provide organic food crops. Currently, the demand for organic produce far exceeds the
    supply. Many large grocery stores do not supply organic produce, and people are
    looking instead at small-scale farmers' markets. Those keen on organic produce are
    often discouraged by the higher prices. For the time being, so long as the government
    continues _____________________ non-organic food production, the prices for organic
    fruits and vegetables will remain higher.

    (a) to subsidize
    (b) to decrease
    (c) to restrict
    (d) to disallow

5. The American Civil War was essentially a battle between the people of the North and the South over the issue of slavery. Those living in the North did not agree with the idea of slavery, and fought to _____________________ it. While this war is long over, the ramifications of a long history of slavery can still be felt throughout the United States. Traveling through the Southern States, the tensions are still apparent.

(a) support
(b) abet
(c) baffle
(d) abolish

6. The Indian Ministry of Finance and the Economy (MOFE) has just released a report outlining the growth of the economy over the past 10 years. In 1997, India had an external debt of $1.1 billion. As industry grew, this debt _____________________ over the next 10 years, down to $30 million. The report will be available to the general public as of April 01, 2007. It can be downloaded from the website: www.GovIndia.MOFE.com/economicreport, or picked up at a Government office for a cost of 300 rupees.

(a) dropped consistently
(b) fluctuated largely
(c) soared
(d) remained the same

7. Dallas Green is quickly becoming a music sensation across Europe. The lead singer for
    the band, AlexisonFire, Dallas Green has taken a year off from the band to pursue a
    solo project. Going by the name 'City&Colour,' taken from his first and last name,
    Dallas Green has been playing acoustic shows to sold-out venues across Europe. While
    he is _____________________, Dallas has a very humble attitude toward his music. At
    every show, he is simply grateful that people have come out to listen to him sing.

    (a) criticized by his supporters
    (b) struggling with ticket sales
    (c) in disagreement with musicians
    (d) adored by his fans

8. Environment Minister Mori Nakayma painted a disastrous picture last Thursday if
    Japan were to meet its Sydeny promises on reducing greenhouse gas emissions.
    Appearing before the opposition party, Mori Nakayma said a bill calling for the
    government to honor Japan's commitment under the Sydeny treaty is a 'reckless
    scheme.' He suggested that it would result in a loss of 250,000 jobs by 2008. The
    opposition party _____________________ to comment on Nakayma's presentation.

    (a) has stood up for
    (b) has been reluctant
    (c) has resulted
    (d) has been responsible

9. The ESL (English as a Second Language) industry across China has been booming for the past 15 years. As China develops at an unprecedented rate, parents are flocking to English schools to enroll their children. Mrs. Lily Chan, a mother of two living in Beijing, said that "it is imperative that our children learn to speak English. If they want to enter the business world, they will need to communicate in both Mandarin and English." Enrollment in English schools has nearly doubled over the past year in Beijing, as more and more students study English as a second language to reap the benefits of ___________________.

(a) economical power
(b) bilingualism
(c) their mother tongue
(d) business skills

10. In the English language, there are a number of expressions or idioms that are often used in everyday speech. Idioms are sayings or expressions that do not translate literally, making them extremely difficult for non-native speakers to learn and to use in the correct context. One example is an expression that means it is raining heavily, which is "it's raining cats and dogs." Another English idiom that refers to being clumsy or poorly coordinated is "___________________."

(a) The early bird catches the worm.
(b) I'm all thumbs
(c) The cat's got my tongue
(d) Too many cooks spoil the broth.

11. A press released from the Apple Corporation has revealed the newest Apple product will be on the market just before Christmas 2008. The product is "Apple TV," and it might just revolutionize the way you watch television. Essentially, it is a small white box that connects your ipod to your television screen. Television programs and movies can be downloaded onto the ipod, and then viewed on the television screen. Apple TV will cost just over $200 USD. Over 100,000 Apple TV devices have already been preordered, which suggests a very _____________________ future for the company.

(a) bright
(b) bleak
(c) flamboyant
(d) unclear

12. Auto theft in Britain has been soaring over the last 5 years. Police are working with new schemes to deter potential thieves. Up to this point, anyone caught in the act of stealing a car faced a large fine and minor prison time. The problem with simply punishing the criminal is that it _____________________. Studies have shown that the severity of punishment of criminals in no way decreases the total numbers of such crimes. It is estimated that nearly 80,000 cars are stolen every year in London.

(a) creates a dilemma not to be satisfactorily disposed of
(b) encourages him or her to commit other serious criminal offences
(c) does not deter others from committing the same crime
(d) hinders law-abiding citizens from having a right to protection

13. Jason Hershberg's new book "Building Design of the 21st century" has been on the New York Times' Best Sellers list for the last 20 weeks. Mr. Hershberg has traveled widely, both photographing and studying design and structure around the world. This is his 2nd publication, following 3 years of living in India. Mt. Hersberg's aim was to examine the East Indian culture, and its _____________________. Jason Hershberg spent over a year looking for a publisher, finally finding one based out of the United States. The book is available at all major retailers, for a cost of $55.00 CDN.

(a) adhesion to world culture
(b) influence on modern architecture
(c) incorporation of international humanistic ideals
(d) synthesis of arts, science and technology

14. In looking back on the first year of marriage, one of the challenges that many couples recall is dealing with their new _____________________. Dealing with one's own family is challenging enough, without having to please someone else's. At the same time, it can be said that 'you don't just marry the man, you marry his family.' One tip to newlyweds is to be patient with one another's parents, and recognize that they are now a part of your life.

(a) elders
(b) relatives
(c) in-laws
(d) friends

15. The year 2006 saw a dramatic increase in the number of people traveling to Asia. China brought in more tourist dollars than the rest of Asia combined. China drew tourists by promoting sights such as the Yangtze River Dam Project and the Terracotta Warriors in Xian. _________________, it was not these sights alone that brought in so many foreign tourists. China is also benefiting from hosting the 2008 Olympic Games in Beijing, which has put China in the spotlight internationally.

(a) However
(b) In addition
(c) That is
(d) Therefore

16. The housing market in Vancouver, Canada has skyrocketed in the last 3 years. Small, single family homes are going on the market for upwards of $600,000 CDN. _________________, in the city of Calgary 2-bedroom condominiums can cost as much as half a million dollars. Both of these cities are becoming increasingly un affordable for middle-class citizens. The effect has been that people are taking out huge mortgages to buy property. Many Canadians find themselves heavily in debt, working long hours to pay off their mortgages.

(a) Instead
(b) Consequently
(c) Accordingly
(d) Similarly

Read the passage and the question. Then choose the option that best answer the question.

17. In recent months, there has been an influx in adolescents abusing non-prescription drugs. Non-prescription drugs are available 'over the counter,' and without a prescription. As police crack down on illegal drugs such as marijuana, youngsters are increasingly turning to non-prescription drugs, such as painkillers. These drugs, if taken as prescribed, are not dangerous, which is why they are available without a prescription. Teenagers will intentionally take far more than the prescribed amount in order to feel an adrenaline rush. It is important that people are made aware of the dangers of these medications if taken in excess.

Q. Which of the following is correct about non-prescription drugs according to the passage?

(a) They are only available with a prescription.
(b) Teenagers sometimes accidentally take too many.
(c) They are often prescribed to adolescents.
(d) They are dangerous if not used as prescribed.

18. Nearly 25% of the American population suffers from sleeplessness. Clinical sleepless is defined as the inability to sleep for at least 4 hours a night, or sleeping no more than 2 hours at a time. Doctors have been putting a lot of time and effort into diagnosing the causes of sleeplessness, as it can have detrimental effects on work performance and overall happiness. One of the leading causes appears to be weight gain as a result of too little exercise. Many Americans get less than 2 hours of exercise a week, less than the recommended 6 hours. This is also very closely connected to bad eating habits, especially eating too much processed food.

Q. Which of the following is NOT considered to be among the causes of sleeplessness?

(a) Lack of exercise
(b) Work stress
(c) Poor diet
(d) Weight gain

19. The new provincial budget has just been released, and the government will be adding an extra 6% in taxes to the purchase of alcohol. Many people are upset by the announcement. Liquor stores are concerned that sales will go down dramatically in reaction to this added tax. When asked about the tax, government officials have been quick to assert that the tax is not meant to discourage people from purchasing alcohol, or using it in moderation. Instead, they say that the province is in need of tax dollars, and it seemed fair to focus new taxes on items that are not "necessities."

Q. What is the main idea of the passage?

    (a) Liquor stores will be pushed out of business due to the new tax increase.
    (b) Alcohol is not considered to be in the category of 'necessities.'
    (c) The 6% tax increase is intended to discourage the use of alcohol.
    (d) The tax increase has met with a negative reaction by the public.

20. Linguistics is the scientific study of language, and, in simple terms, breaks down the way in which sounds are made in a language. Anyone studying a second language will be somewhat familiar with the practical side of linguistics, even if they are not well versed in the scientific terminology. One of the biggest challenges involved in studying a second language is the formation of sounds that may not exist in one's native tongue. For example, a Chinese student studying English will often find the 'R' and 'L' sounds difficult, whereas an English speaker studying Chinese will be challenged by unfamiliar tones of the language.

Q. What is the main topic of the passage?

    (a) The need for language learners to study Linguistics
    (b) The different methods of studying a second language
    (c) The challenge of learning to form sounds of a new language
    (d) Chinese tones are difficult to learn for English speakers

21. In Douglas Coupland's novel, "Miss Wyoming," a young girl moves to Hollywood to pursue a career in acting. She has spent her entire childhood, since the age of 4, traveling around the country, competing in beauty pageants at her mother's insistence. At age 17 she is given a starring role in a television sitcom, only to discover that she has no acting talents whatsoever. The climax of the novel involves a plane crash, a single survivor, a pregnancy, and finally a disappearance. It is a clever book, which keeps readers on their toes, and eager to read the next page.

Q. What is the main purpose of the passage?

    (a) A review of a novel
    (b) A synopsis of an action film
    (c) The conclusion of a book
    (d) An introduction to a children's story

22. A recent report revealed that English teenagers face a wider range of problems than most parents are aware of. Nearly 54% of all parents surveyed listed peer pressure as the biggest threat teenagers face. However, over one third of young people said pressure to obtain high grades in school was their biggest concern. Only 16% of teenagers said that popularity was their main concern. Bullying was identified as the biggest worry for 12% of teenagers but only by 6% of parents. Finally, teenagers identified peer pressure as the lowest in the list of concerns, although highest by parents. This research shows parents have little idea about the problems teenagers really face.

Q. Which of the following is the biggest concern identified by English teenagers?

    (a) Bullying
    (b) Peer pressure
    (c) School grades
    (d) Popularity

23. Mr. Stephen Vincent had never intended to become an engineer. His family immigrated to Canada from Italy, and established themselves on the East coast, running a family restaurant. It was always Stephen's father's dream that his son would carry on the family business. Instead, Stephen pursued a university degree in chemical engineering. This move was not meant to upset his family, but to appease his own passions. Never having an interest in cooking or business, Stephen could not allow his life to be directed by the family restaurant. He moved away from home at the age of 18, leaving his younger sister to carry on the family tradition.

Q. Which of the following is correct according to the passage?

  (a) Stephen always took pleasure in restaurant management.
  (b) Stephen intentionally left home to upset his father.
  (c) At university, Stephen pursued a degree in the field of engineering.
  (d) Stephen allowed his life to be directed by the wishes of his family.

24. Make sure your house is in spotless condition before you allow it to be shown. The investment of $100 to have it cleaned will be more than worthwhile. If you are doing any major renovations, such as painting, choose subtle tones that will appeal to a large range of people. Have the house clean, but also make it look warm and lived-in. Put a basket of fruit out on the kitchen table. Have some flowers set out in the living room. One expert's tip is to boil a pot of water with cinnamon before showing your home. This will leave a welcoming scent throughout the house.

Q. What is the advice about?

  (a) How to buy a house
  (b) How to renovate a house
  (c) How to sell your house
  (d) How to decorate your house

25. Internet dating has become a multi-million dollar industry in the last 5 years. Professional singles are finding themselves increasingly encompassed in their work lives, with little or no time for personal lives. Dating can be time consuming and frustrating. Hence, singles turn to online dating sites, where they can post a photo and a profile, and search for suitable mates. The sites make money in a number of ways. To begin with, many sites require users to pay to post their information, or to send messages to others on the site. Secondly, these sites sell advertising space for a high price. It appears to be an industry that will only continue to grow.

Q. Which of the following is correct according to the passage?

(a) Internet dating is an industry that has reached its peak of growth already.
(b) Singles are increasingly frustrated with online dating.
(c) Online dating allows users to communicate with others on the site.
(d) Advertising space is sold for a trifling amount.

26. Our courier bags are second to none! Trekkers Courier provides the highest quality of courier bags in the world. Whether you work as a bicycle courier, or simply ride your bike to work on occasion, you can't do without one of our bags. Available in a range of styles, sizes, and colors, we have a bag to meet your needs. Trekkers courier bags are available exclusively through our website. All prices are in $US, and we provide free shipping anywhere in North America. If you are unsatisfied with your purchase, you can return it to us within 30 days for a full money back guarantee. You have nothing to lose. Order one today!

Q. Which of the following is correct according to the advertisement?

(a) Trekkers courier bags are available in stores in the USA.
(b) The bags are available in more than one color.
(c) Shipping is only provided to North American clients.
(d) Purchases can be exchanged for new bags within 30 days.

27. The documentary, The Corporation, looks at the ways in which corporations around the world operate. In simple terms, corporations are accountable to their shareholders. The shareholders invest in the corporation, and therefore have a large say in its operations. Above the shareholders is a group of managers, who are paid a yearly salary by the company. The managers have a larger voice in daily decisions, but less of a financial investment in the company. Finally, there exists a board of directors that is responsible for the larger decisions. The documentary, The Corporation, focuses on environmental policies, and the ways in which corporations are not accountable to governmental policies on the environment.

Q. Which of the following is NOT mentioned as a party that controls or operates a corporation?

(a) Salaried managers
(b) Stockholders
(c) Federal or local governments
(d) Board of directors

28. Microwave ovens were introduced into kitchens across North America in the 1950s. Presented as timesaving devices, they quickly became primary cooking devices. Foods could be quickly thawed, reheated, or even cooked using microwaves. Their popularity continued to grow, to the extent that very few kitchens today are without one. Unfortunately, it seems that taste and quality have been sacrificed for speed. While a microwave can, in fact, cook an egg in 30 seconds, it can't make it taste the same as an egg cooked on the stove.

Q. What is the main topic of the passage?

(a) The basic principles of microwaves.
(b) The effect of microwaves on North American kitchens.
(c) The popularity of microwave ovensin the 1950s in America.
(d) How new technology has increased the quality of cooking.

29. The division between the developed and developing world, in terms of access to education, is only widening. The gap will increase as richer countries have immediate access to education, while in poorer countries education is not always seen as a priority. Advocates of universal education believe that education is a right, and not a privilege. Unfortunately, in many parts of the world, children are integrated into the workforce at an early age, and are never given the opportunity to go to school.

Q. What is the main idea of the passage?

(a) Poor countries are falling increasingly further behind education-wise.
(b) Children from developed countries begin to work at an early age.
(c) Education should be a privilege, and not a right.
(d) Children around the world are given equal educational opportunities.

30. Jana Porter was born in Bend, Oregon, and attended the Bishop Stratton School for Girls. As a young girl, she studied dance and theatre, and dreamed of becoming a professional dancer. At the age of 18 she moved to Toronto, Canada to study dance at Ryerson University. During her time in Toronto, she was spotted performing in a dance production, and approached by an agent to move into acting. Her first role was in a children's action series in which she played a pink superhero. Five years later, she is living in Los Angeles, and starring in the hit television series "Numbers."

Q. Which of the following is correct about the person described above?

(a) She has continued a career in dance.
(b) From an early age, she set out to be an actor.
(c) She was born in Los Angeles, California.
(d) An agent persuaded her to change her job.

31. Each year, nearly 20,000 children in Europe are admitted to hospitals as a result of injuries relating to a fall from a bicycle, skateboard, or rollerblades. Many of these hospital visits could have been avoided if the children were wearing the proper protection. Children should wear helmets when riding bicycles and skateboards, and helmets and knee/wrist guards when rollerblading. Taking these simple precautions can help to avoid injury.

Q. Which of the following is correct?

    (a) Nearly 20,000 children get hurt on their bikes yearly.
    (b) Sports equipment is rarely the cause for falling injuries.
    (c) Proper protection can help to avoid injury.
    (d) Hospitals in Europe are turning away children.

32. In some parts on the world, tipping is not expected. In Australia and South Korea, it is not considered commonplace to thank a taxi driver or a hotel attendant with a tip. However, in North America, tipping is considered proper etiquette. To walk out of a restaurant without leaving a tip would be seen as extremely rude. Generally, a tip of 15-20% of the total bill is expected. Some establishments will actually factor that amount into the bill. It is important to be aware of the proper etiquette wherever you are in the world.

Q. According to the passage, which of the following is correct about tipping?

    (a) It is expected around the world.
    (b) In North America, 15% is appropriate.
    (c) In Australia, tipping is considered disrespectful.
    (d) All restaurants factor the tip into the bill.

33. Sea quest travels provides the most comprehensive traveler's insurance on the market. Stop by one of our offices today to discuss the insurance plan that works for you. Many travelers buy health insurance, but neglect to look into traveler's insurance. Traveler's insurance covers such unexpected things as lost tickets, missed flights, and cancellation due to illness. We have a number of different plans, at varying costs, to suit all needs and budgets.

Q. Which is correct about traveler's insurance?

    (a) It is often overlooked by travelers.
    (b) It is a requirement prior to travel.
    (c) It covers health issues while traveling.
    (d) It can be bought after a ticket is lost.

34.

Dear Alice,

I am writing to thank you for all of your help over these last few months. Since the twins were born, it seems as though my life has been turned upside down. Suddenly a simple trip to grocery store involves an hour of planning and getting everyone ready to leave the house. I'm not sure what I would have done without you. Just knowing that I have someone to call when I need a hand makes all the difference.

Q. How does the writer feel toward Alice?

    (a) Respectful
    (b) Beholden
    (c) Grateful
    (d) Upset

35. The world of competitive cycling saw dramatic changes with the introduction of carbon fiber. Used both in bikes and biking helmets, carbon fiber is a lightweight material with the same impact bearing capabilities as steel. For competitive cyclists, the difference of a few ounces in weight can make all the difference. While an all-carbon fiber road bike will cost upwards of $6000, it is becoming impossible to race at a competitive level without one. As they become more popular, the cost will begin to go down.

Q. Which is correct about carbon fiber according to the passage?

(a) It is an inexpensive material.
(b) It has less weight bearing abilities than steel.
(c) It is not used in competitive racing bikes.
(d) It weighs less with the same strength as steel.

36. Anxiety and depression are often overlooked by modern medicine. A recent survey revealed that nearly 80% of the adult population shows signs of both depression and anxiety. Symptoms include an inability to converse with others, a fear of being in public, and becoming agitated easily. When these symptoms go untreated, they can build into far more severe disorders. If you are suffering from any of these conditions, please speak with your doctor. In the past there has been a stigma associated with depression. It is important that this is broken down, and that people feel they have someone to talk to.

Q. Which is correct according to the passage?

(a) Depression and anxiety are caused by agitation.
(b) Anxiety and depression should be kept private.
(c) Depression and anxiety are extremely common adult disorders.
(d) Neither depression nor anxiety can be treated by modern medicine.

37. Based on a novel written in 1974, "A Scanner Darkly" is an exceptional film about surveillance in a futuristic world. Starring Keanu Reeves and Woody Harrelson, the film centers around a group of friends living together in a small home in a suburban neighborhood. The character played by Keanu Reeves works for the Bureau of Information, and is instructed to spy on his friends. The film is done primarily in animation, lending it a surreal quality. It is scheduled to be released in theatres around the world in the summer of 2008.

Q. What can be inferred from the passage?

   (a) The film will be better than the novel.
   (b) It has not yet been released in theatres.
   (c) It deals with disturbing subject matter.
   (d) "A Scanner Darkly" is a children's animation.

Part III **Question 38-40**

Read the passage. Then identify that does NOT belong.

38. (a) Café culture has taken a turn in the last few years, from people meeting to socialize to individuals working on laptops or reading the newspaper. (b) Whereas in the past people met at local cafés to catch up with one another, cafés are now viewed as places for individuals to sit alone without disruption to read, work, etc. (c) Laptops have dramatically changed the way our work is done, breaking down the barriers of the traditional workplace office. (d) It is seldom in this day and age to walk past a street-side café and see a group of people enjoying one another's company.

39. (a) In Canada, a new law is being proposed to ban listening to music, for example on a discman or an ipod, while crossing the street. (b) Portable music devices are becoming increasingly common, with Apple claiming sales of over 100 million ipods since they came out on the market. (c) The new law is a response to an increasing number of minor accidents caused by pedestrians not paying attention when crossing the street. (d) The ban would restrict the use by pedestrians of any type of portable music device while crossing a street, regardless of whether they are at a regulated crosswalk.

40. (a) Men's beauty products are claiming an increasingly large share of the cosmetics market, which, in the past, was almost entirely focused around women. (b) 2005 saw men's beauty products, such as moisturizers and shaving creams, accounting for $1.2 billion in sales, while women's products accounted for $2.4 billion. (c) As the numbers suggest, women's beauty products still make up the majority of sales, but the sale of men's products saw an increase of nearly 200% in the 10 years since 1997. (d) Especially entering into the winter months, dermatologists recommend that both men and women take extra care of their skin.

This is the end of the Reading Comprehension section. Please remain seated until the proctor has instructed otherwise. You are NOT allowed to turn to any other section of the test.

Test of English Proficiency
Seoul National University

수험번호

성 한글

명 한자

좌 석 번 호

Ⓐ Ⓑ Ⓒ Ⓓ Ⓔ
① ② ③ ④ ⑤ ⑥ ⑦

청 해 Listening Comprehension	문 법 Grammar	어 휘 Vocabulary	독 해 Reading Comprehension	고사실란	감독관 만족도

청해 (Listening Comprehension): 문항 1–60, 각 문항 ⓐ ⓑ ⓒ ⓓ
문법 (Grammar): 문항 1–50, 각 문항 ⓐ ⓑ ⓒ ⓓ
어휘 (Vocabulary): 문항 1–50, 각 문항 ⓐ ⓑ ⓒ ⓓ
독해 (Reading Comprehension): 문항 1–40, 각 문항 ⓐ ⓑ ⓒ ⓓ

고사실란: ⓪ ① ② ③ ④ ⑤ (2열)

감독관 만족도: 100 90 80 70 60 50 40 30 20 10

문제지번호

답안수정개수 / 감독관확인란

〈답안작성시 유의사항〉

1. 답안지 작성은 반드시 **컴퓨터용 싸인펜**만을 사용하셔야 합니다.

2. 답안을 정정할 경우 수정테이프(수정액불가)를 사용하셔야 합니다.

3. 본 답안지는 컴퓨터로 처리되므로 훼손하시면 안되며, 답안지 하단의 타이밍마크(ⅠⅠⅠ)를 찢거나, 낙서 등을 하시면 본인에게 불이익이 발생할 수 있습니다.

4. 답안은 문항당 정답을 1개만 골라 ● 와 같이 정확히 기재하여야 하며, 필기구 오류나 본인의 부주의로 잘못 표기한 경우에는 당 관리위원회의 OMR판독기의 판독결과에 따르며, 그 결과는 본인이 책임집니다.

Good ● Bad ◖ ⊖ ◗ ✕ Ⅴ

5. 감독관의 확인이 없는 답안지는 무효처리됩니다.

〈부정행위 처리규정〉

1. 모든 부정행위 적발 및 이에 대한 조치는 TEPS 관리위원회의 처리규정에 따라 이루어집니다.

2. 부정행위 현장적발 뿐만 아니라 사후에도 적발될 수 있으며 모두 동일한 조치가 취해집니다.

3. 부정행위 적발 시 당해 성적은 무효화되며 사안에 따라 최대 5년까지 TEPS 관리위원회에서 주관하는 모든 시험의 응시자격이 제한됩니다.

4. 문제지 이외에 메모를 하는 행위와 시험문제의 일부 또는 전부를 유출하거나 공개하는 경우 부정행위로 처리됩니다.

5. 각 파트별 시간을 준수하지 않거나, 시험 종료 후 답안 작성을 계속할 경우 부정행위로 처리됩니다.

서 약	본인은 필기구 및 기재오류와 답안지 훼손으로 인한 책임을 지고, 부정행위 처리규정을 준수할 것을 서약합니다.

뒷 면

TEPS

성	영문	
명	서명	

응시일자 : 20   년   월   일

수험번호

PASSWORD

주 민 등 록 번 호

성   명 (성·이름순으로 기재)

EX H O N G   G I L   D O N G

A B C D E F G H I J K L M N O P Q R S T U V W X Y Z

단 체 구 분

학생	일반
◯	◯

질 문 란

1. 귀하의 TEPS 응시목적은?

ⓐ 입사지원   ⓑ 인사정책

ⓒ 개인실력측정   ⓓ 입시

ⓔ 국가고시지원   ⓕ 기타

2. 귀하의 영어권 체류 경험은?

ⓐ 없다   ⓑ 6개월미만

ⓒ 6개월이상1년미만   ⓓ 1년이상3년미만

ⓔ 3년이상5년미만   ⓕ 5년이상

3. 귀하께서 응시하고 계신 고사장에 대한 만족도는?

ⓐ 0점   ⓑ 1점

ⓒ 2점   ⓓ 3점

ⓔ 4점   ⓕ 5점

4. 최근 2년내 TEPS 응시횟수는?

ⓐ 없다   ⓑ 1회

ⓒ 2회   ⓓ 3회

ⓔ 4회   ⓕ 5회이상

학 력

학력	재학	졸업
초등학교	◯	◯
중 학 교	◯	◯
고등학교	◯	◯
전문대학	◯	◯
대 학 교	◯	◯
대 학 원	◯	◯

계 열

인 문 학	◯
사회과학 · 법학	◯
경제학 · 경영학	◯
자 연 과 학	◯
의학 · 약학 · 간호학	◯
공 학	◯
교 육 학	◯
음악 · 미술 · 체육	◯
기 타	◯

직 업

공 무 원	◯
고시준비	◯
교 사	◯
군 인	◯
의 료 인	◯
자 영 업	◯
학 생	◯
회 사 원	◯
무 직	◯
기 타	◯

직 종

고 위 임 직 원	◯
전 문 직(과학,공학)	◯
전 문 직(교육)	◯
전문직(법률,회계,금융)	◯
기 술 직	◯
영 업	◯
홍 보	◯
총 무	◯
인 사	◯
경 리	◯
기 획	◯
구 매	◯

무 역	◯
외 환	◯
자 금	◯
공 무	◯
업 무	◯
품질관리	◯
전 산	◯
행 정 직	◯
생산관리	◯
서 비 스	◯
기 타	◯

직 책

임 원	◯
부 장	◯
차 장	◯
과 장	◯
대 리	◯
계 장	◯
사 원	◯
인 턴	◯
기 타	◯